Kommet, ihr Hirten

Kommet, ihr Hirten

Die schönsten Weihnachtsgeschichten

benno
VERLAG

Zusammengestellt und herausgegeben von
Volker Bauch, Leipzig

Bibliografische Information Der Deutschen Bibliothek
Die Deutsche Bibliothek verzeichnet diese Publikation
in der Deutschen Nationalbibliografie;
detaillierte bibliografische Daten sind im Internet über
http://dnb.ddb.de abrufbar.

ISBN 3-7462-2126-9
ISBN-13 978-3-7462-2126-7

Stammerstr. 11, 04159 Leipzig
www.st-benno.de
Umschlaggestaltung: Ulrike Vetter, Leipzig,
unter Verwendung eines Bildes von
picture-alliance/KPA/Uselmann, Manfred
Gesamtherstellung: Kontext, Lemsel

Die Bibel

Und es wird ein Reis hervorgehen aus dem Stamm Isais und ein Zweig aus seiner Wurzel Frucht bringen.
Auf ihm wird ruhen der Geist des HERRN, der Geist der Weisheit und des Verstandes, der Geist des Rates und der Stärke, der Geist der Erkenntnis und der Furcht des HERRN.

Jesaja 11,1-2

Es ist ein Ros entsprungen

Es ist ein Ros entsprungen
aus einer Wurzel zart,
wie uns die Alten sungen,
von Jesse kam die Art,
und hat ein Blümlein bracht
mitten im kalten Winter
wohl zu der halben Nacht.

Das Röslein, das ich meine,
davon Jesaja sagt,
ist Maria, die Reine,
die uns das Blümlein bracht.
Aus Gottes ewgem Rat
hat sie ein Kind geboren
und blieb doch reine Magd.

Das Blümelein so kleine,
das duftet uns so süß;
mit seinem hellen Scheine
vertreibt's die Finsternis,
wahr' Mensch und wahrer Gott,
hilft uns aus allem Leide,
rettet von Sünd und Tod.

Mainz um 1587/88

Ein frischer grüner Trieb

Wir sägten Holz, griffen dabei nach einem Ulmenbalken und schrien auf. Seit im vorigen Jahr der Stamm gefällt wurde, war er vom Traktor geschleppt und in Teile zersägt worden, zu Stapeln gerollt, auf die Erde geworfen – aber der Ulmenbalken hatte sich nicht ergeben!
Er hatte einen frischen grünen Trieb hervorgebracht – eine ganze künftige Ulme oder einen dichten, rauschenden Zweig.
Wir hatten den Stamm bereits auf den Block gelegt, wie auf einen Richterblock; doch wagten wir nicht, mit der Säge in seinen Hals zu schneiden. Wie hätte man ihn zersägen können? Wie sehr er doch leben will – stärker als wir!

Alexander Solschenizyn

Christrose

Es blüht eine Rose zur Weihnachtszeit
Draußen in Eis und Schnee.
Und wenn's in der Winternacht friert und schneit,
Das tut der Rose nicht weh.

Es grünt eine Hoffnung zur Weihnachtszeit,
Drinnen im Herzen still.
Dass immer und ewig so schon wie heut'
Frieden werden will.

Christrose, Christrose, Christrose, Christrose,
Blume der Heiligen Nacht!
Christrose, Christrose, Christrose, Christrose,
Hast mir die Hoffnung gebracht.

Die Liebe vertreibt meine Einsamkeit.
Mir tut das Herz nicht mehr weh.
Es blüht eine Rose zur Weihnachtszeit
Draußen in Eis und Schnee.

Herkunft unbekannt

Fahndung nach St. Nikolaus – eine fast weihnachtliche Kriminalgeschichte

Auf die Fahndung hin hatte die Polizeidirektion eine Menge Meldungen bekommen, telefonisch und schriftlich. Danach war St. Nikolaus in den verschiedensten Orten längs der Grenzen des Dreiländerecks Deutschland – Polen – Tschechoslowakei gesehen worden, allerdings nur in tschechischen und polnischen, nicht in deutschen Orten. Es war wie immer. Die meisten Meldungen mussten als Phantasieprodukte beiseitegelegt werden. Dass er in der Zollstelle Seifhennersdorf im Gespräch mit Beamten des Bundesgrenzschutzes gesichtet worden sei oder in Rumburk am Stammtisch, schon halb unter dem Tisch liegend, oder im Botanischen Garten in Liberec beim Austeilen von Geschenken an die Gärtner (jemand wollte sogar wissen, er sei beim Stehlen von Orchideen erwischt worden!) oder in Bogatynia, wo er im Originalgewand eine Sonderschicht im Tagebau ableistete. Am nächsten schien der Wahrheit ein Anruf aus Hradek zu kommen, wo er im Wartesaal sitzen sollte mit einem Wörterbuch in der Hand, tschechische Vokabeln lernend. Diese Meldung stimmte überein mit dem Ergebnis einer Befragung, die die

Kripo in Zittau vorgenommen hatte. Eine Verkäuferin in der großen Buchhandlung am Markt wollte einem Weihnachtsmann ein tschechisches Wörterbuch und eine tschechische Grammatik verkauft haben. Der Kunde habe es sehr eilig gehabt und gemurmelt, er müsse schnellstmöglich Tschechisch lernen, »gleich noch heute«. Man merkte ihr an, dass sie den Kunden für nicht ganz richtig im Kopf gehalten hat. »Tschechisch heute noch!«, sagte sie. »Als ob das eine Sprache sei, so leicht zu erlernen wie das Sächsische – und das ist schon schwierig genug!« Eine große Boulevardzeitung, die wesentlich nur über Skandale und kaum bekleidete Mädchen berichtete, wollte aus »sicherer Quelle« erfahren, dass St. Nikolaus aufgrund bestimmter Erfahrungen beschlossen habe, sein »Arbeits- und Anbetungsgebiet« ganz aus Deutschland wegzuverlegen. Also viel Material und vermutlich wenig verwendbare Ergebnisse!

Der Wahrheit näher kamen da schon Auskünfte, die die Kripo bei Bürgern der Stadt erhalten hatte. Mindestens lieferten sie eine mögliche Erklärung für sein Verschwinden. Es wurden einzelne Einwohner und Geschäfte angesprochen, darunter mehrere der insgesamt 27 Weihnachtsmänner, die zu Werbungszwecken um diese Zeit zwischen drittem und viertem Advent die Stadt bevölkerten. Verschiedentlich hatte sie ein ihnen Unbekannter im gleichen Kostüm gefragt, ob sie auch »Heilige« seien. Sie hatten darüber gelacht oder waren verlegen geworden, weil sie nicht wussten, was das ist, ein Heiliger. Einige hatten zurückgefragt, welche Firma er denn vertrete. Die Antwort war ebenso unglaublich wie die Frage nach den Heiligen. »Den Himmel!« hatte er geantwortet. An Wohnungstüren hatte die Mehrzahl der Herausgeklingelten die Tür gleich wieder zugeschlagen mit der Bemerkung »wir kaufen nichts«. Einer hatte mit der Benachrichtigung der Polizei gedroht, als St. Nikolaus (den sie als solchen natürlich nicht erkannten, um den es sich aber mit größter Wahrscheinlichkeit handelte) zu Erklärungen ansetzte, ein anderer hatte es für eine neue Masche einer Drückerkolonne gehalten. »Ich abonniere keine Zeitungen. Und von Ihnen schon gleich gar nicht!« Der Weihnachtsmann habe ziemlich dumm geschaut. »Drückerkolonne? Was ist das?« »Aber darauf bin ich nicht hereingefallen. Solchen Leuten muss man die Tür weisen, und wenn sie noch so naiv und scheinheilig tun!« war seine Auskunft. Eine freundliche ältere Frau hatte gefragt, was »euer Begehr ist!« So fragt man doch die Weihnachtsmänner, das habe ich als Kind gelernt. Er habe darauf gemeint »Äpfel, Nüsse, Pfefferkuchen…«, da habe sie ihn unterbrochen und auf den Weih-

nachtsmarkt hingewiesen. »Dort erwerben Sie diese Dinge am billigsten.«
Besonders bemerkenswert scheint der Kripo die Auskunft zu sein, die sie von einem kleinen Mädchen bekam, das den Weihnachtsmann in der Böhmischen Straße getroffen hatte, als er an einem abbruchreifen Haus eine aufgesprühte Inschrift las: »Ausländer raus!« Das Mädchen hörte, wie er einen vorbeikommenden jungen Mann fragte: »Was für Ausländer sind denn da gemeint?« »Nun, Türken!« war seine Auskunft. »Türken?« »Na ja, Mozambiquaner, Vietnamesen, Rumänen, russische Juden und so.« »Richtige Türken auch?« »Natürlich! Richtige Türken erst recht!« Das Mädchen sagte, der Weihnachtsmann habe sehr betroffen ausgesehen, ja sie wollte gesehen haben, wie er sich eine Träne aus dem Gesicht wischte. »Ein heulender Weihnachtsmann! Das ist mal ganz was Neues!« meinte sie. Schließlich wurde das Bild vervollständigt durch Mitarbeiter eines Jugendklubs, den er besucht hatte. Er wurde mit großem Hallo willkommen geheißen und eingeladen, sich mit an den Tisch zu setzen. Sie hätten gerade wichtige Dinge zu besprechen. Einer bestellte ihm ein Glas Bier, und obwohl nach seiner Auskunft »Nikolaus im Dienst nicht trinken darf« (er sagte »Nikolaus« und nicht »Weihnachtsmann«, für die Kripo ein sicherer Hinweis auf seine

Identität, nippte er doch am Glase und nahm schließlich einen kräftigen Schluck mit der Bemerkung, dass er das heute nötig hätte und gut vertragen könne. Die Runde besprach dann Fragen der ihrer Meinung nach zu großen Ausländerfreundlichkeit. »Ausländer müssen raus!« sagte einer, »sie nehmen uns unsere Arbeitsplätze weg«, sagte ein anderer, »und sie kosten den Staat viel zu viel. Das geht alles von unserem Geld ab!« ein Dritter. Da stand er auf und wandte sich der Tür zu. Die Runde, zumeist Jungen zwischen 17 und 20 Jahren, war erstaunt. »Warum gehst du? Jetzt wird es doch erst gemütlich!« Nikolaus drehte sich noch einmal um an der Tür ins Freie. »Ich bin Ausländer!« sagte er. »Ich stamme aus Myra, das liegt in der heutigen Türkei.« Und das sind das letzte Wort und die letzte Begegnung mit St. Nikolaus, die wirklich verbürgt sind. Das andere kann man sich denken.

Dietrich Mendt

DAS NIKOLAUS-HÄHNCHEN

Aus dem Adventsschmuck über den Schaufenstern, den Tannengirlanden und Sternen, und aus den weihnachtlichen Dekorationen im Kaufhaus fällt Licht in die Mittelstraße. Vom Rhein her weht nur eine milde Brise. So lässt sich denn der Mann im Nikolauskostüm mit einem Seufzer der Erleichterung auf eine der Bänke sinken und streckt die Beine mit den klobigen Stiefeln aus. Behutsam legt er den wohlgefüllten Sack mit den bunten Flicken neben sich. Die borstige Rute landet auf dem Pflaster. Der Mann reckt sich und dehnt die Schulter unter dem groben Wollstoff. Er schiebt die rote Filzmütze mit dem weißen Watterand aus der Stirn.
»War heute ganz schön anstrengend«, murmelt er vor sich hin. Dann muss er husten, weil ihm Watte vom Bart in den Mund gekommen ist. Am liebsten würde er den langen Bart abnehmen. Aber das wäre für die wenigen Passanten ein Schock gewesen, wenn ein Nikolaus ohne Bart in der Fußgängerzone hocken würde.
Gerade ging eine Mutter mit einem Kind in den »Kochlöffel«. »Kauft sich sicher ein Hähnchen«, denkt der Mann und fühlt, wie ihm das Wasser im Mund zusammenläuft. Für einen Augenblick wird der Grill

angehalten. Dann drehen sich wieder unablässig die braunen, knusprigen Tierchen.
»Könnte mir heute auch eins leisten«, stellt der Nikolaus fest und sieht Mutter und Kind nach. Die Kleine trägt die Tragetüte mit dem Aufdruck »Kochlöffel«. Er tastet nach seinem Portemonnaie. Ja, das Nikolausspielen hat sich wieder gelohnt! Aber sein Lächeln gilt dem Gedanken an strahlende Kinderaugen, an die frohen Eltern. Im Geist hört er noch einmal die Lieder und Gedichte, mit denen die Kinder den heiligen Mann begrüßt haben. Und er durfte sie beschenken. »Schenken macht einen selbst froh. Ich tu's nicht nur für's Geld, das Nikolausspielen.«
Flüchtig nimmt er wahr, dass sich ein Alter neben ihn setzt. »N' Abend«, brummt der alte Mann. »Guten Abend«, antwortet der Nikolaus und wendet sich ihm zu. Er riecht billigen Fusel; sieht wässrige Augen und eine rote Nase unter wirren, weißgrauen Zotteln. Der Mantel des Alten ist fadenscheinig, die Ärmel sind ausgefranst. Offenbar ein Stadtstreuner, ein Wermutbruder. ... Unbehaglich rückt der Mann etwas von ihm ab. Ausgerechnet so einer – und er war doch gerade in einer so guten Stimmung!
»So spät noch unterwegs, Herr Nikolaus?« krächzte der Obdachlose mit heiserer Stimme. »Hm« ist die einzige Antwort. »Komischer Job!« grinste der Alte

und zeigte dabei rauchgelbe Zahnstummel. »Käm mir in den Klamotten schön blöd vor.« Der Nikolaus runzelt die Stirn unter den Wattelocken und blickt streng durch die Fensterglasbrille. »Ich tu's gern.«
Der alte Streuner macht mit dem schmutzigen Daumen und dem Zeigefinger die Bewegung, die jeder kennt. »Bringt sicher ordentlich Pinke-Pinke.«
»Einiges – aber das ist nicht die Hauptsache. Ich kann Menschen Freude schenken.« Da verzieht sich das stoppelbärtige Gesicht des Alten zu einer bösen Fratze. »Was hast du davon? Freude schenken --- Freude? und wer schenkt uns Freude?« höhnt er und stimmt mit brüchiger Stimme an: »O du fröhliche, o du selige ...«
Der Mann im Nikolauskostüm packt ihn an die Schulter und schüttelt ihn. Jetzt ist das Trinkergesicht mit den verwüsteten Zügen ganz dicht vor ihm. »Hör auf«, befiehlt er rau. »Hab' dir wohl deine Stimmung kaputt gemacht?« fragt der Stadtstreicher wissend. »Und darum bist du wütend, hä?«
Der Nikolaus lässt ihn los und wendet sich ab. Er hat ja Recht. Unwillkürlich sacken seine Schultern nach vorn. Er ist so müde! Soll er sich etwa die Litanei der Klagen eines Stadtstreichers anhören? Hat er es nicht selbst schwer genug mit der kleinen Rente? Der Halbtrunkene macht ein paar vage und unsichere Handbewegungen. »Gegen Freude ... ei-

gentlich nichts. Ich krieg sie nur nicht. Hatte mal Menschen ... alle fort ... tot oder fort.« Die Stimme des Alten wird weinerlich. Mit dem Zeigefinger tippt er auf das Blechkreuz auf der Brust des Nikolaus. »Weißt du, als ich an dich glaubte, hatte ich Menschen, jede Menge Menschen und Freunde. Alles fort ... Glauben ... Menschen ... Freunde ... fort.«
»Gleich weint er«, denkt der Berufs-Nikolaus, peinlich berührt. »Soll ich ihm von meinem Geld geben? Nein, das macht er zu Schnaps, und dann wird sein Elend nur noch größer. Warum geht er nicht zur Caritas?« Eine Weile schweigen beide. Der Nikolaus wünscht sich weit fort, als er ein ersticktes Schluchzen hört. »Auch das noch!« Da fällt sein Blick auf den »Kochlöffel«. Das würde die Rettung sein. Er atmet auf. Der Halbtrunkene muss etwas Kräftiges in den Rippen haben. »Komm! Jetzt gibt's ein echtes Nikolausessen – Hähnchen mit Pommes!«
Mit offenem Mund starrt der Alte ihn an. Zwei Tränen glitzern auf seiner faltigen Wange. »Ein Hähnchen?« stammelt er ungläubig, »ein ganzes Hähnchen für mich, für mich allein?«
»Für dich allein, und wenn es dir zuviel ist, nimmst du den Rest mit.«
Die müde Verkäuferin schreckt auf, als die beiden in das blitzsaubere Lädchen treten. »Wieder dieser

Penner, der vorhin gebettelt und den sie fortgejagt hat«, denkt sie. »Fräulein, geben Sie bitte dem Herrn hier ein Hähnchen und eine große Portion Pommes«, bestellt der Mann im Nikolauskostüm. – »Dem Herrn …?«

Der Stadtstreicher richtet sich auf und zupft an seinen verschlissenen Ärmeln, als rücke er Manschetten zurecht. »Dem Herrn«, und er wagt es, halb fragend und halb befehlend zu sagen: »Mit Ketchup!«

Als der Mann im Nikolauskostüm eine Weile später müde heimwärts geht, ist sein Beutel leerer geworden, und ein paar Münzen fehlen in seinem Portemonnaie, aber er ist froh und zufrieden … ein rundum guter Nikolausabend.

Durch die Straßen am Rhein tappt der Alte. In der einen Hand hält er eine Tragetüte mit dem Aufdruck »Kochlöffel«, in der wohl verpackt das halbe Nikolaus-Hähnchen liegt. In der anderen Hand trägt er sorgsam die Süßigkeiten. Ob er der lahmen Lucie davon abgeben soll? Er bleibt stehen. Im Rhein glitzern die Lichter, die sich von der Stadt dort spiegeln. Und am nachtschwarzen Himmel funkeln die Sterne. Er schaut und staunt, als habe er sie zum ersten Mal gesehen …

Marianne Intveen-Lindner

Knecht Ruprecht

Von drauß' vom Walde komm ich her;
Ich muss euch sagen, es weihnachtet sehr!
Allüberall auf den Tannenspitzen
Sah ich goldene Lichtlein sitzen:
Und droben aus dem Himmelstor
Sah mit großen Augen das Christkind hervor,
Und wie ich so strolcht durch den finstern Tann,
Da rief´'s mich mit heller Stimme an.
»Knecht Ruprecht«, rief es, »alter Gesell,
Hebe die Beine und spute dich schnell!
Die Kerzen fangen zu brennen,
Das Himmeltor ist aufgetan,
Alt' und Junge sollen nun
Von der Jagd des Lebens einmal ruhn;
Und morgen flieg ich hinab zur Erden,
Denn es soll wieder Weihnachten werden!«
Ich sprach: »O lieber Herre Christ,
Meine Reise nun fast zu Ende ist;
Ich soll nur noch in diese Stadt,
Wo's eitel gute Kinder hat.«
– »Hast denn das Säcklein auch bei dir?«
Ich sprach: »Das Säcklein, das ist hier;
Denn Äpfel, Nuss und Mandelkern
Fressen fromme Kinder gern.«

– »Hast denn die Rute auch bei dir?«
Ich sprach: »Die Rute, die ist hier;
Doch für die Kinder nur, die schlechten,
Die trifft sie auf den Teil, den rechten;
So geh mit Gott, mein treuer Knecht!«
Von drauß' vom Walde komm ich her;
Ich muss euch sagen, es weihnachtet sehr!
Nun sprecht, wie ich's hierinnen find!
Sind's gute Kind, sind's böse Kind?

Theodor Storm

Der Winter ist gekommen

Der Winter ist gekommen
und hat hinweggenommen
der Erde grünes Kleid;
Schnee liegt auf Blütenkeimen,
kein Blatt ist auf den Bäumen,
erstarrt die Flüsse weit und breit.

Da schallen plötzlich Klänge
und frohe Festgesänge
hell durch die Winternacht;
in Hütten und Palästen
ist rings in grünen Ästen
ein bunter Frühling aufgemacht.

Wie gern doch seh ich glänzen
mit all den reichen Kränzen
den grünen Weihnachtsbaum;
dazu der Kindlein Mienen
von Licht und Lust beschienen;
wohl schönere Freude gibt es kaum.

Volksweise

Der goldene Schlüssel

Zur Winterszeit, als einmal ein tiefer Schnee lag, musste ein armer Junge hinausgehen und Holz auf einem Schlitten holen.
Wie er es nun zusammengesucht und aufgeladen hatte, wollte er, weil er so erfroren war, noch nicht nach Hause gehen, sondern erst Feuer anmachen und sich ein bisschen wärmen. Da scharrte er den Schnee weg, und wie er so den Erdboden aufräumte, fand er einen kleinen goldenen Schlüssel. Nun glaubte er, wo der Schlüssel wäre, müsste auch das Schloss dazu sein, grub in der Erde und fand ein eisernes Kästchen. »Wenn der Schlüssel nur passt!« dachte er, »es sind gewiss kostbare Sachen in dem Kästchen.« Er suchte, aber es war kein Schlüsselloch da; endlich entdeckte er eines, aber so klein, dass man es kaum sehen konnte. Er probierte, und der Schlüssel passte glücklich. Da drehte er einmal herum, und nun müssen wir warten, bis er vollends aufgeschlossen und den Deckel aufgemacht hat, dann werden wir erfahren, was für wunderbare Sachen in dem Kästchen lagen.

Brüder Grimm

Der Winterabend

Der Winterabend, das ist die Zeit
der Arbeit und der Fröhlichkeit.
Wenn die andern nähen, stricken und spinnen,
dann müssen wir Kinder auch was beginnen;
wir dürfen nicht müßig sitzen und ruhn,
wir haben auch unser Teil zu tun.
Wir müssen zu morgen uns vorbereiten
und vollenden unsere Schularbeiten.
Und sind wir fertig mit Lesen und Schreiben,
dann können wir unsere Kurzweil treiben.
Und ist der Abend auch noch so lang,
wir kürzen ihn mit Spiel und Gesang.
Und wer dann ein hübsches Rätsel kann,
der sagt's, und wir fangen zu raten an.

Heinrich Hoffmann von Fallersleben

Leise rieselt der Schnee

Leise rieselt der Schnee,
still und starr ruht der See;
weihnachtlich glänzet der Wald:
Freue dich, Christkind kommt bald!

In dem Herzen ist's warm,
still schweigt Kummer und Harm,
Sorge des Lebens verhallt:
Freue dich, Christkind kommt bald!

Bald ist heilige Nacht,
Chor der Engel erwacht,
hört nur, wie lieblich es schallt:
Freue dich, Christkind kommt bald!

Eduard Ebel

Original Dresdner Christstolle

Wie der Name der sächsischen Backware besagt, sollte diese rosinendurchsetzte duftende Köstlichkeit zum Christfest unter dem Weihnachtsbaum liegen und dann in weihnachtlicher Fest- und Feierstimmung gegessen werden. Unsere heutigen Gebräuche sind da anders. Schon im Oktober stapelt sich die Christstolle in den Lebensmittelabteilungen der Warenhäuser zu fast schon bedrohlichen Türmen. Wir haben kein Gespür mehr für Jahreszeiten und Feierkreise im Laufe der Monate. Da kann man auch gleich Ostereier am Fest der Heiligen Drei Könige verkaufen und die Martinsgans zu Fasching in den Ofen schieben sowie den Weihnachtsmann am ersten Mai, dem internationalen Tag der Arbeit, auftreten lassen. Lassen wir dieses merkwürdige Kapitel unserer etwas durcheinandergeratenen Kulturgeschichte.

Wenden wir uns genau zum richtigen Termin, nämlich Weihnachten, dem Dresdner Edelgebäck zu, aber nicht ohne dabei ein wenig über dieses aufregende Fest der Geburt Christi nachzudenken. Mir fiel beim Nachdenken etwas auf: Wenn wir von Gott Vater den Auftrag erhalten hätten, die Welt wieder in Ordnung zu bringen, hätten wir es ganz anders angefangen. Bei einem solchen gewaltigen Unternehmen wie der Erlösung des kompletten Kosmos hätte sich unser Herr von einer Public-Relations-Agentur beraten lassen sollen. Es ahnt doch kein Mensch, dass in einem schiefen Bretterschuppen bei Betlehem irgendetwas Aufregendes passiert. Unser tapferer Kirchenchor singt in der Heiligen Nacht das Transeamus. Da hört die in Andacht lauschende Gemeinde, dass Jesus »in praesepio« gelegen habe, als die Hirten kamen: »positum in praesepio.« So steht es beim Evangelisten Lukas. Das klingt friedlich, sehr lieblich und gut. Aber es ist keineswegs lieblich. Denn das lateinische Wort praesepe heißt auf Deutsch Bretterverschlag und hat dazu noch in seiner Originalsprache einen verächtlichen Beiklang. Es kann nämlich auch heißen: in liederlichen Häusern. Das hört sich überhaupt nicht gut an. Jesus ist nicht in einem gepflegten Rinderaufzuchtstall oder in einer hübschen Datsche geboren, sondern in einer zusammengeschusterten Bretterbude. Der griechische Originaltext des Neuen Testaments berichtet, Jesus habe in einer »Fatne« gelegen. Das ist laut griechischem Wörterbuch ein »ausgehöhlter hölzerner Trog mit Fächern, worin den Pferden und dem Rindvieh das Futter vorgesetzt wird«.

Alles in allem war das Ganze eine Krisensituation härtesten Ausmaßes. Was der Heiligen Familie dort als Verpflegung zur Verfügung stand, wird nicht viel gewesen sein. Sicher ist eins: Dresdner Christstolle gab es nicht. Niemand kann vermuten, in einem solchen armseligen Bretterverschlag und in einer solchen notvollen Situation werde zwischen einem Ochsen und einem Esel Heilsgeschichte gemacht, Weltgeschichte vom Kopf auf die Füße gestellt und Friede in das Chaos unserer verdrehten Welt gebracht. Wer soll schon wissen können, dass Jesus Christus hinter den schiefen, ungestrichenen und in ungeölten Angeln schrecklich quietschenden Stalltüren seinen Weg zu uns, für uns und mit uns beginnt. Mit ein paar ganzseitigen Anzeigen in den großen Zeitungen der Welt wäre das ganz anders gelaufen. Ein paar dicke Sponsoren hätten sich engagiert und die Spende von der Steuer abgesetzt. Eine gezielte, gut vorbereitete Talk-Show, eine Web-Adresse: »www.krippe.holynight.de«, und sofort hätte der Informationsprozess in Sachen Welterlösung die wesentlichsten Kreise von Politik und Wirtschaft, die Chefetagen der Konzerne, die Parteibüros der Roten und Grünen und Andersfarbenen, die Tourismusindustrie und die Bischöflichen Ordinariate erreicht samt den Fachgeschäften für liturgische Gewandungen und Weihrauch. Doch das Fest der

Geburt Christi findet nicht im virtuellen Raum des Internet statt. Die Geburt des Herrn geschieht nicht in den mehr oder weniger geschmackvollen Schaufenstern der großen Einkaufszentren.
Gott kommt immer von einer Seite, von der her wir es nicht vermuten oder erwarten. Glaube ist kein Artikel der Versandwarenhäuser. Hirten und Schafe, Könige und Kamele mussten sich erst einmal auf die Suche machen ohne die Hilfe von dicken Warenhauskatalogen. Ich denke mir, dass ich gerade zu Weihnachten meine Suchorgane besonders sensibel einzusetzen habe, um mich nach dem Kind umzusehen. Ich muss nach ihm schnuppern, nach ihm tasten. Ich muss die Feinfühligkeit des Augenblicks erlernen. Dann wird Gott mir schenken, seinen Sohn in den unmöglichsten Situationen zwischen Bergen von Dresdner Christstolle oder im Lärm des Bahnhofs Zoo oder in den Dunstwolken von Bratwurst und diversen Sorten Glühwein mit Schmalzstulle auf dem Weihnachtsmarkt am Alex zu erspüren. Vielleicht wird Jesus mir fröhlich zulächeln, wenn ich in dieses Dresdner Weihnachtsspezialgebäck beiße.
Wenn unsere Eltern uns in den längst vergangenen Kriegs- und Hungerjahren gefragt hätten, was wir uns zu Weihnachten wünschten, hätten wir liebend gerne sehr laut gesagt: Dresdner Stolle. Unsere

Eltern würden uns ebenso gerne damit bis zum Geht-nicht-mehr gefüttert haben. Die Schwierigkeit lag nur darin, dass ein gewisser Hitler-Adolf gerade eben seinen Endsieg um einige Haaresbreiten verpasst hatte. So lag die Ursprungsstadt der Christstolle total in Trümmern.
Heute brauche ich mir diese Backware nicht mehr zu wünschen, es gibt sie tonnenweise. Die Dresdner Stolle hat Krieg und Sozialismus überstanden. Da sind wir bei dem Problem, was ich mir heutzutage zum Fest wünschen soll. Es gibt ja alles, sofern die Euros reichen, jedenfalls wenn es um das Materielle geht. Vielleicht wäre einer meiner nichtmateriellen Weihnachtswünsche, dass es in diesen Tagen ein wenig Stille gibt, um auf die Krippe zu schauen. Ein Weihnachtsfest mit dem Weihnachtslieder-sangeskräftigen Familienvorsteher Peter und seiner klavierspielenden Gattin Tony kann ich mir nicht mehr wünschen. Die beiden feiern schon am himmlischen Originalort das Originalweihnachtsfest mit den Originalpersonen. Ob es da auch himmlische Dresdner Stolle gibt, konnte mir der Vatikan noch nicht mitteilen. Da müssen wir weitere Forschungsergebnisse kluger Theologieprofessoren abwarten. Im Himmel werden wir es mit Sicherheit erfahren, wenn es uns dann noch interessiert.

Bei uns am Niederrhein gab es keine Dresdner Christstolle. Das lag an den Weihnachtsgebräuchen, die im evangelischen Sachsen sehr viel anders sein können als am katholischen Niederrhein. Und es lag am schlimmen Krieg mit seinem Ersatzkaffee, Kunsthonig und Wurstersatzbrotaufstrich. Also ist meine Erinnerung an die heimatliche Weihnacht geprägt von den spezialedelstahlgehärteten Plätzchen, mit denen Mama und Papa den Baum behangen hatten. Papa brauchte viel Leiter zu halsbrecherischen Aktionen, weil er nach oben hin sehr klein war. Aber er liebte große Christbäume. Wenn die Spitze erst einmal ganz oben auf dem Baum war, konnte Mama den ärztlichen Unfallbereitschaftsdienst wieder abbestellen. Am zweiten Februar durften diese kriegsharten zementähnlichen Backwaren abgegessen werden, nachdem wir sie mit Hammer, Axt und Säge zu zerkleinern versucht hatten. Denn ein Zahnarzt für die ganze weihnachtsbetonplätzchengeschädigte Familie war von den paar Groschen des väterlichen Verdienstes nicht zu bezahlen.

Unsere Oma, in deren Haus wir als Untermieter meist friedvoll wohnten, hatte damals schon Brillengläser von der Dicke eines Einweckglasdeckels. Da sie kaum etwas sehen konnte, trat unsere Ahne aus Versehen auf die neuen Weihnachtsgeschenke.

Das waren Spielzeugsoldaten, schön in Feldgrau mit Stahlhelm, Gewehr und Brotbeutel, liegend, stehend, laufend und schießend sowie fallend. Omas Fehltritte auf diese kriegerische Armee waren wohl ein Zeichen des Himmels. Spielzeugsoldaten und Waffen sind das perverseste Geschenk, das zum Fest der Geburt des Friedensfürsten unter dem Weihnachtsbaum liegen kann.

Das schrecklichste und verdrehteste Weihnachtslied ist jenes mit dem Text vom Weihnachtsmann, der morgen kommt. Sein Auftrag ist es laut den Worten des angeblichen Weihnachtsliedes, Trommel, Pfeifen und Gewehr, Fahn' und Säbel und noch mehr, ja ein ganzes Kriegesheer zu bringen. Wie kann man auf die verrückte Idee kommen, Friede sei mit Gewehr und Kriegsheer zu bringen? Offensichtlich ist das auch heute noch, in unserem angeblich so aufgeklärten und fortschrittlichen einundzwanzigsten Jahrhundert möglich. Der Unterschied besteht nur darin, dass es diesmal nicht mit Gewehr, sondern mit Raketen und B52 probiert wird. Es ist mir unerklärlich, wie man mit höchstperfektionierter Elektronik der Waffensysteme Länder und Völker befrieden will. Vielleicht wird es dann so etwas wie Frieden in einer Friedhofslandschaft. Wer sich zum Friedensbringer hochstilisiert, muss wissen, was er da tut.

Wer von sich aus entscheidet, dass alle friedlichen Mittel, die das Völkerrecht zur Verfügung hat, ausgeschöpft seien, nimmt eine große Verantwortung vor Gott, seinem Gewissen und der Geschichte auf sich. Man kann nicht einen Brand löschen, indem man Feuer anmacht. Ich weiß nicht, was sich der Dichter und Erfinder des Deutschlandliedes Hoffmann von Fallersleben im Jahre 1839 dabei gedacht hat, als er Weihnachten als Fest des göttlichen Friedens mit Trommeln, Pfeifen und Gewehr, Fahn' und Säbel und noch mehr aufrüstete. Schließlich war auch um 1848 ein General kein Friedensengel, ein Schießgewehr keine Hirtenflöte oder Friedensschalmei, eine Kanonenkugel kein Weihnachtsgebäck, ein Stahlhelm kein Brautkranz und ein Sarg keine Krippe. Niemand wird in weihnachtlicher Feststimmung behaupten können, eine brennende Ölquelle sei dasselbe wie ein friedliches Hirtenfeuer in Betlehem. Keiner soll sich wahnsinniger Weise einbilden wollen, man müsse alle Häuser zusammenschlagen, damit sie dem Stall von Betlehem ähnlich würden. Es ist wohl auch ein grandioses Missverständnis zu glauben, irgendein Volk könne einen göttlichen Hinweis erhalten haben, es solle ein anderes Volk mit Waffengewalt befreien.
Wir haben die geist-seelenlose Infamie dieses Liedes erst richtig begriffen, als es in unserem Haus

keine Weihnachtsstolle mehr geben konnte. Nachdem sich der Qualm der Luftminen verzogen hatte, war nämlich kein Elternhaus mehr da, das um einen Familienweihnachtsbaum hätte herumstehen können. Es war auch keine Kirche mehr da, in der die Weihnachtsmesse hätte gefeiert werden können, und kein Bäckerladen, der Dresdner Weihnachtsstolle auf Lebensmittelkarte anbieten konnte. Den Ständer für den Weihnachtsbaum hatten wir aber damals merkwürdigerweise aus der Katastrophe gerettet. Er hat noch vielen Weihnachtsbäumen Standhaftigkeit verliehen, bis wir zum Einzug unserer Mutter in das Seniorenheim den Haushalt in alle Winde und Entsorgungsformen zerstreuen mussten.

Ich habe im Leben dann lernen müssen, dass vor der Weihnachtsstolle das Abenteuer des Einstielens diverser Weihnachtsbäume zu bewältigen ist. Das geht von den Mini-Ständern für Kleinwohnzimmerecken-Tannenbäumchen bis zu gewaltigen, von Zimmermännern gewerkelten Anlagen für Maximalweihnachtsbäume, die mit sechs und mehr kräftigen Männern in der Kirche emporgewuchtet werden müssen. Vor den Erfolg haben die Götter den Schweiß gestellt. Unser sanfter und fröhlicher Vater konnte beim Einstielen der Weihnachtstanne in Zustände geraten, die sehr an den Ausbruch des

Vesuvs erinnerten. Beim Aufhängen des Lamettas war aber schon wieder himmelähnlicher Friede.

Wenn ich den Baum aufstellte, litt oft nicht nur der Weihnachtsbaum an meiner Ungeschicklichkeit, sondern auch meine höchsteigene Hand. Sie war dann mit Weihnachtsbaumschrammen und Tannenbaumblessuren verziert wie der Baum selbst mit Kugeln und Sternen. Wie die Väter, so die Söhne. Dafür schmeckt das Dresdner Spezialgebäck dann um so besser, aber erst nachher, nicht vorher.

In unseren Tagen gibt es wieder Häuser und Weihnachtsbäume und Pappteller mit Süßigkeiten und Berge von Geschenken, die nach Weihnachten wieder umgetauscht werden können. Bleibt die Frage, ob wir wenigstens auch einen Hauch vom Betlehemsfrieden in unseren Weihnachtsstuben spüren.

Mir hilft zu diesem Weihnachtsfrieden die Stunde, in der ich die Krippe aufbaue. Die besitzt inzwischen als Assistenzfiguren einen Fuchs mit einer gestohlenen Gans in der Schnauze, die er zur Krippe schleppt. Dazu kommt eine niedliche Maus, ein Schweinchen und ein wunderbares Kamel mit drei königlichen Weisen aus dem Morgenland. Dann finden sich ein Bündel Heu und vier Elefanten, die eigentlich nicht in den Stil der Altöttinger Krippe passen. Sie sind viel zu klein im Maßstab. Das macht nichts. Im Himmel werden wir feststellen, dass vieles auch in unseren Tagen und in unserem Land an der Krippe war, von dem wir als geübte Berufskatholiken nie gedacht haben, dass es dahin passt. In der Barockkirche von Neuzelle haben wir einmal aus Spaß an der Freude mit Puppenmöbeln eine ganze kleine Küche in die Krippe eingebaut. Die sah niedlich aus mit Töpfen und Gemüsekörben und Küchenmessern und kleinen Kohlköpfen. Der Küchenherd war aus Mauersteinen. Die Gottesmutter Maria muss doch schließlich irgendwo kochen können. Oder hat Josef gekocht? Wenn ja, hat er gut gekocht und vor allem: hatte er etwas zu kochen? Als unser menschenfreundlicher, aber etwas penibler zuständiger Ortspfarrer diese Krippeneinbauküche entdeckte, fand er, das sei doch wirklich zu albern und zu viel. Wir konnten diesem Schicksalsschlag nicht ausweichen und mussten zum Schaden von Maria und Josef die Krippenküche wieder demontieren, worauf die Kinder der Gemeinde protestierten, ehe sie wieder zu ihrer Dresdner Weihnachtsstolle zurückkehrten. Aber vorher sangen wir noch mit den Kindern das alte nachdenklich-staunende Weihnachtslied von dem Stall, in dem gar so kalt der Wind weht. Da heißt es dann: »O Kindelein, von Herzen dich will ich lieben sehr, in Freuden und in Schmerzen, je länger mehr und mehr.« Das ist nun eine eigene Art von Ge-

wissenserforschung vor der Krippe, die mir Magenschmerzen bereitet. Liebe ich das Christkind je länger mehr und mehr? Oder liebe ich es leider je länger weniger und weniger?
Am Ende dieser Weihnachtsstollenüberlegungen bleibt die Frage, was ich zum nächsten Christfest meinem Nächsten schenke. Ich sollte die Krippe als Maß für meine Weihnachtsaktionen nehmen. Die ersten Geschenke an der Krippe waren unserem Informationsstand nach Schafskäse und Ziegenmilch. Die besseren Sachen wie Gold, Weihrauch und Myrrhe kamen erst später, weil die Kamele Verspätung hatten. Milch und Käse wurden also zuerst gebracht, und zwar in der wundersamen Verpackung der Liebe. Schafskäse und Ziegenmilch mit Liebe hört sich für einen verwöhnten Mitteleuropäer nach sehr wenig an. Aber es ist unvergleichlich mehr als ein Mercedes für 75.300 Euro ohne Liebe.
Ein Stück Dresdner Christstolle mit Liebe ist viel mehr als ein Wohnzimmerteppich aus Verlegenheit geschenkt. Käse, Milch und Stolle mit Liebe haben dazu noch einen unschätzbaren Vorteil. Man braucht nach Weihnachten mit ihnen keine Umtauschaktion zu starten. Denn Liebe kann man nicht umtauschen. Man muss es auch nicht.

Klaus Weyers

Macht hoch die Tür

Macht hoch die Tür, die Tor' macht weit:
Es kommt der Herr der Herrlichkeit,
Ein König aller Königreich',
Ein Heiland aller Welt zugleich,
Der Heil und Leben mit sich bringt;
Derhalben jauchzt, mit Freuden singt:
Gelobet sei mein Gott, mein Schöpfer, reich von Rat!

Er ist gerecht, ein Helfer wert,
Sanftmütigkeit ist sein Gefährt,
Sein' Königskron' ist Heiligkeit,
Sein Zepter ist Barmherzigkeit;
All unser Not zum End' er bringt,
Derhalben jauchzt, mit Freuden singt:
Gelobet sei mein Gott, mein Heiland groß von Tat!

O wohl dem Land, o wohl der Stadt,
So diesen König bei sich hat!
Wohl allen Herzen insgemein,
Da dieser König ziehet ein!
Er ist die rechte Freudensonn',
Bringt mit sich lauter Freud und Wonn'-
Gelobet sei mein Gott, mein Tröster früh und spat!

Macht hoch die Tür, die Tor' macht weit,
Eu'r Herz zum Tempel zubereit't;
Die Zweiglein der Gottseligkeit
Steckt auf mit Andacht, Lust und Freud;
So kommt der König auch zu euch,
Ja Heil und Leben mit zugleich.
Gelobet sei mein Gott, voll Rat, voll Tat, voll Gnad!

Komm, o mein Heiland, Jesu Christ,
Mein's Herzens Tür dir offen ist;
Ach zeuch mit deiner Gnaden ein,
Dein' Freundlichkeit auch uns erschein'.
Dein heil'ger Geist uns führ' und leit'
Den Weg zur ew'gen Seligkeit.
Dem Namen dein, o Herr, sei ewig Preis und Ehr!

Georg Weissel

So ward Abend und Morgen

Erst mittags war er auf den Gedanken gekommen, die Weihnachtsgeschenke für Anna im Bahnhof am Gepäckschalter abzugeben; er war glücklich über den Einfall, weil er ihn der Notwendigkeit enthob, gleich nach Hause zu gehen. Seitdem Anna nicht mehr mit ihm sprach, fürchtete er sich vor der Heimkehr; ihre Stummheit wälzte sich über ihn wie ein Grabstein, sobald er die Wohnung betreten hatte. Früher hatte er sich auf die Heimkehr gefreut, zwei Jahre lang seit dem Hochzeitstag: er liebte es, mit Anna zu essen, mit ihr zu sprechen, dann ins Bett zu gehen; am meisten aber liebte er die Stunde zwischen Zu-Bett-Gehen und Einschlafen. Anna schlief früher ein als er, weil sie jetzt immer müde war – und er lag im Dunkeln neben ihr, hörte ihren Atem, und aus der Tiefe der Straße schossen manchmal die Scheinwerfer der Autos Licht über die Zimmerdecke, Licht, das sich senkte, wenn die Autos die Steigung der Straße erreicht hatten, Streifen hellen, gelben Lichts, das für einen Augenblick das Profil seiner schlafenden Frau an die Wand warf; dann fiel wieder Dunkelheit übers Zimmer, und es blieben nur die zarten Kringel: das Muster des Vorhangs, vom Gaslicht der Laterne an die Decke gezeichnet. Die Stunde liebte er von allen Stunden des Tages am meisten, weil er spürte, wie der Tag von ihm abfiel und er in den Schlaf tauchte wie in ein Bad.

Jetzt schlenderte er zögernd am Gepäckschalter vorbei, sah hinten seinen Karton noch immer zwischen dem roten Lederkoffer und der Korbflasche stehen. Der offene Aufzug, der vom Bahnsteig herunterkam, war leer, weiß von Schnee; er senkte sich wie ein Blatt Papier in den grauen Beton des Schalterraums, und der Mann, der ihn bedient hatte, kam nach vorn und sagte zu dem Beamten: »Jetzt wird's richtig Weihnachten. Ist doch schön, wenn die Kinder Schnee haben, was?« Der Beamte nickte, spießte stumm Zettel auf seinen Nagel, zählte das Geld in seiner Holzschublade und sah misstrauisch zu Brenig hinüber, der den Gepäckschein aus der Tasche genommen, ihn aber dann wieder zusammengelegt hatte. Er war schon zum dritten Mal hier, hatte zum dritten Mal den Zettel herausgenommen und ihn wieder eingesteckt. Die misstrauischen Blicke des Beamten störten ihn, und er schlenderte zum Ausgang, blieb dort stehen und sah auf den leeren Vorplatz. Er liebte den Schnee, liebte die Kälte; als Junge hatte er sich daran berauscht, die kalte klare Luft einzuatmen, und er warf jetzt seine Zigarette weg und hielt sein Gesicht

in den Wind, der leichte und sehr viele Schneeflocken auf den Bahnhof zu trieb. Brenig hielt die Augen offen, denn er mochte es, wenn sich die Flocken an seinem Wimpern festklebten, immer neue, während die alten schmolzen und in kleinen Tropfen über seine Wange liefen. Ein Mädchen ging schnell an ihm vorbei, und er sah, wie ihr grüner Hut, während sie über den Vorplatz lief, vom Schnee bedeckt wurde, aber erst als sie an der Straßenbahnstation stand, erkannte er in ihrer Hand den kleinen, roten Lederkoffer, der neben seinem Karton im Gepäckraum gestanden hatte.
Man sollte nicht heiraten, dachte Brenig, sie gratulieren einem, schicken einem Blumen, lassen blöde Telegramme ins Haus bringen, und dann lassen sie einen allein. Sie erkundigen sich, ob man an alles gedacht hat: das Küchengerät, vom Salzstreuer bis zum Herd, und zuletzt vergewissern sie sich, ob auch die Flasche mit Suppenwürze im Schrank steht. Sie rechnen nach, ob man eine Familie ernähren kann, aber was es bedeutet, eine Familie zu sein, das sagt einem keiner. Blumen schicken sie, zwanzig Sträuße, und es riecht wie bei einer Beerdigung, dann zerschmeißen sie Porzellan vor der Haustür und lassen einen allein.
Ein Mann ging an ihm vorbei, und er hörte, dass der Mann betrunken war und sang: »Alle Jahre wie-

der«, aber Brenig veränderte die Lage seines Kopfes nicht, und so bemerkte er erst spät, dass der Mann eine Korbflasche in der rechten Hand trug, und er wusste, dass der Karton mit den Weihnachtsgeschenken für seine Frau jetzt allein oben auf dem obersten Brett im Gepäckraum stand. Ein Schirm war drin, zwei Bücher und ein großes Piano aus Mokkaschokolade: die weißen Tasten waren aus Marzipan, die dunklen aus reinem Krokant. Das Schokoladenpiano war so groß wie ein Lexikon, und die Verkäuferin hatte gesagt, dass sich die Schokolade ein halbes Jahr hielte. – Vielleicht war ich zu jung zum Heiraten, dachte er, vielleicht hätte ich warten sollen, bis Anna weniger ernst und ich ernster geworden wäre, aber er wusste ja, dass er ernst genug und Annas Ernst gerade richtig war. Er liebte sie deswegen. Um der Stunde vor dem Einschlafen willen hatte er aufs Kino, aufs Tanzen verzichtet, hatte Verabredungen nicht eingehalten. Abends, wenn er im Bett lag, kam Frömmigkeit über ihn, Frieden, und er wiederholte den Satz, dessen Wortlaut er nicht mehr ganz genau wusste: »Gott schuf die Erde und den Mond, ließ sie über den Tag und die Nacht walten, zwischen Licht und Finsternis scheiden, und Gott sah, dass es gut war. So ward Abend und Morgen.« Er hatte sich vorgenommen, in Annas Bibel den Satz noch einmal genau nach-

zulesen, aber er vergaß es immer wieder. Dass Gott Tag und Nacht erschaffen hatte, erschien ihm mindestens so großartig wie die Erschaffung der Blumen, der Tiere und des Menschen.
Er liebte dese Stunde vor dem Einschlafen über alles. Aber seitdem Anna nicht mehr mit ihm sprach, lag ihre Stummheit wie ein Gewicht auf ihm. Hätte sie nur gesagt: »Es ist kälter geworden ...«, oder: »Es wird regnen ...«, er wäre erlöst gewesen – hätte sie nur »Ja, ja«, oder »Nein, nein« gesagt, irgendetwas viel Dümmeres als das, er wäre glücklich und der Gedanke an die Heimkehr wäre nicht mehr schrecklich gewesen. Aber ihr Gesicht war für Augenblicke wie aus Stein, und in diesen Augenblicken wusste er plötzlich, wie sie als alte Frau aussehen würde; er erschrak, sah sich plötzlich dreißig Jahre weit vorwärts geworfen in die Zukunft wie eine steinerne Ebene, sah auch sich alt, mit einem Gesicht, wie manche Männer es hatten, die er kannte: gefüllt von Bitternis, krampfig von verschlucktem Schmerz und leise mit Galle durchgefärbt bis in die Nasenflügel hinein: Masken, durch den Alltag gestreut wie Totenköpfe ...
Manchmal auch, obwohl er sie erst seit drei Jahren kannte, hatte er gewusst, wie sie als kleines Mädchen ausgesehen hatte, er sah sie als Zehnjährige träumend über einem Buch bei Lampenlicht,

ernsthaft, dunkel die Augen unter den hellen Wimpern, blinzelnd über dem Gelesenen mit offenem Mund... Oft, wenn er ihr beim Essen gegenübersaß, veränderte sich ihr Gesicht wie jene Bilder, die sich durch Schütteln verändern, und er wusste plötzlich, dass sie schon als Kind genauso dagesessen hatte, vorsichtig die Kartoffeln mit der Gabel zerkleinert und die Soße langsam hatte darübertröpfeln lassen... Der Schnee hatte seine Wimpern fast verklebt, aber er konnte noch die 4 erkennen, die leise über den Schnee heranglitt wie ein Schlitten.
Vielleicht sollte ich sie anrufen, dachte er, sie bei Menders ans Telefon bitten, dann würde sie mit mir sprechen müssen. Gleich nach der 4 würde die 7 kommen, die letzte, die an diesem Abend fuhr, aber ihn fror jetzt, und er ging langsam über den Platz, sah von weitem die hell erleuchtete 7, blieb unentschlossen an der Telefonzelle stehen und sah in ein Schaufenster hinein, wo die Dekorateure Weihnachtsmänner und Engel gegen andere Puppen auswechselten; dekolletierte Damen, deren nackte Schultern mit Konfetti bestreut, deren Handgelenke mit Luftschlangen gefesselt waren, Puppen von Kavalieren mit graumelliertem Haar wurden hastig auf Barhocker gesetzt, Pfropfen von Sektflaschen auf die Erde gestreut, einer Puppe wurden die Flügel und die Locken abgenommen, und Brenig wun-

derte sich, wie schnell sich ein Engel in einen Mixer verwandeln ließ. Schnurrbart, dunkle Perücke, und fix an die Wand genagelt den Spruch: »Sylvester ohne Sekt?«
Weihnachten war hier schon zu Ende, bevor es angefangen hatte. Vielleicht, dachte er, ist auch Anna zu jung, sie war erst einundzwanzig, und während er im Schaufenster sein Spiegelbild betrachtete, sah er, dass der Schnee seine Haare wie eine kleine Krone bedeckte – so hatte er es früher auf Zaunpfählen gesehen –, fiel ihm ein, dass die Alten unrecht hatten, wenn sie von der fröhlichen Jugendzeit sprachen; wenn man jung war, war alles ernst und schwer, und niemand half einem, und er wunderte sich plötzlich, dass er Anna ihrer Stummheit wegen nicht hasste, dass er nicht wünschte, eine andere geheiratet zu haben. Das ganze Vokabular, das einem so zugetragen wurde, galt nicht: Verzeihung, Scheidung, neu anfangen, die Zeit wird helfen – alle diese Worte halfen einem nichts. Man musste allein damit fertig werden, weil man anders war als die anderen, und weil Anna eine andere Frau war als die Frauen der anderen.
Flink nagelten die Dekorateure Masken an die Wände, reihten Knallbonbons auf eine Schnur; die letzte 7 war längst abgefahren, und der Karton mit den Geschenken für Anna stand allein oben auf dem Regal.

Ich bin fünfundzwanzig, dachte er, und muss für eine Lüge, eine kleine Lüge, eine dumme Lüge, wie sie Millionen Männer jede Woche oder jeden Monat begehen, so hart bestraft werden: mit einem Blick in die steinerne Zukunft, muss Anna als Sphinx vor dieser Steinwüste hocken sehen, mich selbst, gelblich durchfärbt von Bitternis als alten Mann. Ja, immer würde die Flasche mit Suppenwürze im Schrank stehen, der Salzstreuer am rechten Ort, und er würde längst Abteilungsleiter sein und seine Familie gut ernähren können: eine steinerne Sippe, und niemals mehr würde er im Bett liegen und in der Stunde vor dem Einschlafen die Erschaffung des Abends loben, Gott für den großen Feierabend danken, und er würde jungen Leuten zur Hochzeit so dumme Telegramme schicken, wie er sie bekommen hatte …
Andere Frauen hatten gelacht über eine so dumme Lüge wegen des Gehalts, andere Frauen wussten, dass alle Männer ihre Frauen belogen; es war vielleicht eine Art naturbedingter Notwehr, gegen die sie ihre eigenen Lügen erfanden. Annas Gesicht aber war zu Stein geworden. Es gab auch Bücher über die Ehe, und er hatte in diesen Büchern nachgelesen, was man tun konnte, wenn etwas in der Ehe schief ging, aber in keinem der Bücher hatte etwas von einer Frau gestanden, die zu Stein ge-

worden war. Es stand in den Büchern, wie man Kinder bekam und wie man keine Kinder bekam, und es waren viele große und schöne Worte, aber die kleinen Worte fehlten.
Die Dekorateure hatten ihre Arbeit beendet: Luftschlangen hingen über Drähten, die außerhalb des Blickwinkels befestigt waren, und er sah im Hintergrund des Ladens einen von den Männern mit zwei Engeln unter dem Arm verschwinden, während der zweite noch eine Tüte Konfetti über die nackten Schultern der Puppe leerte und das Schild »Sylvester ohne Sekt?« noch ein wenig zurechtdrückte.
Brenig klopfte sich den Schnee von den Haaren, ging über den Platz zurück in die Bahnhofshalle, und als er den Gepäckschein zum vierten Mal herausgenommen und geglättet hatte, lief er schnell, als habe er keine Sekunde mehr zu verlieren. Aber der Gepäckschalter war geschlossen, und es hing ein Schild vor dem Gitter: »Wird 10 Minuten vor Ankunft oder Abfahrt eines Zuges geöffnet.« Brenig lachte, er lachte zum ersten Mal seit Mittag und blickte auf seinen Karton, der oben auf dem Regal hinter Gittern wie in einem Gefängnis lag. Die Abfahrttafel hing neben dem Schalter, und er sah, dass der nächste Zug erst in einer Stunde ankam. So lange kann ich nicht warten, dachte er, und nicht einmal Blumen oder eine Tafel Schokolade werde

ich um diese Zeit bekommen, nicht ein kleines Buch, und die letzte 7 ist weg. Zum ersten Mal in seinem Leben dachte er daran, ein Taxi zu nehmen, und er kam sich sehr erwachsen vor, zugleich ein wenig albern, als er über den Bahnhofsvorplatz zu den Taxis lief.

Er saß hinten im Wagen, hielt sein Geld in der Hand: 10 Mark, sein letztes Geld, das er reserviert hatte, um für Anna noch etwas Besonderes zu kaufen, aber er hatte nichts Besonderes gefunden, und nun saß er da mit seinem Geld in der Hand und beobachtete das Taxameter, das in kurzen Abständen – in sehr kurzen Abständen, schien ihm – jedes Mal um einen Groschen stieg, und jedes Mal, wenn das Taxameter klickte, traf es ihn wie ins Herz, obwohl die Uhr erst bei DM 2,80 stand. Ohne Blumen, ohne Geschenke, hungrig, müde und dumm komme ich nach Hause, und ihm fiel ein, dass er im Wartesaal sicher eine Tafel Schokolade bekommen hätte.

Die Straßen waren leer, das Auto fuhr fast geräuschlos durch den Schnee, und in den Häusern konnte Brenig hinter den erleuchteten Fenstern die Weihnachtsbäume brennen sehen; Weihnachten, das, was er als Kind verstanden und am diesem Tag empfunden hatte, das schien ihm weit weg; was wichtig war und schwer wog, geschah unabhängig

vom Kalender, und in der Steinwüste würde Weihnachten wie irgendein Tag im Jahr und Ostern gleich einem regnerischen Novembertag sein; dreißig, vierzig abgerissene Kalender. Blechhalter mit ausgefransten Papierresten, das würde übrig bleiben, wenn man nicht aufpasste.
Er erschrak, als der Fahrer sagte: »Da sind wir …« Dann war er erleichtert, zu sehen, dass das Taxameter auf DM 3,40 stehen geblieben war. Er wartete ungeduldig, bis er auf sein Fünfmarkstück herausbekommen hatte, und es wurde ihm leicht ums Herz, als er oben Licht sah in dem Zimmer, wo Annas Bett neben seinem stand. Er nahm sich vor, nie diesen Augenblick der Erleichterung zu vergessen, und als er den Hausschlüssel herauszog, ihn in die Tür steckte, spürte er wieder dieses dumme Gefühl, das er beim Besteigen des Taxis gespürt hatte; er kam sich so erwachsen vor, zugleich ein wenig albern.
In der Küche stand der Weihnachtsbaum auf dem Tisch, und es lagen Geschenke für ihn da: Strümpfe, Zigaretten und ein neuer Füllfederhalter und ein hübscher, bunter Kalender, den er sich im Büro würde über den Schreibtisch hängen können. Die Milch stand in der Kasserolle auf dem Herd, er brauchte nur das Gas anzuzünden, und die Brote waren fertig zubereitet auf dem Teller – aber das war jeden Abend so gewesen, auch seitdem Anna nicht mehr

mit ihm sprach, und das Aufstellen des Weihnachtsbaumes und das Zurechtlegen der Geschenke war wie das Schmieren der Brote: eine Pflicht, und Anna würde immer ihre Pflicht tun. Er hatte keine Lust auf die Milch, und auch die appetitlichen Brote reizten ihn nicht. Er ging in die kleine Diele und sah sofort, dass Anna das Licht gelöscht hatte. Die Tür zum Schlafzimmer war aber offen, und er rief ohne viel Hoffnung leise in das dunkle Viereck: »Anna, schläfst du?« Er wartete, lang schien ihm, als fiele seine Frage unendlich tief, und das dunkle Schweigen in dem dunklen Viereck der Schlafzimmertür enthielt alles, was in dreißig, vierzig Kalenderjahren noch auf ihn wartete – und als Anna »Nein« sagte, glaube er, sich verhört zu haben, vielleicht war es eine Täuschung, und er sprach hastig und laut weiter: »Ich habe eine Dummheit gemacht. Ich habe die Geschenke für dich bei der Aufbewahrung am Bahnhof abgegeben, und als ich sie holen wollte, war geschlossen, und ich wollte nicht warten. Ist es schlimm?«
Diesmal war er sicher, ihr »Nein« richtig gehört zu haben, aber er hörte auch, dass dieses »Nein« nicht aus der Ecke des Zimmers kam, wo ihre Betten gestanden hatten. Offenbar hatte Anna ihr Bett ans Fenster gerückt. »Es ist ein Schirm«, sagte er, »zwei Bücher und ein kleines Piano aus Schokolade, es ist

so groß wie ein Lexikon, die Tasten sind aus Marzipan und Krokant.« Er sprach nicht weiter, lauschte auf Antwort, aber es kam nichts aus dem dunklen Viereck, aber als er fragte: »Freust du dich?«, kam das »ja« schneller als die beiden »Nein« vorher …
Er löschte das Licht in der Küche, zog sich im Dunkeln aus und legte sich in sein Bett; durch die Vorhänge hindurch konnte er die Weihnachtsbäume im Haus gegenüber sehen, und unten im Hause wurde gesungen, er aber hatte seine Stunde wieder, hatte zwei »Nein« und ein »Ja«, und wenn ein Auto die Straße heraufkam, schoss der Scheinwerfer für ihn Annas Profil aus der Dunkelheit heraus …

Heinrich Böll

Verse zum Advent

Noch ist Herbst nicht ganz entflohn,
Aber als Knecht Ruprecht schon
Kommt der Winter her geschritten,
Und alsbald aus Schnees Mitten
Klingt des Schlittenglöckleins Ton.

Und was jüngst noch, fern und nah,
Bunt auf uns hernieder sah,
Weiß sind Türme, Dächer, Zweige,
Und das Jahr geht auf die Neige,
Und das schönste Feste ist da.

Tag du der Geburt des Herrn,
Heute bist du uns noch fern,
Aber Tannen, Engel, Fahnen
Lassen uns den Tag schon ahnen,
Und wir sehen schon den Stern.

Theodor Fontane

Gang über den Weihnachtsmarkt

Welch ein Gang war das, den ich mit dem tollen Karikaturenzeichner in der Dämmerung des Abends machte! In wieviel Keller- und andere Fenster musste der Mensch gucken; in wieviel kleine frostgerötete Hände, die sich an den Ecken und aus den Torwegen uns entgegenstreckten, ließ er seine Viergroschenstücke gleiten! Welch ein Gang war das! Die Geister, die den alten Scrooge des Meisters Boz über die Weihnachtswelt führten, hätten mich nicht besser leiten können als Herr Ulrich Strobel. Jetzt betrachteten wir die phantastische Ausstellung eines Ladens, jetzt die staunenden, verlangenden Gesichter davor; jetzt entdeckte Strobel eine neue Idee in der Anfertigung eines Spielzeugs, jetzt ich; es war wundervoll!

An der Ecke des Weihnachtsmarktes blieben wir stehen, in das fröhliche Getümmel, welches sich dort umhertrieb, hineinblickend. Im ununterbrochenen Zuge strömte das Volk an uns vorbei: Väter, auf jedem Arm und an jedem Rockschoß ein Kind; Handwerksgesellen mit dem Schatz, den sie aus der Küche der »Gnädigen« weggestohlen hatten; ehrliche, unbeschreiblich gutmütig und dumm lächelnde Infanteristen, feine, schmucke Garde-

Schützen, schwere Dragoner und »klobige« Artillerie. Hier und da wandten sich junge Mädchen zierlich durch das Getümmel; jedes Alter, jeder Stand war vertreten, ja sogar die vornehmste Welt überschritt einmal ihre närrischen Grenzen und zeigte ihren Kindern die – Freude des Volks.
Der Zeichner war auf einmal sehr ernst geworden. »Sehen Sie«, sagte er, »da strömt die Quelle, aus welcher die Kinderwelt ihr erstes Christentum schöpft. Nicht dadurch, dass man ihnen von Gott und so weiter Unverständliches vorräsoniert, sie Bibel- oder Gesangbuchverse auswendig lernen lässt; nicht dadurch, dass man sie – womöglich in den Windeln – in die Kirche schleppt, legt man den Keim der wunderbaren Religion in ihre Herzen. An das Gewühl vor den Buden, an den grünen funkelnden Tannenbaum knüpft das junge Gemüt seine ersten, wahren – und was mehr sagen will, wahrhaft kindlichen Begriffe davon!«
Ich wollte eben darauf etwas erwidern, als plötzlich eine Gestalt, in einen dunklen Mantel gehüllt, ein Kind auf dem Arme tragend, an uns vorbeischlüpfen wollte. Ein Strahl der nächsten Gaslaterne fiel auf ihr Gesicht, es war die kleine Tänzerin aus der Sperlingsgasse. Ich freute mich über die Begegnung und rief sie an: »Das ist prächtig, Fräulein Rosalie, dass wir Sie begleiten; denn um die Mysterien eines

Weihnachtsmarktes zu durchdringen, ist es jedenfalls nötig, ein Kind bei sich zu haben.« Die Tänzerin knixte und sagte: »O, Sie sind zu gütig, meine Herren; Alfred hat mir den ganzen Tag keine Ruhe gelassen, und da kein Theater ist, so musste ich ihm doch die Herrlichkeit zeigen.« – »Ja Mann«, – sagte Alfred unter einer dicken Pudelmütze gar verwegen hervorschauend, »mitgehen!«

Ich stellte der Tänzerin den Nachbar Zeichner vor, und das vierblättrige Kleeblatt war bald in der Stimmung, die ein Weihnachtsmarkt erfordert. Was für ein Talent, Kinder vor Entzücken außer sich zu bringen, entwickelte jetzt der Karikaturenzeichner. Er hatte der Mutter den dicken Bengel sogleich abgenommen, ließ ihn nun gar nicht aus dem Aufkreischen herauskommen und schleppte ihn hoch auf der Schulter durch das Gewühl voran. »O ich bin Ihnen so dankbar, so dankbar, Herr Wachholder«, flüsterte die kleine Tänzerin, zu deren Beschützer ich mich sehr gravitätisch aufwarf.

»Liebes Kind«, sagte ich, »ein paar solcher Junggesellen wie ich und mein Freund würden solche Abende wie diesen sehr übel zubringen, wenn nicht dann ausdrücklich eine Vorsehung über sie wachte. Sie sollen einmal sehen, wie prächtig wir heute abend noch Weihnachten feiern werden – hören Sie nur, wie Alfred jubelt; sehen Sie, wie stolz und

glücklich er unter der Pickelhaube vorguckt, die ihm eben Herr Strobel übergestülpt hat!«
Der Karikaturenzeichner hätte sich in diesem Augenblick sehr gut selbst abkonterfeien können – er tat es auch, aber später. Wundervoll sah er aus. Im Knopfloch baumelte ein gewaltiger Hampelmann, in der rechten Hand hatte er eine große Knarre, die er energisch schwenkte, während auf seinem linken Arm Alfred mit aller Macht auf eine Trommel paukte.
»Kleine Dame«, sagte der Zeichner jetzt zu unserer Begleiterin, »stecken Sie mir doch einmal jene Tüte in die Rocktasche, ich komme nicht dazu. Heda, alter Wachholder«, schrie er dann mich an, »gleiche ich nicht aufs Haar einer Kammerverhandlung? Rechts Knarre, links Getrommel, und für das Fassen und Einsacken der begehrten Süßigkeiten weder Kraft noch Platz!«
»Mama, der Onkel aber mal rechter Onkel!« rief der Kleine entzückt von seiner Höhe herab, als Rosalie der Anforderung Strobels nachkam und ich ebenfalls die Tasche mit allerlei füllte.
So ging es weiter, bis uns endlich die Kälte zu heftig wurde. Der Zeichner löste sich auf – wie er's nannte – und überlieferte mir die spielzeugbehangene Linke, behielt jedoch die Knarre in der Rechten, und nun ging's durch die menschen- und licht-

erfüllten Straßen nach Hause. Wie glänzte heute abend die alte dunkle Sperlingsgasse! Von den Kellern bis zum sechsten Stock, bis in die kleinste Dachstube war die Weihnachtszeit eingekehrt; freilich nicht allenthalben auf gleich »fröhliche, selige, gnadenbringende« Weise. Welch einen Abend feierten wir nun! Wir ließen unsere kleine Begleiterin natürlich nicht zu ihrem kaltgewordenen Stübchen hinaufsteigen. War ich nicht schon auf der Universität meines famosen Punschmachens wegen berühmt gewesen? (eine Kunst, die mir mein Vater mit auf den Lebensweg gegeben hatte). Der Karikaturenzeichner holte einen Tannenzweig, den er auf der Straße gefunden hatte, hervor und hielt ihn ans Licht.

»Das ist der wahre Weihnachtsduft«, sagte er, »und in Ermangelung eines Bessern muss man sich zu helfen wissen.«

Wilhelm Raabe

Schenken

Schenke groß oder klein, aber immer gediegen.
Wenn die Bedachten die Gaben wiegen,
sei dein Gewissen rein.

Schenke herzlich und frei.
Schenke dabei, was in dir wohnt
an Meinung, Geschmack und Humor,
so dass die eigene Freude zuvor
dich reichlich belohnt.

Schenke mit Geist ohne List.
Sei eigedenk, dass dein Geschenk
du selber bist.

Joachim Ringelnatz

Das ist die stillste Zeit im Jahr

Immer am zweiten Sonntag im Advent stieg der Vater auf den Dachboden und brachte die große Schachtel mit dem Krippenzeug herunter. Ein paar Abende lang wurde dann fleißig geleimt und gemalt, etliche Schäfchen waren ja lahm geworden, und der Esel musste einen neuen Schwanz bekommen, weil er ihn in jedem Sommer abwarf wie ein Hirsch sein Geweih. Aber endlich stand der Berg wieder wie neu auf der Fensterbank, mit glänzendem Flitter angeschneit, die mächtige Burg mit der Fahne auf den Zinnen und darunter der Stall.

Das war eine recht gemütliche Behausung, eine Stube eigentlich, sogar der Herrgottswinkel fehlte nicht und ein winziges ewiges Licht unter dem Kreuz. Unsere Liebe Frau kniete im seidenen Mantel vor der Krippe, und auf der Strohschütte lag das rosige Himmelskind, leider auch nicht mehr ganz heil, seit ich versucht hatte, ihm mit der Brennschere neue Locken zu drehen. Hinten standen Ochs und Esel und bestaunten das Wunder. Der Ochs bekam sogar ein Büschel Heu ins Maul gesteckt, aber er fraß es ja nie. Und so ist es mit allen Ochsen, sie schauen nur und schauen und begreifen rein gar nichts.

Weil der Vater selber Zimmermann war, hielt er viel darauf, dass auch sein Patron, der heilige Joseph, nicht nur so herumlehnte, er dachte sich in jedem Jahr ein anderes Geschäft für ihn aus. Joseph musste Holz hacken oder die Suppe kochen oder mit der Laterne die Hirten einweisen, die von überallher gelaufen kamen und Käse mitbrachten oder Brot oder was sonst arme Leute zu schenken haben.
Es hauste freilich ein recht ungleiches Volk in unserer Krippe, ein Jäger, der zwei Wilddiebe am Strick hinter sich herzog, aber auch etliche Zinnsoldaten und der Fürst Bismarck und überhaupt alle Bestraften aus der Spielzeugkiste.
Ganz zuletzt kam der Augenblick, auf den ich schon tagelang lauerte. Der Vater klemmte plötzlich meine Schwester zwischen die Knie, und ich durfte ihr das längste Haar aus dem Zopf ziehen, ein ganzes Büschel mitunter, damit man genügend Auswahl hatte, wenn dann ein golden gefiederter Engel darangeknüpft und über der Krippe aufgehängt wurde, damit er sich unmerklich drehte und wachsam umherblickte.
Das Gloria sangen wir selber dazu. Es klang vielleicht ein bisschen grob in unserer breiten Mundart, aber Gott schaut seinen Kindern ja ins Herz und nicht in den Kopf oder aufs Maul. Und es ist auch gar nicht so, dass er etwa nur Latein verstünde.

Mitunter stimmten wir auch noch das Lieblingslied der Mutter an, das vom Tannenbaum. Sie beklagte es ja oft, dass wir so gar keine musikalische Familie waren. Nur sie selber konnte gut singen, hinreißend schön für meine Begriffe, sie war ja auch in ihrer Jugend Kellnerin gewesen. Wir freilich kamen nie über eine Strophe hinaus. Schon bei den ersten Tönen fing die Schwester aus übergroßer Ergriffenheit zu schluchzen an. Der Vater hielt ein paar Takte länger aus, bis er endlich merkte, dass seine Weise in ein ganz anderes Lied gehörte, etwa in das von dem Kanonier auf der Wacht. Ich selber aber konnte in meinem verbohrten Grübeln, wieso denn ein Tannenbaum zur Winterzeit grüne Blätter hatte, die zweite Stimme nicht halten.
Daraufhin brachte die Mutter auch mich mit einem Kopfstück zum Schweigen und sang das Lied als Solo zu Ende, wie sie es gleich hätte tun sollen.

Advent, sagt man, sei die stillste Zeit im Jahr. Aber in meinem Bubenalter war es keineswegs die stillste Zeit. In diesen Wochen lief die Mutter mit hochroten Wangen herum, wie mit Sprengpulver geladen, und die Luft in der Küche war sozusagen geschwängert mit Ohrfeigen. Dabei roch die Mutter so unbeschreiblich gut, überhaupt ist ja der Advent die Zeit der köstlichen Gerüche. Es duftet nach Wachslichtern, nach angesengtem Reisig, nach Weihrauch und Bratäpfeln. Ich sage ja nichts gegen Lavendel und Rosenwasser, aber Vanille riecht doch eigentlich viel besser, oder Zimt und Mandeln.

Mich ereilten dann die qualvollen Stunden des Teigrührens. Vier Vaterunser das Fett, drei die Eier, ein ganzer Rosenkranz für Zucker und Mehl. Die Mutter hatte die Gewohnheit, alles Zeitliche in ihrer Kochkunst nach Vaterunsern zu bemessen, aber die mussten laut und sorgfältig gebetet werden, damit ich keine Gelegenheit fände, den Finger in den köstlichen Teig zu tauchen. Wenn ich nur erst den Bubenstrümpfen entwachsen wäre, schwor ich mir damals, dann wollte ich eine ganze Schüssel voll Kuchenteig aufessen, und die Köchin sollte beim geheizten Ofen stehen und mir dabei zuschauen müssen!

Aber leider, das ist einer von den Knabenträumen geblieben, die sich nie erfüllt haben. Am Abend nach dem Essen wurde der Schmuck für den Christbaum erzeugt. Auch das war ein unheilschwangeres Geschäft. Damals konnte man noch ein Buch echten Blattgoldes für ein paar Kreuzer beim Krämer kaufen. Aber nun galt es, Nüsse in Leimwasser zu tauchen und ein hauchdünnes Goldhäutchen

herumzublasen. Das Schwierige bei der Sache war, dass man vorher nirgendwo Luft von sich geben durfte. Wir saßen alle in der Runde und liefen braunrot an vor Atemnot, und dann geschah es eben doch, dass jemand plötzlich niesen musste. Im gleichen Augenblick segelte eine Wolke von glänzenden Schmetterlingen durch die Stube.
Einerlei, wer den Zauber verschuldet hatte, das Kopfstück bekam jedenfalls ich, obwohl es nur bewirkte, dass sich der goldene Unsegen von neuem in die Lüfte hob. Ich wurde dann in die Schlafkammer verbannt und musste Silberpapier um Lebkuchen wickeln, um ungezählte Lebkuchen.

Kurz vor dem Fest, sinnigerweise am Tag des ungläubigen Thomas, musste der Wunschzettel für das Christkind geschrieben werden, ohne Kleckse und Fehler, versteht sich, und mit Farben sauber ausgemalt. Zuoberst verzeichnete ich anstandshalber, was ja ohnehin von selber eintraf, die Pudelhaube oder jene Art von Wollstrümpfen, die so entsetzlich bissen, als ob sie mit Ameisen gefüllt wären. Darunter aber schrieb ich Jahr für Jahr mit hoffnungsloser Geduld den kühnsten meiner Träume, den Anker-Steinbaukasten, ein Wunderwerk nach allem, was ich davon gehört hatte. Ich glaube ja heute noch, dass sogar die Architekten der Jahrhundertwende ihre Eingebungen von dorther bezogen haben.

Aber ich selber bekam ihn ja nie, wahrscheinlich wegen der ungemein sorgfältigen Buchhaltung im Himmel, die alles genau verzeichnete, gestohlene Zuckerstücke und zerbrochene Fensterscheiben und ähnliche Missetaten, die sich durch ein paar Tage auffälliger Frömmigkeit vor Weihnachten auch nicht mehr abgelten ließen.

Wenn mein Wunschzettel endlich fertig vor dem Fenster lag, musste ich aus brüderlicher Liebe auch noch den für meine Schwester schreiben. Ungemein zungenfertig plapperte sie von einer Schlafpuppe, einem Kramladen, lauter albernes Zeug. Da und dort schrieb ich wohl ein heimliches »muss nicht sein« dazu, aber vergeblich. Am Heiligen Abend konnte sie doch eine Menge von Früchten ihrer Unverschämtheit ernten. Der Vater, als Haupt und Ernährer unserer Familie, brauchte natürlich keinen Wunschzettel zu liefern. Für ihn dachte sich die Mutter in jedem Jahr etwas Besonderes aus. Ich erinnere mich noch an ein Sitzkissen, das sie ihm einmal bescherte, ein Wunderwerk aus bemaltem Samt, mit einer Goldschnur eingefasst.

Er bestaunte es auch sehr und lobte es überschwenglich, aber eine Weile später schob er es doch heimlich wieder zur Seite. Offenbar wagte es nicht einmal er, auf einem röhrenden Hirschen zu sitzen, mitten im Hochgebirge. Für uns Kinder war es hergebracht, dass wir nichts schenken durften, was wir nicht selber gemacht hatten. Meine Schwester konnte sich leicht helfen, sie war ja immerhin ein Frauenzimmer und verstand sich auf die Strickerei oder sonst eine von diesen hexenhaften Weiberkünsten, die mir zeitlebens unheimlich gewesen sind.

Einmal nun dachte auch ich etwas Besonderes zu tun. Ich wollte den Nähsessel der Mutter mit Kufen versehen und einen Schaukelstuhl daraus machen, damit sie ein wenig Kurzweil hätte, wenn sie am Fenster sitzen und meine Hosen flicken musste. Heimlich sägte ich also und hobelte in der Holzhütte, und es geriet mir auch alles vortrefflich. Auch der Vater lobte die Arbeit und meinte, es sei eine großartige Sache, wenn es uns nur auch gelänge, die Mutter in diesen Stuhl hineinzulocken. Aber aufgeräumt, wie sie am Heiligen Abend war, tat sie mir wirklich den Gefallen. Ich wiegte sie, sanft zuerst und allmählich ein bisschen schneller, und es gefiel ihr ausnehmend wohl. Niemand merkte jedenfalls, dass die Mutter immer stiller und blasser wurde, bis sie plötzlich ihre Schürze an den Mund presste – es war durchaus kein Gelächter, was sie damit ersticken musste.

Lieber, sagte sie hinterher, weit lieber wollte sie auf einem wilden Kamel durch die Wüste Sahara reiten, als noch einmal in diesem Stuhl sitzen! Und tatsächlich, noch auf dem Weg zur Mette hatte sie einen glasigen Blick, etwas seltsam Wiegendes in ihrem Schritt.

Karl Heinrich Waggerl

Ein fröhliches Weihnachtskapitel

Weihnachten stand vor der Tür; ganz nahe war die Zeit der Geselligkeit und Gastlichkeit, des Frohsinns und der Freundschaft. Das alte Jahr rüstete sich, wie ein alter Philosoph seine Freunde um sich zu scharen und unter Gesang, Fröhlichkeit und Becherklang sanft und selig dahinzuscheiden. Es war eine muntere und fröhliche Zeit, und munter und fröhlich waren mindestens auch vier der zahlreichen Herzen, die die Ankunft der Weihnachtstage erwarteten.

Und in der Tat, zahlreich sind die Herzen, denen die Weihnachtszeit ein kurzes Glück und eine kurze Freude bringt. Wie viele Familien, deren Mitglieder während des ganzen Jahres hierhin und dorthin zerstreut waren, sind dann vereint und finden einander in Wiedersehensfreude und Vertrautheit, die Quelle sind für ungetrübte Freuden und so unvereinbar mit den Kümmernissen der Welt, dass der religiöse Glaube sowohl der zivilisiertesten Nationen als auch der rohesten Wilden sie zu den vornehmsten und den Seligen vorbehaltenen Freuden des künftigen Lebens zählt. Wie viele süße Erinne-

rungen, wie viele schlummernde Sympathien vermag doch die Weihnachtszeit zu wecken!
Wir schreiben diese Worte viele Meilen von dem Ort entfernt, wo wir Jahr für Jahr einen munteren Freundeskreis trafen. Viele der Herzen, die damals so fröhlich schlugen, haben aufgehört zu schlagen; viele Gesichter, die einst so hell erstrahlten, strahlen nicht mehr; die Hände, die wir uns reichten, sind kalt geworden; die Augen, die wir suchten, haben ihren Glanz verloren, und doch drängen sich durch das Haus, das Zimmer, die fröhlichen Stimmen und die lachenden Gesichter, durch die Scherze und die Ausgelassenheit alljährlich von neuem all jene Kleinigkeiten und Nebensächlichkeiten in unsere Erinnerung, als wäre die letzte Zusammenkunft erst gestern gewesen. Glückliche, glückliche Weihnachtszeit, die uns zu den Träumen unserer Kindheit zurückgeleitet, dem Alten die Freuden seiner Jugend wieder ins Gedächtnis ruft und den Seemann oder den Reisenden über Tausende von Meilen hinweg an seinen Herd und in sein eigenes Heim zurückzuversetzen vermag!
Doch wir haben uns so in die Vorzüge des Weihnachtsabends verloren, dass wir in unverantwortlicher Weise Mr. Pickwick und seine Freunde draußen in der Kälte auf der Postkutsche nach Muggleton warten lassen, die sie soeben, gut eingewickelt in

Mäntel, Schals und wollene Halstücher, bestiegen haben. Mantel- und Reisesäcke sind längst verstaut, und Sam Weller und der Kondukteur bemühen sich gerade, einen riesigen Kabeljau in einem noch riesigeren Korb in den vorderen Kutschkasten hineinzuzwängen. Er war bis zuletzt zurückgehalten worden, um ihn letztlich auf einem halben Dutzend Austertönnchen unterzubringen, die ebenfalls Mr. Pickwick gehören. Dieser verfolgt mit nicht geringem Interesse Sams und des Kondukteurs Kraftanstrengungen, denen der verstockte Kabeljau unüberwindlichen Widerstand entgegensetzt, bis er schließlich durch einen gezielten Schlag des Kondukteurs den Boden des Kutschkastens durchstößt, gefolgt von dessen Kopf und Schultern und zum Entzücken der Zuschauerschar vor dem Posthaus. Mr. Pickwick lächelt in bester Laune, holt einen Schilling aus der Westentasche und lädt den sich wieder hocharbeitenden Kondukteur ein, ein Glas Grog auf seine Gesundheit zu trinken. Der lächelt ebenfalls, desgleichen die Herren Tupman, Winkle und Snodgrass. Der Kondukteur und Weller verschwinden für ein paar Minuten – wahrscheinlich um ebendiesen Gesundheitstrunk zu sich zu nehmen, denn bei ihrer Rückkehr riechen sie stark nach Rum –, der Kutscher besteigt seinen Bock, Sam Weller springt hinten auf, die Pickwickier ziehen ihre Mäntel über

die Knie und ihre Schals über die Nasen, die Knechte nehmen den Pferden die Decken ab, der Kutscher ruft: »Alles in Ordnung!«, und los geht die Fahrt.
Sie kamen rasch voran. Um drei Uhr nachmittags hielten sie vor dem Blauen Löwen in Muggleton. Mr. Pickwick war damit beschäftigt, die Austertönnchen zu zählen und die Wiederausladung des Kabeljaus zu beaufsichtigen, als ihn jemand an seinen Rockschößen zupfte. Er blickte sich um und erkannte niemand anders als Mr. Wardles Lieblingspagen.
»Aha!« sagte Mr. Pickwick.
»Aha!« sagte der fette Knabe.
Und kaum hatte er »Aha!« gesagt, sah er auch schon die Austertönnchen und den Kabeljau und lächelte vergnügt. Er war fetter denn je, und seine Wangen glühten wie Pfingstrosen.
»Sie sehen aber äußerst gesund aus, mein lieber junger Freund«, bemerkte Mr. Pickwick.
»Ich habe gerade am Kaminfeuer im Schankzimmer ein Nickerchen gehalten«, erwiderte er, »der Herr hat mich mit dem Karren hergeschickt, damit ich Ihr Gepäck hole. Er hätte auch Pferde geschickt, dachte aber, dass Sie bei dieser Kälte lieber zu Fuß gingen.«
»Das stimmt«, sagte Mr. Pickwick, und ihm fiel ein, wie sie einst bei einer ganz anderen Gelegenheit

denselben Weg gegangen waren. »Natürlich, wir gehen lieber zu Fuß, Sam!«
»Sir«, antwortete Mr. Weller.
»Helfen Sie Mr. Wardles Diener das Gepäck auf den Karren laden und kommen Sie mit ihm nach. Wir wollen augenblicklich aufbrechen.«
Die Pickwickier schlugen sogleich den ihnen wohlbekannten Fußweg ein und ließen Sam Weller mit dem Diener zurück. Sam blickte ihn voller Erstaunen an, sagte aber kein Wort und begann nacheinander die Gepäckstücke auf den Karren zu laden, wobei der Knabe, ohne einen Finger zu rühren, zuschaute und dabei aussah, als würde es ihn sehr interessieren, dass Sam die ganze Arbeit allein tat.
»So«, sagte Sam und warf den letzten Sack auf den Karren. »Jetzt ist alles drin.«
»Ja«, sagte der fette Knabe. »Jetzt ist alles drin.«
»Hör mal, du junger Fettsack«, sagte Sam, »du bist wahrlich ein seltenes Prachtexemplar von einem Burschen.«
»Danke schön«, sagte der Bursche.
»Gibt es denn nichts, was dich ein bisschen auszehren könnte?«, fragte Sam.
»Nicht dass ich wüsste«, antwortete der Knabe.
»Ich wäre beinahe auf den Gedanken gekommen, dass es da ein junges Frauenzimmer geben könnte, das nichts von dir wissen will«, sagte Sam.

Der Knabe schüttelte den Kopf.
»Das freut mich«, sagte Sam. »Und wie steht's mit dem Trinken?«
»Ich esse lieber«, entgegnete der Knabe.
»Das hätte ich mir denken können«, sagte Sam, »aber was ich gemeint habe, war, ob du vielleicht Lust auf einen kleinen Tropfen hast, der dir dein Herz erwärmt. Obwohl du wahrscheinlich dein Lebtag lang noch nie gefroren hast.«
»Doch, doch, manchmal schon«, erwiderte der Knabe, »aber einen Tropfen trinke ich ganz gern, wenn er gut ist.«
»Wirklich?« fragte Sam. »Na, dann komm mit.« Und sie begaben sich in das Schankstübchen, wo der Knabe ein Glas Branntwein auf einen Zug leerte, was ihn in Mr. Wellers Achtung gehörig steigen ließ. Als Sam es ihm nachgemacht hatte, bestiegen die beiden den Karren.
»Können Sie fahren?« fragte der Knabe.
»Will ich wohl meinen«, erwiderte Sam und bekam von dem Knaben die Zügel in die Hand.
»Da geht's hinauf. Sie können es nicht verfehlen.« Und mit diesen Worten legte er sich neben den Kabeljau und schlief augenblicklich ein.
»Na, so ein Faultier ist mir ja noch nie untergekommen«, sagte Sam. »He! Aufwachen, Du Saufkopf!«

Der Saufkopf machte aber keine Anstalten aufzuwachen, und so brachte ihn Sam im Zustand tiefsten Schlafs nach Dingley Dell.
Unterdessen waren die Pickwickier in froher Erwartung munter vorangeschritten. Als sie in den direkt nach Manor Farm führenden Seitenweg einbogen, vernahmen sie ein lautes Hurra, mit dem sie Mr. Wardle samt einer großen Gesellschaft begrüßte.
Der alte Herr sah womöglich noch fröhlicher aus als früher. Seine Gesellschaft bestand aus Bella, ihrem getreuen Mr. Trundle, Emilie und fast einem Dutzend junger Mädchen, die allesamt zu der am folgenden Tag stattfindenden Hochzeit eingeladen waren und so vergnügt und wichtig aussahen, wie es bei jungen Damen unter solchen bedeutenden Umständen der Fall zu sein pflegte.
Die Pickwickier und die Hochzeitsgäste wurden einander vorgestellt, und schon nach zwei Minuten scherzte Mr. Pickwick, als hätte er sie alle schon von Jugend an gekannt, ungezwungen mit den Damen, die so lange nicht über einen Zaun steigen wollten, solange er ihnen dabei zusah – oder die, weil sie sich ihrer zierlichen Füße und hübschen Knöchel bewusst waren, mehrere Minuten lang oben auf dem Zaun ausharrten und vorgaben, vor lauter Angst keinen Schritt mehr tun zu können.

Auch ist es einer Bemerkung wert, dass Mr. Snodgrass Emilie weit mehr Aufmerksamkeit entgegenbrachte, als aufgrund der Zaunhöhe nötig gewesen wäre, während eine andere, schwarzäugige junge Dame mit allerliebsten kleinen Pelzstiefelchen entsetzlich aufschrie, als Mr. Winkle ihr seine Hilfe anbot. Das alles war äußerst belustigend und angenehm, und als endlich alle Hindernisse überwunden waren und sich die ganze Gesellschaft wieder auf ebener Erde befand, teilte der alte Mr. Wardle Mr. Pickwick mit, dass sie alle zusammen die Wohnung in Augenschein genommen hätten, die das junge Paar nach dem Christfest beziehen sollte. Bella und Trundle wurden bei dieser Mitteilung genauso rot wie der Knabe am Kaminfeuer der Schankstube, und die schwarzäugige junge Dame mit den Pelzstiefeln flüsterte Emilie etwas ins Ohr und blickte verschmitzt zu Mr. Snodgrass hinüber. Emilie schalt ihre Freundin daraufhin, sie sei ein dummes Ding, errötete aber nichtsdestoweniger ganz gehörig, während Mr. Snodgrass, der so beschämt war, wie nur Genies beschämt sein konnten, die Röte in seinem Gesicht aufsteigen fühlte und die schwarzäugige junge Dame im Innersten seines Herzens dorthin wünschte, wo der Pfeffer wächst.
Im Haus wurden die Pickwickier ebenso mit allergrößter Herzlichkeit und Freude begrüßt. Sogar die

Hausmädchen jauchzten vor Vergnügen, als sie Mr. Pickwick sahen, und Emma warf Mr. Tupman einen so eindeutig verschämten wie unverschämten Blick der Wiedersehensfreude entgegen, dass nicht viel gefehlt hätte und die Statue Bonapartes hätte ihre verschränkten Arme geöffnet und Emma an ihre Brust gedrückt.

Die alte Dame indes saß wie immer im Kaminwinkel, war aber verdrießlich und infolgedessen ungewöhnlich taub. Sie ging niemals aus und betrachtete es deshalb, so wie manche Damen ihres Schlages, als häuslichen Verrat, wenn sich andere die Freiheit herausnahmen, etwas zu tun, zu dem sie nicht mehr imstande war.

»Mutter«, sagte Mr. Wardle, »Mr. Pickwick ist da. Du erinnerst dich doch noch an ihn?«

»Bemüh nicht Mr. Pickwick wegen einer alten Person wie mir«, entgegnete sie. »Kein Mensch kümmert sich um mich – was nur zu verständlich ist.«

Die alte Dame warf bei diesen Worten ihr Haupt naserümpfend in die Höhe und glättete mit zitternder Hand ihr lavendelfarbenes seidenes Kleid.

»Aber Madam«, sagte Mr. Pickwick, »wie sollte ich zulassen, dass Sie einen alten Freund auf solche Art zurückweisen, wo ich doch extra gekommen bin, um mit Ihnen gemütlich zu plaudern und eine Partie Whist zu spielen. Wir werden es den jungen

Leuten schon zeigen, wie man ein Menuett tanzt, bevor sie achtundvierzig Stunden älter geworden sind.«

Augenscheinlich besserte sich die Laune der alten Dame, aber sie wollte noch nicht gleich nachgeben und erwiderte daher: »Ah, ich kann ihn nicht verstehen.«

»Unsinn, Mutter«, sagte Mr. Wardle, »sei nicht albern! Denk doch an Bella! Du musst jetzt dafür sorgen, dass das arme Mädchen nicht der Mut verlässt.«

Die gute Großmutter verstand alles, denn ihre Lippen zitterten, als ihr Sohn zu ihr sprach. Doch das Alter hat seine kleinen Schwächen und Launen, und sie zierte sich daher noch immer.

Abermals glättete sie ihr lavendelfarbenes Kleid und sagte: »Ach, Mr. Pickwick, die jungen Leute waren ganz anders, als ich ein Mädchen war.«

»Ohne Zweifel, Madam«, erwiderte Mr. Pickwick, »das ist auch der Grund, warum ich die wenigen so schätze, die noch vom alten Schlag sind.«

Und er reichte, als er so sprach, Bella sehr galant die Hand, küsste sie auf die Stirn und bat sie, auf dem kleinen Stuhl vor ihrer Großmutter Platz zu nehmen. Die alte Dame war gerührt, umarmte ihre Enkelin, und ihre Übellaunigkeit verflüchtigte sich in einem Strom stiller Tränen.

Die Gesellschaft war ausgelassen und fröhlich. Während Mr. Pickwick und die alte Dame gesetzt und feierlich eine Whistpartie nach der anderen spielten, wurde am Nebentisch um so ungezwungener gelärmt und gelacht. Lange nachdem sich die Damen zurückgezogen hatten, saßen die Herren noch immer bei ihrem mit Gewürzen verfeinerten heißen Wein, und ein fester Schlaf mit angenehmen Träumen war die Folge. Bemerkenswert ist die Tatsache, dass Mr. Snodgrass die ganze Nacht von Emilie, und Mr. Winkle zur selben Zeit von einer gewissen schwarzäugigen und verschmitzt lächelnden jungen Dame mit Pelzstiefelchen träumte.
Am nächsten Morgen wurde Mr. Pickwick von einem Lärm geweckt, der selbst den fetten Knaben aus tiefstem Schlummer aufgeweckt hätte. Er richtete sich in seinem Bett auf und horchte. Die jungen Damen und die Hausmädchen eilten beständig hin und her, riefen ununterbrochen nach heißem Wasser und nach Nadeln und Zwirn und baten allenthalben: »O komm doch und schnür mich!«, dass Mr. Pickwick in seiner Unschuld glaubte, ein Unglück sei geschehen. Gerade wollte er aus dem Bett steigen und zu Hilfe eilen, da erinnerte er sich, nun endlich wach, der bevorstehenden Hochzeit. Er kleidete sich mit großer Sorgfalt an und ging ins Frühstückszimmer hinunter.

Die Hausmädchen liefen in nagelneuen rosaroten Musselinkleidern voller Eifer und Aufregung treppauf, treppab. Die alte Dame hatte ein Brokatkleid angelegt, das schon seit zwanzig Jahren kein Tageslicht mehr gesehen hatte. Mr. Trundle war aufs beste gelaunt, wenngleich ein wenig nervös. Mr. Wardle versuchte unbekümmert auszusehen, was ihm aber nicht allzu gut gelang. Und sämtliche junge Damen waren in Tränen und weißem Musselin, ausgenommen jene zwei oder drei Auserlesenen, die insgeheim einen Blick auf Braut und Brautjungfern werfen durften. Alle Pickwickier hatten sich aufs Schönste herausgeputzt, und draußen vor dem Herrenhaus lärmten und lachten und sangen alle Knechte und Buben von Manor Farm und Dingley Dell aus Leibeskräften, jeder mit einer weißen Schleife im Knopfloch und angespornt von Mr. Samuel Weller, der sich schon in kürzester Zeit äußerst beliebt gemacht hatte und sich fühlte, als wäre er auf Manor Farm geboren und aufgewachsen.

Eine Hochzeit ist für jedermann immer wieder Anlass, Witze zu reißen – obwohl sie in Wahrheit alles andere als witzig ist. Wohlgemerkt, wir sprechen hier lediglich von der Hochzeitszeremonie und verbitten uns jedweden versteckten Spott über das eheliche Leben. In die Hochzeitsfreude mischt sich der Schmerz, das väterliche Haus zu verlassen, die Tränen der Trennung zwischen Eltern und Kind, das Bewusstsein, die teuersten, treuesten und liebevollsten Menschen zu verlassen und von der schönsten Zeit im Leben Abschied zu nehmen – um mühevollen, minder glücklichen Tagen entgegenzugehen.

Doch wir wollen uns von so trüben Gedanken nicht aufhalten lassen und melden daher pflichtschuldigst, dass die Trauung von dem alten Geistlichen in der Kirche von Dingley Dell vollzogen wurde, dass Mr. Pickwick seinen Namen in das Trauregister setzte – was bis heute in der Sakristei zu lesen ist –; dass ferner die schwarzäugige Dame ihren Namen mit sehr unsicherer, zitternder Hand schrieb; dass Emiliens und der zweiten Brautjungfer Namenszüge kaum zu entziffern sind; dass alles einen vortrefflichen Fortgang nahm; dass die jungen Damen am Ende übereinkamen, eine Trauung sei gar nicht so schrecklich, wie sie gedacht haben; und dass, obgleich die Besitzerin der schwarzen Augen Mr. Winkle soeben versicherte, niemals im Leben sich einer so peinigenden Handlung zu unterziehen, wir die besten Gründe haben, anzunehmen, dass sie gründlich im Irrtum war. Wir können all dem hinzufügen, dass Mr. Pickwick die Neuvermählte als erster beglückwünschte und dass er ihr dabei eine prachtvolle Uhr an einer goldenen Kette um den Hals hängte, die außer dem Juwelier niemand zuvor zu Gesicht bekommen hatte. Frohes Glockengeläut beschloss die Feierlichkeiten, und die Hochzeitsgesellschaft kehrte wieder nach Manor Farm zum Frühstück zurück.

»Wo sollen denn die Weihnachtskuchen hin, junger Opiumfresser?«, fragte Sam den fetten Knaben, während er ihm half, die Gerichte aufzutragen.

Der Knabe wies ihm mit dem Finger die Stelle zu.

»Gut«, sagte Mr. Weller. »Tu aber auch ein bisschen Weihnachtsgrün hinein. In die andere Schüssel. So. Jetzt nehmen wir uns wenigstens hübsch ordentlich und komfortabel aus, sagte der Vater, als er dem Jungen den Kopf abschlug, um ihn vom Schielen zu kurieren.«

Sam trat einige Schritte zurück und betrachtete seine Arrangements mit großem Stolz, als die Hochzeitsgesellschaft zurückkehrte. Alle nahmen Platz, und Mr. Pickwick musste sogleich mit dem armen Mr. Wardle auf das Glück der Neuvermählten anstoßen, was er mit größtem und wahrhaftigstem Genuss erledigte.

Die alte Dame präsidierte in ihrer ganz ehrwürdigen Pracht oben am Tisch zwischen ihrer soeben vermählten Tochter und Mr. Pickwick und begann sogleich, ihm den Hergang ihrer eigenen Hochzeit zu erzählen, wobei sie einen Bericht über die unterschiedlichsten Moden ihrer Jugendzeit, das Leben und Abenteuer der schönen seligen Lady Tollimglower und allerlei andere Episoden allerlei anderer, längst verstorbener Bekanntschaften ihres Lebens zum besten gab. Sie lachte herzlich dabei, und die jungen Mädchen lachten herzlich über ihre gesprächige Großmama. Und weil die jungen Mädchen lachten, lachte auch die Großmama und sagte, diese Geschichten seien ihr immer schon äußerst unterhaltsam vorgekommen, worauf die jungen Mädchen abermals anfingen zu lachen, was die Großmama wiederum in die allerrosigste Laune versetzte. Dann wurden die Kuchen angeschnitten und verteilt, und die jungen Damen hoben sich kleine Krümelchen davon auf, um sie später unter ihre Kopfkissen zu legen und von ihrem Zukünftigen zu träumen, was nicht wenig Erröten und Heiterkeit nach sich zog.

Mr. Pickwick forderte Mr. Miller auf, ein Glas mit ihm zu trinken.

»Schließen Sie mich mit ein«, sagte der alte Geistliche.

»Mich auch«, forderte seine Frau.

»Mich auch! Mich auch!«, riefen ein paar arme Verwandte vom unteren Ende der Tafel, die ordentlich gegessen und getrunken hatten und über alles

lachen mussten, und Mr. Pickwick strahlte übers ganze Gesicht. (...)
Als Sam seine moralische Erzählung, von welcher der fette Knabe äußerst ergriffen schien, beendet hatte, begaben sich alle drei in die geräumige Küche, wo sich unterdessen alle Hausbewohner versammelt hatten, gemäß dem alljährlich wiederkehrenden weihnachtlichen Brauch, an den sich des alten Wardle Vorfahren seit unvordenklichen Zeiten gehalten hatten.
Soeben hatte der alte Herr mit eigenen Händen einen mächtigen Mistelzweig hoch oben an die Decke gehängt, und im Handumdrehen wurde er zum Anlass eines lustigen Hin und Hers und allgemeiner Konfusion. Mr. Pickwick nahm mit einer Galanterie, die einem Abkömmling Lady Tollimglowers selbst zur Ehre gereicht hätte, die alte Dame bei der Hand, führte sie unter den mystischen Zweig und küsste sie – von Kopf bis Fuß ein Gentleman –, und die alte Dame ließ es sich gefallen mit einer dem Anlass entsprechenden Würde und Feierlichkeit. Die jüngere Damenwelt dagegen, die von solcherart Aberglauben weniger hielt oder der Meinung war, der Wert eines Kusses steige um ein Beträchtliches, wenn er sich nicht so leicht rauben ließe, kreischte und sträubte sich und floh in sämtliche Winkel, um den Küssen zu entgehen,

jedoch keine von ihnen entfernte sich aus der Küche. Schließlich kamen einige der weniger verwegenen Herren auf die Idee, von der ganzen Sache abzulassen, was zur Folge hatte, dass sämtliche Damen es nunmehr für vergeblich erachteten, Widerstand zu leisten, und sich samt und sonders hingebungsvoll küssen ließen. Mr. Winkle küsste die Dame mit den schwarzen Augen, Mr. Snodgrass küsste Emilie, und Mr. Weller, dem es offensichtlich nicht so wichtig war, ob er nun gerade unter dem Mistelzweig stand oder sonstwo, küsste Emma und alle anderen Hausmädchen, so wie sie ihm in die Hände liefen. Und was die Mitglieder der übrigen Verwandtschaft betrifft: Jeder küsste jeden, sogar die unansehnlichsten unter den Besucherinnen, die allesamt den Kopf verloren hatten und unter den Mistelzweig gerieten, kaum dass er aufgehängt war. Mr. Wardle stand mit dem Rücken zum Feuer und genoss die Szenerie, während der fette Knabe sich die Gelegenheit nicht entgehen ließ, ein ordentliches Stück Weihnachtskuchen, das für jemand anderes reserviert war, in sich hineinzuschlingen.
Der Lärm und das Lachen hatten sich gelegt, die Gesichter glühten, und die Frisuren waren zerzaust, als Mr. Pickwick immer noch frohgelaunt unterm Mistelzweig stand. Plötzlich sprang die junge Dame mit den schwarzen Augen auf ihn zu, die eben noch

mit ihren Freundinnen geflüstert hatte, schlang ihren Arm um seinen Hals und küsste ihn auf die linke Wange. Und ehe Mr. Pickwick noch recht wusste, wie ihm geschah, wurde er von allen umringt und geherzt.
Es war unendlich reizend mitanzusehen, wie Mr. Pickwick in die Mitte genommen und bald hierhin, bald dorthin gezerrt, wie er zuerst aufs Kinn, dann auf die Nase, dann wieder auf die Brille geküsst wurde, wie das Gelächter und die Freude nicht aufhören wollten, und wie er ein paar Augenblicke später mit verbundenen Augen und ausgestreckten Armen gegen Wände und Ecken taumelte. Voller Freude gab er sich dem Blinde-Kuh-Spiel hin, bis er schließlich einen der armen Verwandten erwischte und sich nun selber in Sicherheit bringen musste – was ihm aber mit großem Geschick und unter Beifallsstürmen aller Anwesenden glänzend gelang. Die armen Verwandten wollten immer nur diejenigen am liebsten fangen, von denen sie glaubten, dass sie sich auch gern fangen ließen, und als alle am Ende keine Lust mehr am Blinde-Kuh-Spiel hatten, wurde mit dem Löwenmaul-Spiel angefangen. Danach – alle Rosinen waren aufgegessen und nicht wenige Fingerspitzen verbrannt – setzte man sich an das gewaltig lodernde Kaminfeuer zu einem Abendessen nieder, und in einer riesigen

Bowle, die kaum kleiner war als ein Waschkessel, brodelten und zischten die heißen Äpfel verlockend, dass keiner unserer Freunde widerstehen konnte.

»Das«, rief Mr. Pickwick in die Runde, »das nenne ich eine gelungene Weihnachtsstimmung!«

»So ist es bei uns jedes Jahr!«, erwiderte Mr. Wardle.

»Am Weihnachtsabend setzen wir uns alle, so wie wir sind, zusammen, Herrschaft und Dienerschaft, bis die Glocke zwölf schlägt, um den Heiligen Herrn Jesus zu begrüßen, und vertreiben uns mit allen möglichen Spielen und Geschichten die Zeit. Trundle, mein lieber Junge, leg noch einmal nach.« Und Tausende von Funken stoben empor, und die hoch auflodernden Flammen warfen ihren Schein bis in die hintersten Winkel des Zimmers und zauberten eine fröhliche Farbe in jedes Gesicht.

Charles Dickens

Weihnachten

Markt und Straßen stehn verlassen,
still erleuchtet jedes Haus,
sinnend geh ich durch die Gassen,
alles sieht so festlich aus.

An den Fenstern haben Frauen
buntes Spielzeug fromm geschmückt,
tausend Kindlein stehn und schauen,
sind so wundervoll beglückt.

Und ich wandre aus den Mauern
bis hinaus ins freie Feld,
hehres Glänzen, heil'ges Schauern!
Wie so weit und still die Welt!

Sterne hoch die Kreise schlingen,
aus des Schnees Einsamkeit
steigt's wie wunderbares Singen –
o du gnadenreiche Zeit!

Joseph von Eichendorff

Die Bibel

Jesaja 9,1-20

Das Volk, das im Finstern wandelt, sieht ein großes Licht; und über die da wohnen im finstern Lande, scheint es hell.
Du machst des Volkes viel; du machst uns groß seine Freude. Vor dir wird man sich freuen, wie man sich freut in der Ernte, wie man fröhlich ist, wenn man Beute austeilt.
Denn du hast das Joch ihrer Last und die Rute ihrer Schulter und den Stecken ihres Treibers zerbrochen wie zur Zeit Midians.
Denn alle Rüstung derer, die sich mit Ungestüm rüsten, und die blutigen Kleider werden verbrannt und mit Feuer verzehrt werden.
Denn uns ist ein Kind geboren, ein Sohn ist uns gegeben, und die Herrschaft ist auf seiner Schulter; und er heißt Wunderbar, Rat, Kraft, Held, Ewig-Vater, Friedefürst;
auf dass seine Herrschaft groß werde und des Friedens kein Ende auf dem Stuhl Davids und in seinem Königreich, dass er's zurichte und stärke mit Gericht und Gerechtigkeit von nun an bis in Ewigkeit. Solches wird tun der Eifer des Herrn Zebaoth.

Der Herr hat ein Wort gesandt in Jakob, und es ist in Israel gefallen,
dass alles Volk es innewerde, Ephraim und die Bürger zu Samaria, die da sagen in Hochmut und stolzem Sinn:
Ziegelsteine sind gefallen, aber wir wollen´s mit Werkstücken wieder bauen; man hat Maulbeerbäume abgehauen, so wollen wir Zedern an die Stelle setzen.
Denn der Herr wird Rezins Kriegsvolk wider sie erhöhen und ihre Feinde zuhauf rotten;
die Syrer vorneher und die Philister von hintenzu, dass sie Israel fressen mit vollem Maul. In dem allem lässt sein Zorn noch nicht ab; seine Hand ist noch ausgereckt.
So kehrt sich das Volk auch nicht zu dem, der es schlägt, und fragen nichts nach dem Herrn Zebaoth.
Darum wird der Herr abhauen von Israel beide, Kopf und Schwanz, beide, Ast und Stumpf auf einen Tag.
Die alten und vornehmen Leute sind der Kopf; die Propheten aber, so falsch lehren, sind der Schwanz.
Denn die Leiter diese Volks sind Verführer; und die sich leiten lassen, sind verloren.
Darum kann sich der Herr über ihre junge Mann-

schaft nicht freuen noch ihrer Waisen und Witwen erbarmen; denn sie sind allzumal Heuchler und böse, und aller Mund redet Torheit. In dem allem lässt sein Zorn noch nicht ab; seine Hand ist noch ausgereckt.
Denn das gottlose Wesen ist angezündet wie Feuer und verzehrt Dornen und Hecken und brennt wie im dicken Wald und gibt hohen Rauch.
Im Zorn des Herrn Zebaoth ist das Land verfinstert, dass das Volk ist wie Speise des Feuers; keiner schont des andern.
Rauben sie zur Rechten, so leiden sie Hunger; essen sie zur Linken, so werden sie nicht satt. Ein jeglicher frisst das Fleisch seines Arms;
Manasse den Ephraim, Ephraim den Manasse, und sie beide miteinander wider Juda. In allem lässt sein Zorn nicht ab; seine Hand ist noch ausgereckt.

Jesaja 9,1-20
(in der Übersezung von Martin Luther)

Wie soll ich dich empfangen?

Wie soll ich dich empfangen,
und wie begegn' ich dir,
o aller Welt Verlangen, o meiner Seele Zier?
O Jesu, Jesu, setze mir selbst die Fackel bei,
damit, was dich ergötze, mir kund und wissend sei!

Dein Zion streut dir Palmen und grüne Zweige hin,
und ich will dir in Psalmen ermuntern meinen Sinn.
Mein Herze soll dir grünen in stetem Lob und Preis
und deinem Namen dienen, so gut es kann und weiß.

Was hast du unterlassen zu meinem Trost und Freud',
als Leib und Seele saßen in ihrem größten Leid?
Als mir das Reich genommen,
da Fried' und Freude lacht,
da bist du, mein Heil, kommen
und hast mich froh gemacht.

Ich lag in schweren Banden,
du kommst und machst mich los;
ich stand in Spott und Schanden,
du kommst und machst mich groß
und hebst mich hoch zu Ehren
und schenkst mir großes Gut,

das sich nicht lässt verzehren,
    wie irdisch Reichtum tut.

Nichts, nichts hat dich getrieben
    zu mir vom Himmelszelt
als das geliebte Lieben, damit du alle Welt
in ihren tausend Plagen und großen Jammerlast,
die kein Mund kann aussagen, so fest umfangen hast.

Das schreib dir in dein Herze, du hochbetrübtes Heer,
    bei denen Gram und Schmerze
sich häuft je mehr und mehr.
Seid unverzagt! Ihr habet die Hilfe vor der Tür;
der eure Herzen labet und tröstet, steht allhier.

Auch dürft ihr nicht erschrecken
    vor eurer Sünden Schuld;
nein, Jesus will sie decken mit seiner Lieb' und Huld.
Er kömmt, er kömmt den Sündern
    zu Trost und wahrem Heil,
schafft, dass bei Gottes Kindern
    verbleib' ihr Erb und Teil.

Paul Gerhardt

Der Heiland

Immer wieder wird er Mensch geboren,
Spricht zu frommen, spricht zu tauben Ohren,
Kommt uns nah und geht uns neu verloren.

Immer wieder muss er einsam ragen,
Aller Brüder Not und Sehnsucht tragen,
Immer wird er neu ans Kreuz geschlagen.

Immer wieder will sich Gott verkünden,
Will das Himmlische ins Tal der Sünden,
Will ins Fleisch der Geist, der ewige, münden.

Immer wieder, auch an diesen Tagen,
Ist der Heiland unterwegs, zu segnen,
Unsern Ängsten, Tränen, Fragen, Klagen
Mit dem stillen Blicke zu begegnen,
Den wir doch nicht zu erwidern wagen,
Weil nur Kinderaugen ihn ertragen.

Hermann Hesse

Die zwölf Apostel

Es war dreihundert Jahre vor des Herrn Christi Geburt, da lebte eine Mutter, die hatte zwölf Söhne, war aber so arm und dürftig, dass sie nicht wusste, womit sie ihnen länger das Leben erhalten sollte. Sie betete täglich zu Gott, er möchte doch geben, dass alle ihre Söhne mit dem verheißenen Heiland auf Erden zusammen wären. Als nun ihre Not immer größer ward, schickte sie einen nach dem andern in die Welt, um sich ihr Brot zu suchen. Der älteste hieß Petrus, der ging aus und war schon weit gegangen, eine ganze Tagreise, da geriet er in einen großen Wald. Er suchte einen Ausweg, konnte aber keinen finden und verirrte sich immer tiefer; dabei empfand er so großen Hunger, dass er sich kaum aufrecht erhalten konnte. Endlich ward er so schwach, dass er liegenbleiben musste und glaubte, dem Tode nahe zu sein. Da stand auf einmal neben ihm ein kleiner Knabe, der glänzte und war so schön und freundlich wie ein Engel. Das Kind schlug seine Händchen zusammen, dass er aufschauen und es anblicken musste. Da sprach es: »Warum sitzest du da so betrübt?« »Ach«, antwortete Petrus, »ich gehe umher in der Welt und suche mein Brot, damit ich noch den verheißenen lieben

Heiland sehe; das ist mein größter Wunsch.« Das Kind sprach: »Komm mit, so soll dein Wunsch erfüllt werden.« Es nahm den armen Petrus an der Hand und führte ihn zwischen Felsen zu einer großen Höhle. Wie sie hineinkamen, so blitzte alles von Gold, Silber und Kristall, und in der Mitte standen zwölf Wiegen nebeneinander. Da sprach das Englein: »Lege dich in die erste und schlaf ein wenig, ich will dich wiegen.« Das tat Petrus, und das Englein sang ihm und wiegte ihn so lange, bis er eingeschlafen war. Und wie er schlief, kam der zweite Bruder, den auch sein Schutzenglein hereinführte, und ward wie der erste in den Schlaf gewiegt, und so kamen die andern nach der Reihe, bis alle zwölfe dalagen in den goldenen Wiegen und schliefen. Sie schliefen aber dreihundert Jahre, bis in der Nacht, worin der Weltheiland geboren ward. Da erwachten sie und waren mit ihm auf Erden und wurden die zwölf Apostel genannt.

Brüder Grimm

Weihnachtslied

Brich an, du schönes Morgenlicht!
Das ist der alte Morgen nicht,
Der täglich wiederkehret.
Es ist ein Leuchten aus der Fern',
Es ist ein Schimmer, ist ein Stern,
Vor dem ich längst gehöret.

Nun wird ein König aller Welt,
Von Ewigkeit zum Heil bestellt,
Ein zartes Kind geboren.
Der Teufel hat sein altes Recht
Am ganzen menschlichen Geschlecht
Verspielt schon und verloren.

Der Himmel ist jetzt nimmer weit,
Es naht die sel'ge Gotteszeit
Der Freiheit und der Liebe.
Wohlauf, du frohe Christenheit!
Dass jeder sich nach langem Streit
In Friedenswerken übe.

Ein ewig festes Liebesband
Hält jedes Haus und jedes Land
Und alle Welt umfangen,

Wir alle sind ein heil'ger Stamm,
Der Löwe spielet mit dem Lamm,
Das Kind am Nest der Schlangen.

Wer ist noch, welcher sorgt und sinnt?
Hier in der Krippe liegt ein Kind
Mit lächelnder Gebärde.
Wir grüßen dich, du Sternenheld.
Willkommen, Heiland aller Welt!
Willkommen auf der Erde!

Max von Schenkendorf

Herr, lass Weihnachten werden

Herr, lass Weihnachten werden
auch im Herzen mein,
dass ich dich erkenne und erlebe
und dir meine Liebe gebe
und kann fröhlich sein.
Herr, lass Weihnachten werden
durch alles, was du gibst,
dass ich deine Frohe Botschaft künde
und dich in dem Nächsten finde,
den du durch mich liebst.
Herr, lass Weihnachten werden
bei den Lieben mein,
lass uns gerne aneinander denken,
gegenseitig Freude schenken
und immer gütig sein.
Herr, lass Weihnachten werden
auch in meiner Welt,
dass hier Freundlichkeit und Güte
unsern Alltag so behüte,
wie es dir gefällt.

Herkunft unbekannt

Die Bibel

Freue dich und sei fröhlich, du Tochter Zion!
Denn siehe,
ich komme und will bei dir wohnen,
spricht der Herr.

Sacharja 2,14

Es begab sich aber zu der Zeit, dass ein Gebot von dem Kaiser Augustus ausging, dass alle Welt geschätzt würde.
Und diese Schätzung war die allererste und geschah zu der Zeit, da Cyrenius Landpfleger in Syrien war.
Und jedermann ging, dass er sich schätzen ließe, ein jeglicher in seine Stadt.
Da machte sich auf auch Josef aus Galiläa, aus der Stadt Nazareth, in das jüdische Land zur Stadt Davids, die da heißt Betlehem, darum dass er aus dem Hause und Geschlechte Davids war,
auf dass er sich schätzen ließe mit Maria, seinem vertrauten Weibe; die war schwanger.

Und als sie daselbst waren, kam die Zeit, dass sie gebären sollte.
Und sie gebar ihren ersten Sohn und wickelte ihn in Windeln und legte ihn in eine Krippe; denn sie hatten sonst keinen Raum in der Herberge.
Und es waren Hirten in derselben Gegend auf dem Felde bei den Hürden, die hüteten des Nachts ihre Herde.
Und siehe, des Herrn Engel trat zu ihnen, und die Klarheit des Herrn leuchtete um sie; und sie fürchteten sich sehr.
Und der Engel sprach zu ihnen: Fürchtet euch nicht! Siehe, ich verkündige euch große Freude, die allem Volk widerfahren wird;
denn euch ist heute der Heiland geboren, welcher ist Christus, der Herr, in der Stadt Davids.
Und das habt zum Zeichen: ihr werdet finden das Kind in Windeln gewickelt und in einer Krippe liegen.
Und alsbald war da bei dem Engel die Menge der himmlischen Heerscharen, die lobten Gott und sprachen:
Ehre sei Gott in der Höhe und Friede auf Erden und den Menschen ein Wohlgefallen!
Und als die Engel von ihnen gen Himmel fuhren, sprachen die Hirten untereinander: Lasst uns nun gehen gen Betlehem und die Geschichte sehen,

die da geschehen ist, die uns der Herr kundgetan hat.
Und sie kamen eilend und fanden beide, Maria und Josef, dazu das Kind in der Krippe liegen.
Da sie es aber gesehen hatten, breiteten sie das Wort aus, welches zu ihnen von diesem Kinde gesagt war.
Und alle, vor die es kam, wunderten sich der Rede, die ihnen die Hirten gesagt hatten.
Maria aber behielt alle diese Worte und bewegte sie in ihrem Herzen.
Und die Hirten kehrten wieder um, priesen und lobten Gott um alles, was sie gehört und gesehen hatten, wie denn zu ihnen gesagt war.

Lukas 2,1-20
(in der Übersetzung von Martin Luther)

Ihr Kinderlein, kommet

Ihr Kinderlein, kommet, o kommet doch all,
zur Krippe her kommet in Bethlehems Stall,
und seht was in dieser hochheiligen Nacht
der Vater im Himmel für Freude uns macht.

O seht in der Krippe im nächtlichen Stall,
seht hier bei des Lichtleins hell glänzendem Strahl
in reinlichen Windeln das himmlische Kind,
viel schöner und holder, als Engel es sind.

Da liegt es, das Kindlein auf Holz und auf Stroh,
Maria und Josef betrachten es froh,
die redlichen Hirten knien betend davor,
hoch oben schwebt jubelnd der Engelein Chor.

O beugt wie die Hirten anbetend die Knie,
erhebet die Hände und danket wie sie;
stimmt freudig, ihr Kinder
– wer wollt sich nicht freun? –
stimmt freudig zum Jubel der Engel mit ein.

Christoph von Schmid

Der Christbaum der armen Kinder

Kinder sind ein seltsames Volk. Sie drängen sich in Träume und Gedanken. Vor Weihnachten und dann wieder am Christabend selbst begegnete mir regelmäßig an einer bestimmten Straßenecke ein kleiner Junge. Trotz der grimmigen Kälte war er fast sommermäßig gekleidet. Er ging mit dem »Händchen«, so lautet der technische Ausdruck, und er bedeutet betteln. Den Ausdruck haben diese Jungen selbst erfunden. Solche Jungen wie er gibt es eine Menge, sie laufen einem überall über den Weg und jammern etwas Auswendiggelerntes. Dieser aber jammerte nicht und sprach auch unschuldig und außergewöhnlich, und seine Augen sahen mich voll Vertrauen an.

Solch ein junger Wildling weiß oft so gut wie nichts, weder in welchem Land er wohnt noch welcher Nation er angehört, ob es einen Gott gibt, einen Zaren der – ja, man spricht von so viel Unwissenheit bei ihnen, dass man es kaum glauben kann. Und dennoch sind dies Tatsachen.

Doch ich bin ein Schriftsteller, und ich glaube, diese Geschichte habe ich selbst erfunden. aber es scheint mir, dass sie irgendwann, irgendwo wirk-

lich geschehen sei, am Christabend in einer großen Stadt und bei arger Kälte.
Ich sehe einen kleinen Jungen, der in einem feuchten und kalten Keller erwachte. Er hatte nur ein altes Kittelchen an und zitterte vor Kälte. Er sah seinen Atem, der wie ein weißer Dampf seinem Mund entströmte, und da es langweilig war, auf dem Koffer im Winkel zu sitzen, so hauchte er immer wieder diesen Atem recht stark heraus und sah dann zu, wie der Dampf sich ballte und verschwand. Aber er hatte Hunger und wollte etwas essen. Er war schon mehrmals zu der Lagerstätte gegangen, wo auf einem alten, dünnen Schlafsack, irgendein Bündel Kissen unter dem Kopf, seine kranke Mutter lag. Wie sie hierher kam? Vermutlich war sie mit ihrem Jungen aus einer anderen Stadt gekommen und hier erkrankt. Die Winkelvermieterin des Kellers war schon vor zwei Tagen von der Polizei abgeführt worden, und die anderen Winkelmieter hatten sich verlaufen.
Auf dem Flur fand der Junge etwas zu trinken, aber eine Brotkruste war nirgends zu finden, und wieder versuchte er, seine Mutter aufzuwecken. Ihm wurde schließlich bange in der Dunkelheit: Es war schon längst dunkel geworden, aber niemand machte Licht. Als seine Hand das Gesicht der Mutter berührte, wunderte er sich, dass es so kalt war wie

die Wand. »Das ist hier aber mal kalt!« dachte er, und dabei fiel ihm sein Mützchen ein, das auf seinem Lager lag. Als er es aufgesetzt hatte, beschloss er, den Kellerraum zu verlassen. Und schon stand er draußen.

O Gott, was war das für eine Stadt! Dort, von wo er mit der Mutter gekommen war, war es so finster wie die Nacht. Die Fenster der niedrigen Häuser wurden abends mit Läden verschlossen; auf der Straße war, sobald nur die Dämmerung sank, niemand mehr zu sehen. Doch warm war es dort gewesen, und man hatte ihm zu essen gegeben. Hier aber – ach, wenn er doch nur etwas zu essen hätte! Und was ist das nur für ein Lärm und Gesumm, und wie viel Licht und Menschen und Pferde und Wagen – und die Kälte! Aus den Nüstern der heiß gejagten Tiere strömt weißer Dampf, durch den weichen, lockeren Schnee schlagen die Hufe zuweilen hell klingend auf das Steinpflaster. Und wie die Menschen sich alle drängen! Und lieber Gott, wie gern er etwas essen würde, wenn auch nur ein kleines Stückchen, gleichviel was. Und die Finger schmerzen so sehr.

Und da ist wieder eine andere Straße. Da ist es aber wirklich schön. Aber was ist denn das? Oh, was für ein großes Fenster, und hinter dem Fenster ist ein Zimmer, und in diesem Zimmer ist ein Baum bis an die Decke, ein Christbaum, eine große Tanne, und an der flimmern so viel Flämmchen, so viele goldene Sachen und hängen Äpfel, und ringsum sind Püppchen und Pferde, und Kinder laufen im Zimmer umher, und alle sind sie so festlich gekleidet, so sauber und schön, und sie lachen und spielen und trinken und essen schönes Naschwerk. Und da hört man auch Musik, durch die großen Scheiben hört man sie ganz deutlich. Der kleine Junge schaut und wundert sich, aber dann spürt er doch wieder, dass ihn die Hände so schmerzen, und er läuft weiter.

Wieder sieht er durch ein Fenster ein Zimmer. Dort sind mehrere solcher Bäume, aber nicht so große, und auf den Tischen sind lauter Kuchen, rote und gelbe und weiße und braune, und hinter dem langen Tisch stehen vier reich gekleidete Damen, und jedem, der an den Tisch kommt, geben sie von ihrem schönen Kuchen. Die Tür öffnet sich jeden Augenblick, und viele Menschen gehen von der Straße zu ihnen hinein. Der Junge steht und guckt; und wie die Tür sich wieder öffnet, da schlüpft auch er hinein.

Ach, wie man ihm böse ist, ihn anschreit und fortjagt! Eine von den Damen kommt schnell auf ihn zu, gibt ihm eine Kopeke, und dann öffnet sie selbst die Tür und schickt ihn wieder hinaus auf die Straße … wie er erschrak! Die Kopeke fiel ihm gleich aus der Hand und schlug klingend auf die Treppenstufe. Er konnte die blauroten Finger nicht mehr biegen, um sie zu halten.

So schnell er kann, läuft er weiter. Aber wohin? Er ist so traurig, so bitter traurig, darüber, dass er sich so allein und verlassen fühlt, und Bangigkeit will wieder über ihn kommen. Doch plötzlich – was gibt es dort wieder zu sehen? Da stehen die Menschen dicht gedrängt und staunen: Hinter großen Scheiben stehen drei kleine Puppen in roten und grünen Kleidchen, und ein alter Mann spielt auf einer großen Geige, zwei andere spielen auf kleinen Geigen und nicken dazu im Takt mit den Köpfen. Zuerst dachte das Kind, dass sie alle wirklich lebendig seien, als es aber dann erriet und sich überzeugte, dass es Püppchen waren, da musste es lachen. Solche Püppchen hatte der Kleine noch nie gesehen.

Plötzlich fühlte er, dass ihn jemand hinten am Röckchen packt: Ein großer Junge steht hinter ihm, haut ihn plötzlich auf den Kopf, reißt ihm das Mützchen ab und versetzt ihm einen derben Tritt. Der Kleine fällt hin. Doch da schreit schon alles und schilt, dass ihm angst und bange wird und er aufspringt und läuft und läuft, bis die hellen Straßen hinter ihm liegen. Unter einem Hoftor kriecht er auf einen fremden Hof und hockt sich dort hinter einem

Holzstapel hin. »Hier wird man mich nicht finden, und es ist auch dunkel«, denkt er.
Und so hockt er ganz still und kauert sich zusammen und kann kaum noch atmen vor Angst. Aber plötzlich, ganz plötzlich, wird ihm so wohl, die Füße und Hände schmerzen nicht mehr, und ihm wird so warm wie auf einem Ofenbänkchen. »Ich werde hier noch ein Weilchen sitzen, und dann gehe ich wieder zu den Püppchen«, denkt er und lächelt in Gedanken an sie. Und dann ist es ihm, als höre er auf einmal seine Mutter singen, ganz leise, aber er hört es doch. »Mama, ich schlafe – ach, wie ist es hier schön zu schlafen.«
»Komm zu mir, zum Christbaum, es ist Weihnacht, Kind«, flüstert über ihm eine leise Stimme.
Er denkt, das wäre nun seine Mama, aber nein, das ist sie nicht. Wer rief ihn denn? Das sieht er nicht, aber jemand beugt sich über ihn und umfängt ihn in der Dunkelheit, und er streckt ihm die Hand entgegen – da plötzlich – oh, wie viel Licht! Welch ein Christbaum! Es leuchtet und strahlt alles um ihn, viele schöne Puppen überall – doch nein, das sind ja alles kleine Knaben und Mädchen. Sie schweben, sie küssen ihn, sie tragen ihn mit sich fort. Er fühlt, dass er schon schwebt – und dort, ja dort ist seine Mama, die nickt und lächelt ihm selig zu.

»Mama! Mama! Ach, wie ist es hier schön, Mama!« ruft der Junge. Er umarmt die Kinder und will ihnen schnell alles von den Püppchen erzählen. »Wer seid ihr, Jungen, und wer seid ihr, Mädchen?« fragt er sie lachend und hat sie alle schon lieb.
»Es ist hier Weihnacht beim Christkind«, antworten sie ihm, »das ist hier im Himmel immer ein Christfest für all die kleinen Kinder, die auf Erden keinen Christbaum haben.« Und er erfährt, dass alle die Jungen und Mädchen einst auf Erden ebensolche Kinder waren wie er.
Die Mütter dieser Kinder stehen auch dort. Sie weinen, und eine jede erkennt ihren Jungen oder ihr Mädchen, die nun zu ihnen schweben und sie küssen. Sie wischen ihnen die Tränen mit ihren Händen von den Wangen und bitten sie, nicht zu weinen, denn sie hätten es jetzt ja so gut …

Fjodor M. Dostojewskij

Vater Martin

Sie kennen den Vater Martin nicht? Wenn er auch nur ein armer Schuhmacher ist, so wohnt er doch nicht einsam irgendwo oben unterm Dach. Seine Werkstatt, sein Wohnzimmer, sein Schlafzimmer und seine Küche – das alles befindet sich in einem schmalen Holzhaus, an der Ecke eines Platzes mitten in der Altstadt von Marseille.
Hier lebte er das Leben eines Weisen. Er ist weder zu reich noch zu arm, denn er flickt die Schuhe aller Leute in der Nachbarschaft. Erst seit seine Augen altersschwach geworden sind, hat der gute Mann kein einziges Paar neuer Schuhe mehr gemacht.
Wenn Sie ihn auch nicht kennen sollten – die Fischer von St. Jean und die Marktfrauen auf dem Platz vor seiner Wohnung kennen ihn gut, und auch die Schlingel von der Grundschule, die mit dem Glockenschlag vier Uhr wie ein Bienenschwarm in seine Werkstatt einfallen.
Er hat auf alle ihre Schuhe schon Flicken gesetzt, er weiß genau, wo sie drücken. Die Hausfrauen trauen es keinem anderen zu, dass er die Stiefel ihrer Söhne so gewissenhaft repariert, denn die Jungen bringen es fertig, selbst die besten innerhalb von vierzehn Tagen zu zerreißen.

Seit einiger Zeit hört man von Vater Martin, dass er fromm geworden ist. Nicht so, dass ihm das Lachen vergangen wäre; aber seit er zu den »Versammlungen« geht – dort singt man fromme Lieder, und die Leute sprechen über Gott –, hat er sich verändert. er arbeitet nicht weniger oder schlechter. Im Gegenteil. Aber man sieht ihn nicht mehr wie früher in den Wirtschaften sitzen. er hat ein großes Buch, und wer durch die schmalen Fenster in die Werkstatt blickt, kann ihn dort häufig darin lesen sehen. Er scheint jetzt glücklicher zu sein als bisher.

Vater Martin hat viel Kummer gehabt. Seine Frau starb vor mehr als zwanzig Jahren. Vor zehn Jahren war sein Sohn von einer Seefahrt nicht zurückgekommen. Seine Tochter – er erwähnt sie nicht mehr. Wenn irgendjemand fragt, was aus ihr geworden sei, läuft ein Schatten über sein Gesicht, und anstatt zu antworten, senkt er den Kopf.

Aber zu der Zeit, als er nach der Tagesarbeit in die Gastwirtschaft ging, um mit anderen Karten zu spielen, kannte der alte Schuhmacher kaum wirkliche Freude. Heute, wie gesagt, scheint er glücklicher zu sein; das kommt anscheinend von dem großen Buch.

Es war Heiliger Abend. Draußen war es kalt und nass, aber in Vater Martins Wohnung war es hell

und warm. Er hatte Feierabend gemacht, hatte auch schon seine Suppe gegessen. In seinem kleinen Ofen bullerte das Feuer, und er selbst saß in einem Korbstuhl, die Brille auf der Nase und las: »… denn sie hatten keinen Raum in der Herberge.«
Er sah auf und dacht nach. »Keinen Raum«, sagte er, »keinen Raum für ihn!« Er sah sich in seiner Stube um. Sie war klein, und obwohl alles einfach war, doch sauber. »Hier wäre genug Raum für ihn gewesen«, fügte er hinzu, »wenn er nur gekommen wäre! Was für ein Glück müsste das sein: ihn empfangen! Ich wäre beschämt, und sicher würde ich ihm den ganzen Platz überlassen haben. Kein Raum für ihn! Oh, warum kam er nicht und fragte mich…? Ich bin allein. Ich habe niemanden, an den ich denken kann. Und keinen in der Welt, der sich um mich kümmert. Ich würde ihm liebend gern Gesellschaft leisten. wenn dies das erste Christfest wäre? Wenn der Heiland in dieser Nacht auf die Welt käme? Wie würde ich mich um ihn kümmern! Wie würde ich ihm dienen! Warum offenbart er sich heute nicht mehr so wie früher? Was würde ich ihm geben? Die Bibel erzählt, was ihm die Weisen gebracht haben: Gold, Weihrauch und Myrrhe; von all dem besitze ich nichts. Diese Männer waren reich. aber die Hirten – was schenkten sie ihm? Darüber wird nichts gesagt. Vielleicht hatten sie gar keine Zeit

und konnten sich darum nicht kümmern. Ach, ich wüsste, was ich ihm geben würde!«

Er stand auf und griff ins Regal; da standen zwei winzige, sorgfältig verpackte Schuhe. Zwei Babyschuhe.

»Ja«, sagte er, »das ist es, was ich ihm geben würde – mein Meisterstück. Die Mutter würde die Schuhe lieben ... Aber was mache ich mir für Gedanken!« Er musste über sich selbst lächeln. »Nein, was rede ich für einen Unsinn! Wie kann ich mir so etwas einbilden! Als ob mein Heiland meine kleine Wohnung und meine Schuhe brauchte!«

Der alte Mann setzte sich wieder hin. Gedankenversunken sah er aus dem Fenster, wo, je später es wurde, desto mehr Menschen auf der Straße zu sehen waren. Die Leute eilten nach Hause. Aber Vater Martin rührte sich nicht, wahrscheinlich schlief er.

»Martin«, sprach da eine sanfte Stimme ganz dicht an seinem Ohr.

»Wer ist da?« rief der Schuhmacher erschrocken. Aber der Blick nach der Tür war zwecklos. Es war niemand zu sehen.

»Martin, du willst mich sehen. Nun, dann schau auf die Straße – morgen – von früh bis spät. Du wirst mich einige Male vorbeigehen sehen. Versuche mich zu erkennen – denn ich werde dir nicht sagen, wer ich bin.«

Nun war es wieder still. Martin rieb sich die Augen. Es war dunkel, seiner Lampe war das Öl ausgegangen. Da schlugen alle Glocken Mitternacht – es war Weihnachten! »Er ist es«, sagte der alte Mann. »Er versprach, an meinem Hause vorbeizugehen. aber vielleicht war es nur ein Traum. Wenn auch – ich werde ihn erwarten. Ich habe ihn noch nie gesehen, aber ich kenne doch sein wunderbares Bild von all den Kirchen. Ich werde ihn sicher wieder erkennen.«
Dann ging Martin zu Bett. Eine ganze Weile beschäftigten ihn noch die seltsamen Worte, die er gehört hatte.
Lange vor Tagesanbruch wurde beim Schuhmacher die kleine Lampe angezündet. Er legte mehr Kohlen in den Ofen, der noch nicht ganz ausgebrannt war, und machte sich Kaffee. Dann reinigte er schnell sein Zimmer und setzte sich ans Fenster, um mit dem beginnenden Tag den ersten Passanten zu erwarten.
Als der Himmel heller wurde, sah Martin den Straßenkehrer auf dem Platz – von allen Menschen musste er immer als erster da sein. Martin gönnte ihm nur einen kurzen Blick, er hatte wahrlich Wichtigeres zu tun, als einem Straßenkehrer zuzusehen.
Aber draußen schien es kalt zu sein. Die Fenster waren beschlagen, und der Mann stellte schon nach

wenigen kräftigen Strichen den Besen wieder hin und versuchte sich mit noch größerer Anstrengung warm zu halten; er schlug sich die Arme um den Leib und stampfte mit den Füßen.

»Der arme Mann«, sagte Martin, »er friert noch immer. Es ist Feiertag heute – aber nicht für ihn. Wie wär's, wenn ich ihm eine Tasse Kaffee spendierte?« Und so klopfte er ans Fenster.

Der Straßenkehrer drehte sich um, sah Vater Martin hinter der Fensterscheibe und kam näher. Der Schuhmacher öffnete die Tür.

»Kommen Sie herein«, sagte er, »wärmen Sie sich!«

»Da werde ich nicht nein sagen, danke! Was für ein scheußliches Wetter! Man könnte meinen, man sei in Sibirien.«

»Mögen Sie eine Tasse Kaffee?« fragte Vater Martin.

»Ach, Sie guter Mann! Mit Vergnügen natürlich. Lieber spät als gar keine Weihnachtsmahlzeit.«

Der Schuhmacher bediente schnell seinen Gast, dann eilte er ans Fenster zurück und suchte die Straße und den Platz nach Fußgängern ab.

»Warum schauen Sie denn nach draußen?« fragte der Mann schließlich.

»Ich erwarte meinen Meister«, antwortete Martin.

»Ihren Meister? Sie arbeiten für eine Fabrik? Aber wer besucht denn zu solcher Zeit seine Arbeiter! Sie haben heute Feiertag.«

»Ich spreche von einem anderen Meister«, erklärte der alte Schuhmacher.
»Oh!«
»Ein Meister, der jeden Moment eintreffen kann und mir versprach, heute zu kommen. Sie werden ihn kaum kennen, es ist Jesus.«
»Ich habe von ihm gehört, aber ich kenne ihn nicht. Wo lebt er?«
Nun erzählte Vater Martin seinem Gast mit wenigen Worten die Geschichte, die er am Abend zuvor gelesen hatte, und fügte ein paar Einzelheiten hinzu. Und noch während er sprach, wandte er sich wieder dem Fenster zu.
Als der Straßenkehrer wusste, wer gemeint war, sagte er nachdenklich: »Und Sie erwarten ihn? Ich habe den Eindruck, Sie werden ihn nicht so sehen, wie Sie sich das vorstellen. Aber das macht nichts. Sie haben ihn mir gezeigt. Würden Sie so gut sein und mir Ihr Buch leihen, Herr...?
»Martin«, half derSchuhmacher.
»Herr Martin, ich versichere Ihnen, Sie haben Ihre Zeit heute morgen nicht vertan, wenn der Tag auch gerade erst begonnen hat. Vielen Dank und auf Wiedersehn!«
Der Mann ging und ließ Vater Martin allein. Der saß schon wieder dicht hinter der Scheibe.

Später kamen ein paar Trunkenholde vorbei; der alte Schuhmacher würdigte sie keines Blickes. Danach kamen die Straßenhändler mit ihren kleinen Wagen. Er kannte sie zu gut, um Notiz von ihnen zu nehmen.

Aber eine oder auch zwei Stunden später wurden seine Augen von einer ärmlich gekleideten Frau festgehalten, die ein Kind auf dem Arm trug. Sie war so blass, so mager, dass es das Herz des Alten angriff. Vielleicht erinnerte sie ihn an seine eigene Tochter. Er öffnete die Tür und rief ihr nach: »Hallo! Kommen Sie herein!«

Die Frau hörte ihn rufen und kam zurück, als sie Vater Martins einladende Handbewegung sah.

»Es sieht nicht so aus, als ginge es Ihnen zu gut, meine Hübsche.«

(*Meine Hübsche* war im alten Marseille ein häufig gebrauchter Ausdruck. Man redete damit Fischweiber und Waschfrauen an, alle armen Frauen, die in ähnlichen Umständen lebten, ganz gleich, ob sie jung oder alt waren.)

»Ich gehe ins Krankenhaus«, sagte die junge Frau. »Ich hoffe, die nehmen mich mit dem Kind. Mein Mann ist zur See, und ich erwartete ihn in den vergangenen drei Monaten.«

»Genauso wie ich meinen Sohn erwartete«, sagte der Schuhmacher.

»Aber er kam nicht zurück, und nun habe ich kein Geld mehr, und ich bin krank. Deshalb muss ich ins Krankenhaus.«

»Arme Frau«, sagte der alte Mann; sie tat ihm leid. »Sie würden doch sicher gern etwas Brot essen, während Sie sich aufwärmen ... Nein? ... Dann aber eine Tasse Milch für das Kleine. Schauen Sie, das ist meine, ich habe sie noch nicht benutzt. Wärmen Sie sich, und geben Sie mir das Kleine. Ich hatte selbst Kinder, es ist Jahre her. Ich weiß, wie man mit ihnen umgeht. Ist das ein hübsches Kind! Was, Sie haben ihm keine Schuhe angezogen?«

»Ich habe keine«, seufzte die arme Frau.

»Warten Sie, ich habe noch ein Paar, die werden passen.«

Unter dem Protest und dem Dank der Mutter nahm der alte Handwerker die Schuhe (es waren dieselben, die er gestern Abend vom Regal genommen hatte) und zog sie dem Kind an. Sie passten wie angegossen.

Vater Martin konnte den Seufzer nicht zurückhalten, als er sich von seinem Meisterwerk trennte. Für ihn war es solch ein Schatz, und er hatte ihn sein Leben lang gehütet. Nun, sagte er zu sich selbst, sie haben für mich keinen Wert mehr. Damit wandte er sich wieder dem Fenster zu. Er sah so angestrengt hinaus, dass die junge Frau überrascht fragte:

»Warum schauen Sie hinaus?«
»Ich erwarte meinen Meister«, antwortete Martin.
Die junge Frau verstand nicht; oder sie tat nur so.
»Kenne Sie den Herrn Jesus?« fragte er sie.
»Gewiss«, dabei schlug sie das Kreuz, »es ist noch nicht so lange her, dass ich meinen Katechismus lernte.«
»Ich warte auf ihn.«
»Und Sie denken, er kommt hier vorbei?«
»Er hat es mir gesagt.«
»Unmöglich! Oh, wie gerne würde ich bei Ihnen bleiben und ihn auch sehen, wenn das stimmte – aber es muss ein Irrtum sein. Ich muss jetzt gehen, damit ich aufgenommen werde.«
»Können Sie lesen?« fragte der Schuhmacher.
»Ja.«
»Dann nehmen Sie doch dieses kleine Buch mit.« Erlegte ihr ein Evangelium in die Hand. »Lesen Sie es sorgfältig. Es wird nicht dasselbe sein, als sähe man ihn – aber fast. Und vielleicht werden Sie ihn später einmal sehen.«
Die junge Frau konnte wohl nicht so ganz daran glauben, aber sie nahm das Buch an. Sie dankte und ging, und der alte Mann setzte sich wieder ans Fenster.
Stunde um Stunde verging. Ein Passant nach dem anderen kam über den Platz und ging weiter. Der kleine Ofen glühte, und Martin saß in seinem Stuhl am Fenster und schaute hinaus.

Der Meister kam nicht.
Er sah einen jungen Priester daherkommen, blond und blauäugig, so wie die Bilder in der Kirche Christus darstellten. aber gerade, als an Martins Fenster der Priester vorbeikam, hörte man ihn murmeln: »Mea culpa! Meine Schuld!« Sicher würde sich Christus nicht in dieser Weise selbst angeklagt haben. Er konnte es nicht sein.
Die jungen Leute, die alten Leute, die Seeleute, die Handwerker, die Hausfrauen, die großen Damen – sie alle gingen vorbei. Eine ganze Anzahl Bettler bat den guten Mann um ein Almosen; von seinem freundlichen Gesicht versprachen sie sich allerhand. Sie wurden nicht enttäuscht.
Aber der Meister kam nicht.
Seine Augen wurden müde, sein Herz ermattete. Die Tage sind kurz im Dezember. Die Schatten auf dem Platz waren schon lang, und in der Ferne konnte man den Laternenanzünder sehen. In den Fenstern der Häuser gegenüber flammten die Lichter auf, und aus allen Küchen strömte der Duft von gebratenem Truthahn, dem Weihnachtsessen der Einwohner von Marseille.
Der Meister kam nicht.
Es wurde schließlich Abend, und der Nebel senkte sich herab. Es hatte keinen Sinn mehr, länger am Fenster zu bleiben. Die letzten Fußgänger verloren

sich im Nebel, bevor man ihr Gesicht überhaupt erkennen konnte.
Der alte Mann ging traurig an seinen Ofen, um sich sein einfaches Mahl zu bereiten.
»Es war ein Traum«, murmelte er. »Aber bis zuletzt habe ich gehofft.«
Nachdem er gegessen hatte, öffnete er sein Buch. Er wollte lesen. Aber seine Traurigkeit war zu groß.
»Er ist nicht gekommen«, wiederholte er immer wieder.
Plötzlich erleuchtete ein übernatürliches Licht den Raum, und ohne dass sich die Tür auch nur einen Spalt geöffnet hätte, war das ganze Zimmer voller Menschen. Der Straßenkehrer war da. Die junge Frau mit dem Kind war da – und alle fragten den alten Mann:
»Hast du mich nicht gesehen?«
Danach kamen die Bettler, denen er Almosen gegeben, die Nachbarn, denen er ein gutes Wort gesagt, die Kinder, denen er zugelächelt hatte. Und jeder einzelne fragte das gleiche:
»Hast du mich nicht gesehen?«
»Aber wer seid ihr?« fragte der Schuhmacher.
Nun beugte sich das Kind auf dem Arm der jungen Frau auf das Buch des Mannes herunter und zeigte mit dem Finger auf die Stelle, wo er es geöffnet hatte. Und er las: »Ich war hungrig, und ihr habt mir

zu essen gegeben; ich war durstig, und ihr habt mich getränkt; ich war fremd, und ihr habt mich beherbergt ... Was ihr einem dieser meiner geringsten Brüder getan habt, das habt ihr mir getan.« Und: »Wer eines dieser Kleinen aufnimmt, der nimmt mich auf.«

Corrie ten Boom

DAS KREISSTEHEN IN DER CHRISTNACHT

An einem Dezemberabend kam der Bettelmann zu uns ins Waldbauernhaus. er war noch nicht betagt, war nicht mühselig, aber er bettelte. Er stehe sich beim Betteln besser, meinte er, als beim Arbeiten. Erstens sei im Winter bei den Bauern schwer eine Arbeit zu bekommen, zweitens sei das Holzhacken im Schnee weniger angenehm als das Sitzen in der warmen Stube als Statthalter Gottes. Damit spielte der Schalk auf den Pfarrer an, der gerne predigte über den Text, dass der Herr Jesus heute noch auf Erden wandle, und zwar in Gestalt der Armen, und dass, was man den Armen tue, ihm selbst getan sei.

Diese schöne Lehre der Barmherzigkeit verstand der Bremer-Sepp – wie er hieß – nicht übel auszunutzen und so saß er in den Bauerstuben herum, einmal am Herde, einmal am Tische, dann wieder neben dem Strohschaub, den er als Bett erhielt unter dem Ofen.

Freimütig gesagt, waren aber die Bauern in unserem Alpel immer noch nicht evangelisch genug gesinnt, um eine solche Statthalterschaft recht zu schätzen, sie duldeten den Faulenzer aus einem andern Grund. Etliche Wochen früher war der Bremer als Verabschiedeter vom Militär zurückgekommen. Seine Verwandten waren während seiner Abwesenheit gestorben, er fand kein Heim mehr, nachdem er zwölf Jahre lang bei den Soldaten gewesen.

Aber er wusste sonderlei Merkwürdigkeiten zu erzählen von der weiten Welt und aus seinem Leben als Tambour, er kannte auch viele wundersame Geschichten, Märchen und hatte allerhand Schnurren und Schwänke in sich, mit denen er die Leute

an den langen Abenden gar köstlich unterhielt. Dem Hausvater war stets daran gelegen, dass die Knechte und Mägde beim Späneklieben, Rübenabkräuteln, Krautschaben und Flachsspinnen nicht allzu früh schläferig wurden und dann etwa von der alten Gewohnheit, um neun Uhr ins Bett zu gehen, Gebrauch machten. Der Bremer packte seine »Faxen« aus, sie bewunderten, sie lachten, sie schauderten und blieben oft bis gegen Mitternacht bei der Arbeit.
So hat sich der »Statthalter« erklecklich ausgezahlt und wir, die jüngeren, hatten an dem viel erfahrenen Manne einen lustigen Lehrmeister, dem besonders ich etwelches zu verdanken habe, manche meiner Geschichten, die erst in späten Jahren reif geworden, hat damals der Bremer gesät. Wenn der Bettelmann Gefahr witterte, dass er am nächsten Tage mit seinem Tragkorbe höflich weitergeschickt werden könnte zum Nachbarn, so hub er am Abende zuvor eine gar wunderbare Begebenheit an zu erzählen und verschob die Fortsetzung auf den nächsten Abend. In alten Zeiten hat diesen Spaß schon die berühmte Scheherazade erprobt, heute wiederholen ihn die Zeitungen, er bewährt sich immer und den Bremer haben sie nirgends fortgeschickt, bevor er eine merkwürdige Geschichte zu Ende erzählt.

So war der Bremer-Sepp also auch bei uns eingetreten, mit der artigen Bitte, er möchte seine verfrorenen Beine gerne ein wenig wärmen an dem Herdfeuer. Meine Mutter riet ihm das Schneeschaufeln, das mache auch warm.
»O, meine liebe Waldbäuerin!« rief der Bremer, »warm macht's freilich, aber helfen tut's nichts, schaden tut's. Die sündteuren Schaufeln wetzt man dabei ab und morgen schneit es doch wieder alles zu. Und wenn's nicht zuschneit, so ist's noch schlimmer bei der unsicheren Zeit, wo die Schelme und Räuber frei truppenweise umherziehen bei der Nacht. Sich gut in Schnee einmauern lassen und das Haus mit Männerleuten besetzen, auch mit solchen, die von Wehr und Waffen was verstehen, ist das allerbeste, was gescheite Waldbauersleute tun können.«
Wir im kargen Waldhause hatten zwar nie besonderen Anlass, uns vor Räubern zu fürchten, doch aber mochte meine Mutter gedacht haben: weil er gar so schlau schwatzen kann, mag er halt sitzen bleiben in der Stube. Gut schwatzen muss man auch lohnen. – Saß also der Bremer noch am selbigen Abend beim Ofen und saß eine Woche später auch noch beim Ofen.
Wir hatten ihn recht gern, er war auch außerhalb seiner Schnurren ein ergötzlicher, ganz artiger Mensch. Und gar nicht übel anzusehen! Die blaue

Soldatenhose hatte er an und die graue Holzmütze auf, unter welcher an beiden Ohren die schneidigen Lockensechser, hübsch glatt gewichst hervorstanden. Er hielt was auf sich und tat sich täglich an den Backen und dem Kinn rasieren, auch hinten am Nacken; weil er dorthin selbst nicht gelangen konnte, so musste ihm unser Altknecht die goldigglitzenden Härchen wegkratzen. Das Schnurrbärtlein ließ er stehen und spitzte es mit Schusterpech scharf auf, dass es nach beiden Seiten ganz bajonettartig in die Luft stach, gleichsam wie eine Waffenbereitschaft, für den Fall ihn eines unserer Dirnlein plötzlich küssen wollte. Ob eine solche Gefahr bestand, das weiß ich nicht, wenigstens hat er sie nicht selbst heraufbeschworen. Für einen dreiunddreißigjährigen Soldatenabschieder tat er spottwenig um mit den Dirnlein. Höchstens guckte er manchmal der einen so ein bisschen schiefwinkelig nach, der Stallmagd Christina. Und siehe, diese Christina hatte einen großen Abscheu vor dem hübschen Bettelmann. Sie war sonst ein rundes, gutmütiges Leutel, aber wenn ihr der Bremer in die Nähe kam, da wurde sie ganz eckig, spitzte die Ellbogen und war aufgeregt wie eine Henne, wenn der Geier nicht weit ist. Sie ließ ihn auch ihre Verachtung merken. Der Bremer aber schmunzelte ihr nach und drehte an seinen Bartspitzen.

Und als der Mann so eine Woche bei uns im Waldhause gewesen war, da kam das heilige Weihnachtsfest. In der Christnacht verließ alles, was gehen konnte, das Waldhaus und ging über die weiten Höhen hin zur Kirche von Fischbach, wo ununterbrochen die Glocken läuteten, bis, wie man sagte, der letzte herauskam vom hintersten Graben. Aus fernem Tal her kam hin und wieder ein leiser, halbverlorener Glockenklang auch zu uns herauf. Es war eine helle Mondnacht, nur bisweilen flogen Wolkenfetzen vorüber und verdeckten das stillheitere Rundgesicht am Himmel. Unser waren ein ganzes Rudel, die Burschen, die Dirnen; Vater und Mutter nur waren daheim geblieben, um das alte Haus zu hüten. Der »Statthalter« war auch bei uns und brachte wieder Schnurren vor. So wusste er vom Teufel zu erzählen, der in der Christnacht mit dem Fünfguldenbeutel umgeht, den er solchem, der ihm die Seele verschreibt, zum Angebinde verehrt; von den Tieren, die in dieser Nacht in menschlicher Sprache sich ihre Leiden klagen, die sie das Jahr hindurch von den argen Menschen auszustehen gehabt, und auch von den Wolken, die jedem, der so was zu lesen versteht, alle Bevorstehungen des kommenden Jahres an den Himmel schreiben.
Die Stallmagd Christina entrüstete sich stumm über derlei Frevel, die Weidmagd hingegen war auf ihre

Bevorstehungen besonders neugierig, sie fragte daher, wie das wäre.
»Ja, mein Schatzerl, das ist so!« belehrte der Bremer und drückte sich eng unter die Leute. »Da müssen wir aufpassen, wenn ein Kreuzweg kommt. Am Kreuzweg müssen wir uns alle aufstellen im Kreis und gegen den Himmel schauen, was die Wolken für Figuren machen, und auf die Baumäste horchen, ob sie kraxen. Da werden wir schon etwas erfahren. Seid ihr dabei?«
Wir waren alle dabei. Auf der flachen Höhe des Waldes angelangt, sahen wir im Mondenlicht den Pfeiler, welcher mit drei Armen hinauswies gen Stanz, gen Sankt Kathrein und gen Fischbach. Der Bremer kommandierte uns in Reih' und Glied eines Kreises. Ein alter Kohlenbrenner aber war mit, der lief seitab, hielt sich Augen und Ohren zu: er wolle nichts wissen. Das Unglück, wenn eins bevorstehe, erfahre der Mensch immer noch früh genug.
Wir andern standen im Kreise, immer ein Bub' und ein Mädel aneinander, und hielten uns an den Händen, und schauten in den Mond, an welchem die Wolken zogen. Für jeden und jede besonders wurde wahrgesagt und der Bremer wählte die Leute und deutete die Dinge. Mit dem Altknecht hub es an, da stand der lachende Mond rein und die Wolken wichen ihm aus. »Der Altknecht hat siebzig Gulden

Jahrlohn, da wird freilich der Himmel nicht trüb werden«, sagte der Bremer. Als es die alte zahnlückige Liesel galt, die gern keifte, da verhüllte sich der Mond rasch hinter einer dichten Wolke. »Ist ohne weitere Auslegung verständlich«, sagte der Bremer. Beim Feldbuben Hans bildete die Wolke über dem Mond eine Art Sack, der aber sacht zusammenschrumpfte. »Wird auch aufs Jahr Karten spielen, der Hansel«, sprach der Bremer. Beim Ochsenknecht kam ein großes Ungeheuer heran, tat den Rachen auf und fraß den Mond. Dieses Zeichen wusste der Bremer nicht zu erklären. »Wenn man sich heutzutage noch dem Teufel verschreiben könnte, so möchte ich an so etwas denken«, sagte er. Wir mussten es der Zeit überlassen, was sie über den Ochsenknecht verhängen würde.

Bei der Stallmagd Christina, die sich widerwillig in den Kreis gestellt hatte, hub ein helles Hallo an! Gerade unter dem Monde spielten die Wolkenzipfel so, als ob ein Männlein und ein Weiblein nebeneinander ständen und sich die Hände reichten.

»Heiraten wird sie«, sagte der Bremer in dumpfem Tone.

Da schrie Christina auf: »Ich mag nit heiraten!« riss aus und lief wegshin. Aber sie wendete sich um, denn noch hörten wir ihre helle Stimme: »Keinen Faulenzer mag ich nit! Keinen Menschen, der kerngesund ist und seine geraden Glieder hat und nit arbeiten will, den mag ich nit! Die starken Händ' zum Betteln aufhalten, pfui Teufel! Und wenn's das einzige Mannsbild wär auf der Welt und wenn er in Gold und Edelgestein gefasst wär, und wenn er so schön wie Adam, wie ihn Gott derschaffen gehabt hat; wenn er nit arbeiten tät, wenn er nur schmarotzen wollt', so möcht' ich ihn nimmer und nimmer zu meinem Mann. Gute Nacht allmiteinand!« Und dann war sie in den Waldweg verschwunden.

Etliche von uns lachten, andere schauten auf den Bremer. Der Mond macht zwar alle roten Gesichter blass, aber dem Bremer-Sepp seines war jetzt ausnehmend fahl; wie der hölzerne Wegweiser daneben, so starr stand er da und endlich sagte er leise und langsam. »Das ist ein verflixtes Weibmensch, diese Christina, aber – Recht hat sie!«

Und dann ist er ihr nachgegangen. Denn dumm war er nicht, wusste auch, was er wollte. – Wer hat ihr denn gesagt, dass sie just den Faulenzer nehmen sollte? Das hatte der Mond nicht gesagt, und auch sonst niemand. Ei, doch! Einer hatte es gesagt, aber ganz heimlich, in stiller Nacht nur zu sich allein gesagt, und das war er selber, der Sepp. – Und die Christina hatte sich jetzt gottlos verraten. Die muss schön viel an ihn denken, wenn ihr kein anderer einfällt, den sie – nicht heiraten will!

Kurze Zeit darauf stand die Wegzeigersäule wieder allein auf der Waldhöhe und das Wolkenspiel fuhr fort, die künftigen Geschicke den Menschen an den Himmel zu zeichnen.

Ob es aber auch zutrifft?

Ein Jahr darauf, als wieder Weihnachten kam, hatte der Ochsenknecht sein arm Dirnlein verlassen und in einen großen Bauernhof geheiratet. Aber in diesem Hofe, neben dem Geldsack, saß ein Drache, die alte Bäuerin, der er sich hatte verschreiben müssen mit Leib und Seele. Er war nicht mehr Ochsenknecht, er war ein reicher Großbauer, manchmal aber schaute er trübselig in die Wolken auf und am Himmel sah er Ungeheuer.

Und der Bremer-Sepp? Das hatte ein Kleinhäusel gepachtet, im Frühjahr den Acker gepflügt, Korn gesät und Kartoffeln angebaut. Und dann war er eines Tages zu uns gekommen – wieder als Bettelmann. Nicht mehr bettelte er um einen Sitz am warmen Ofen, nicht mehr um eine warme Suppe, er bettelte um die Stallmagd Christina, die freilich auch nicht kalt war. Zuerst schmetterte sie ihm unter glühendem Augenleuchten sein bisheriges Vagabundenleben ins Gesicht, dann nahm sie ihn. Denn sein Korn stand schon im Grünen und die Kartoffeln huben an zu blühen, so brauchte er weiter nicht ein Wort zu sagen, dass er auch arbeiten könne.

Die Gefahr zeigte sich erst wieder in späteren Jahren. Als die Kindlein erschienen waren, wollte er nicht mehr draußen ackern und Holz schneiden, wollte lieber in der Stube bei den Kindern sitzen und ihnen allerlei Geschichten erzählen und Schnaken vormachen, weil sie gar so fröhlich dabei lachten.

Da sah er einmal bei einem Kreisstehen in der Weihnacht, das er nach altem Brauche gerne noch trieb, am Himmel ein seltsam Spiel. Die Ruine eines Hauses und ein Gruppe von gar verkümmerten Bettelleuten, die unter einer Riesenpeitsche sich in Fetzen lösten. – Da ging er hin, arbeitete mit neuem Eifer und die heiteren Schwänke hob er sich für den Sonntag auf.

Seither sind mehr als dreißig Jahre verflossen. Der alternde Bremer-Sepp kann wieder Kreisstehen, jeden Tag wenn er will. Der Kreis seiner Kinder und Enkel ist nicht klein und weist auf eine hoffnungsvolle Zukunft.

Peter Rosegger

WEIHNACHTSLIED

Vom Himmel in die tiefsten Klüfte
Ein milder Stern hernieder lacht;
Vom Tannenwalde steigen Düfte
Und hauchen durch die Winterlüfte,
Und kerzenhelle wird die Nacht.

Mit ist das Herz so froh erschrocken,
Das ist die liebe Weihnachtszeit!
Ich höre fernher Kirchenglocken
Mich lieblich heimatlich verlocken
In märchenstille Herrlichkeit.

Ein frommer Zauber hält mich wieder,
Anbetend, staunend muss ich stehn;
Es sinkt auf meine Augenlider
Ein goldner Kindertraum hernieder,
Ich fühl's, ein Wunder ist geschehn.

Theodor Storm

Der Tannenbaum

Im Walde wuchs ein hübscher, kleiner Tannenbaum. Er hatte einen guten Platz; Sonne und Luft vollauf – und gute Kameraden, größer und stärker als er, umringten ihn. Aber der kleine Tannenbaum sehnte sich nur danach, groß zu sein. Er freute sich nicht an dem warmen Sonnenschein und der frischen Luft, und er kümmerte sich auch nicht um die Bauernkinder, die plaudernd vorübergingen, um Erdbeeren und Himbeeren im Walde zu suchen. Zuweilen kamen sie mit gefüllten Körbchen, oder sie hatten die Beeren auf Grashalme gereiht und setzten sich dicht bei dem kleinen Baume nieder. Dann sagten sie wohl: »Ach, wie klein und nett er ist!« Aber davon wollte das Tannenbäumchen nichts hören.

Das Jahr darauf war es um einen Schoß höher, und im folgenden hatte es wieder einen kräftigen Ansatz gemacht. Bei den Tannenbäumchen kann man an der Zahl der Ansätze sehen, wieviel Jahre sie alt sind.

»Ach, wenn ich nur auch so groß wäre wie die andern«, seufzte die kleine Tanne. »Da könnte ich meine Zweige wie eine Schleppe ausbreiten und mit dem Wipfel in die weite Welt hinausschauen.

Die Vögel würden dann ihre Nester in meinen Zweigen bauen, und wenn der Wind wehte, könnte ich mich ebenso vornehm wie die andern verneigen.« Nichts machte ihm Vergnügen, weder der Sonnenschein noch die Vögel noch die roten Wölkchen, welche morgens und abends über ihn hinsegelten. Wenn es Winter war, und der Schnee lag weiß und glitzernd ringsum, so kam oft ein Hase gesprungen und setzte gerade über den kleinen Baum hinweg. Ach, das war ihm so ärgerlich! –
Aber zwei Winter vergingen, und im dritten war das Bäumchen so groß, dass der Hase nicht mehr darüber springen konnte, sondern einen Bogen machen musste. »Ach, wachsen, wachsen, groß und alt werden, das ist doch das einzig Herrliche in dieser Welt!« dachte der Tannenbaum.

Im Herbst kamen immer Holzhauer und fällten einige der stärksten Bäume. Das geschah jedes Jahr, und die junge Tanne, welche nun schon hübsch herangewachsen war, erbebte dabei; denn die großen, mächtigen Bäume fielen mit Ächzen und Krachen zur Erde. Die Zweige wurden ihnen abgehauen. Nun sahen sie ganz kahl und lang und schmal aus, gar nicht wiederzuerkennen; und dann wurden sie auf Wagen geladen, und die Pferde zogen sie davon, hinaus aus dem Walde.

Wohin kamen sie? Was wurde aus ihnen?

Im Frühling, als die Schwalben und Störche kamen, fragte sie das Bäumchen: »Habt ihr meine Kameraden nicht gesehen? Wisst ihr nicht, wo sie geblieben sind?«
Die Schwalben wussten nichts, aber der Storch sah nachdenklich aus, nickte mit dem Kopf und sagte: »Ja, ich glaube doch. Ich sah viele neue Schiffe, als ich von Ägypten herüberflog. Auf den Fahrzeugen waren prächtige Mastbäume. Es liegt sehr nahe, dass sie es waren, denn sie rochen nach Tannen. Ich kann also von ihnen grüßen. Oh, die sahen so stolz, so stolz aus!«
«Ach, wenn ich doch erst groß genug wäre, um auch über das Meer fahren zu können! Was ist das eigentlich, das Meer? Wie sieht es aus?«
»Ja, das ist zu weitläufig zu erklären«, sagte der Storch und ging seiner Wege.
»Freue dich deiner Jugend«, sagten die Sonnenstrahlen. »Freue dich über dein frisches Wachstum, über dein kräftiges Gedeihen!«
Und der Wind küsste den Baum, und der Tau begoss ihn mit seinen Tränen; aber das verstand der Tannenbaum nicht.
Um die Weihnachtszeit wurden ganz junge Bäume gefällt, die oft nicht einmal so groß und so alt waren wie unser Bäumchen, dem die Sehnsucht, hinauszukommen, keine Ruhe ließ. Diese jungen Tannen –

es waren gerade die allerhübschesten – behielten ihre grünen Zweige. Auch diese wurden auf Wagen hinweggefahren.

»Was wird aus ihnen?« fragte der Tannenbaum. »Sie sind nicht größer als ich, ja, es waren sogar kleinere darunter. Warum dürfen diese alle ihre Zweige behalten? Wohin werden sie gebracht?«

»Das wissen wir, das wissen wir!« riefen die Sperlinge, »wir haben in der Stadt durch die Fensterscheiben geguckt. Wir wissen's, wohin sie gekommen sind! Ach, sie erleben das Herrlichste, was man sich denken kann. Wir haben zugesehen, wie sie mitten in der warmen Stube aufgepflanzt und mit den schönsten Sachen – vergoldeten Äpfeln, Pfefferkuchen, Spielzeug und hundert Lichtern – geschmückt wurden.

»Und dann –?« fragte der Tannenbaum und bebte vor Wonne in allen Zweigen. »Und dann? Was geschah weiter?«

»Ja, weiter haben wir nichts gesehen. Aber das war unbeschreiblich schön!«

»Sollte ich für dieses große Glück ausersehen sein?« jubelte das Bäumchen. »Das wäre noch schöner, als über das Meer zu fahren! Ach, ich sterbe vor Sehnsucht! Wenn's doch erst Weihnachten wäre! Nun bin ich auch so groß und schön wie die anderen, welche voriges Jahr weggeholt wurden. Oh, wäre ich nur erst auf dem Wagen! Stünde ich nur erst in der warmen Stube in all der Pracht und Herrlichkeit! Und dann –? Ja, dann kommt gewiss noch etwas viel Schöneres, Besseres, denn warum würde man mich sonst so aufputzen? Es muss noch etwas Höheres, Herrlicheres folgen! Aber was? Oh, wie ich mich sehne! Wie ich leide! Ich weiß selbst nicht, wie mir ist.«

»Freue dich über uns«, sagten Luft und Sonnenschein, »freue dich deiner glücklichen Jugend hier draußen im Walde!«

Aber der Baum freute sich durchaus nicht; er wuchs und wuchs. Winter und Sommer stand er da in seinem grünen Kleide, und die Leute, die ihn sahen, sagten: »Ei, das ist ein schöner Baum!« Zur Weihnachtszeit war er denn auch der erste von allen, welche gefällt wurden. Die Axt ging ihm tief ins Mark, und mit einem Seufzer fiel er zu Boden. Der Schmerz machte ihn so ohnmächtig, dass ihm alle Gedanken an Glück vergingen. Und auch die Trennung von der Heimat tat ihm weh, von dem Fleck, wo er aufgewachsen war. Er wusste wohl, dass er die lieben alten Kameraden und die kleinen Büsche und Blumen ringsum nie wieder sehen würde, ja vielleicht nicht einmal die Vögel. Die Abreise war durchaus kein Vergnügen.

Der Tannenbaum kam erst wieder zur Besinnung, als er mit den andern in einem Hofe abgeladen und zum Verkauf gestellt wurde.
Er hörte einen Herrn sagen: »Dieser hier ist prächtig, wir brauchen uns nach keinem andern umzusehen.«
Nun kamen zwei herrschaftliche Diener und trugen den Baum in einen großen, schönen Saal. Ringsum an den Wänden hingen schöne Gemälde, und auf dem Kaminsims standen chinesische Vasen, deren Deckel mit Löwen verziert waren. Die prächtigen Polstermöbel waren mit Seidendamast bezogen und die Tische mit Bilderbüchern und Spielzeug für tausend und abertausend Mark – wenigstens sagten die Kinder so – bedeckt. Der Tannenbaum wurde nun in ein großes, mit Sand gefülltes Gefäß gestellt. Das war ganz mit grünem Stoff verhüllt und stand auf einem schönen, bunten Teppich.
Oh, wie der Baum vor Wonne bebte! Was würde nun wohl geschehen? Die Diener trugen auf großen Präsentierbrettern allerlei schöne, glitzernde Sachen herbei, und die Damen des Hauses schmückten den Baum. Kleine, aus farbigem Papier geschnittene Netze, die mit Zuckerwerk gefüllt waren, wurden an seinen Zweigen befestigt; vergoldete Äpfel und Nüsse strahlten aus dem dunklen Grün, als ob sie angewachsen wären, und unzählige rote, blaue,

gelbe und weiße Lichter zierten den Baum. Zuckerpüppchen, die zum Küssen niedlich aussahen, schwebten im Grünen, und ganz oben an der Spitze wurde ein Stern von Flittergold befestigt. Das war herrlich, unvergleichlich prächtig!

»Wie wird er erst heute abend strahlen!«, sagten sie alle.

»Ach, wenn es doch nur erst Abend wäre«, dachte der Baum. »Wenn nur die Lichter erst angezündet würden! Und was ereignet sich dann wohl weiter? Ob die Bäume aus dem Walde kommen, mich anzusehen? Ob die Sperlinge gegen die Fensterscheiben fliegen? Ob ich hier festwachse und den Winter und Sommer im Schmuck stehenbleibe?«

Ja, er machte sich schöne Illusionen! Die Borke tat ihm ordentlich weh vor lauter Sehnsucht, und das ist bei einem Baum gerade so schlimm wie Kopfschmerzen bei einem Menschen.

Nun wurden die Lichter angezündet. Welcher Glanz! Welche Pracht! Die Tanne bebte an allen Zweigen, so dass eins der Lichter die Nadeln versengte. Das schmerzte!

»Gott bewahre uns!« riefen die Damen und löschten die Glut hastig aus.

Nun wagte der Baum nicht einmal mehr zu zittern, vor Angst, dass ihm etwas von seinem schönen Schmuck verlorenging. Er war ganz betäubt von all

dem Glanz – und nun flogen die Flügeltüren auf, und eine Menge Kinder stürzte herein. Die Erwachsenen folgten langsamer nach. Einen Augenblick standen die Kleinen ganz stumm, aber dann jubelten sie, dass es nur so schallte. Sie tanzten um den Baum herum und freuten sich über ihre Geschenke.
»Was wird nun kommen?« dachte der Baum. Und die Lichter brannten allmählich nieder bis an die Zweige; dann wurden sie eins nach dem andern ausgelöscht, und als sie alle verlöscht waren, erhielten die Kinder die Erlaubnis, den Baum zu plündern. So ungestüm fuhren sie über ihn her, dass er in allen Zweigen knackte; wäre er nicht mit der Spitze an der Decke befestigt gewesen, so wäre er umgestürzt.
Die Kinder kehrten wieder zu ihrem prächtigen Spielzeug zurück. Keiner kümmerte sich mehr um den Baum, außer dem alten Kinderfrauchen, das sich noch damit zu schaffen machte; aber es war nur, um zu sehen, ob nicht etwa eine Feige oder ein Apfel in seinen Zweigen vergessen wäre.
»Eine Geschichte, eine Geschichte!« riefen die Kinder und zogen einen kleinen, dicken Mann nach dem Tannenbaum. Er setzte sich gerade unter denselben. »Da sind wir hübsch im Grünen«, sagte er, »und dem Baum kann's auch nicht schaden, wenn er zuhört. Aber ich erzähle nur eine Geschichte.

Wollt ihr die von Ivede-Avede hören oder die von Klumpe-Dumpe, der die Treppe hinunterfiel und doch zu Ehren kam und die Prinzessin heiratete?«
»Ivede-Avede!« schrien einige.
»Klumpe-Dumpe!« schrien die andern. Das war ein Rufen und Schreien; nur der Tannenbaum schwieg ganz still und dachte: »Welche Rolle werde ich spielen?«
Ach, seine Rolle war schon ausgespielt; aber er ahnte es nicht. Und der Mann erzählte von Klumpe-Dumpe, welcher die Treppe hinunterfiel und doch zu Ehren kam und die Prinzessin heiratete. Die Kinder klatschten in die Hände und riefen »Mehr, mehr!« Sie wollten auch gern die Geschichte von Ivede-Avede hören; aber sie mussten sich mit Klumpe-Dumpe begnügen. Der Tannenbaum stand ganz still und gedankenvoll. Dergleichen hatten die Vögel im Walde nie erzählt. Ja, ja, so ging es in der Welt zu. Er glaubte alles aufs Wort, weil es ein so rechtschaffener Mann erzählt hatte. Klumpe-Dumpe fiel die Treppe hinunter und bekam doch die Prinzessin. Wer weiß, vielleicht geht es mir ebenso. Und er freute sich darauf, am folgenden Tage wieder mit Lichtern und Spielzeug, Schaumgold und Früchten geschmückt zu werden.
»Morgen werde ich nicht wieder beben«, dachte er. »Ich will die ganze Herrlichkeit aus dem Grunde

genießen. Gewiss werde ich morgen wieder die schöne Geschichte von Klumpe-Dumpe hören, und vielleicht auch noch die von Ivede-Avede.« Schweigend und gedankenvoll stand der Baum die ganze Nacht. Am Morgen kamen der Diener und das Stubenmädchen herein.

»Nun fängt die Herrlichkeit von neuem an«, dachte der Baum: aber sie trugen ihn aus dem Zimmer, die Treppe hinauf auf den Boden, und da stellten sie ihn in eine dunkle Ecke, wo kein Tageslicht hinschien.

»Was soll denn das bedeuten?« dachte der Baum. »Was soll ich hier wohl anfangen? Werde ich auch hier schöne Geschichten hören?«

Er lehnte sich gegen die Mauer und sann und sann – und er hatte Zeit genug dazu, denn es vergingen Tage und Nächte. Niemand kam herauf, und wenn es doch einmal geschah, so war es nur, um leere Kisten beiseite zu stellen. Der Baum war schon ganz dahinter versteckt. Sollte man ihn gänzlich vergessen haben?

»Nun ist es Winter draußen«, dachte der Baum. »Die Erde ist hart und mit Schnee bedeckt. Da können mich die Menschen jetzt nicht wieder einpflanzen, deshalb soll ich wohl hier bis zum Frühjahr ungestört bleiben. Das ist wohl überlegt. Die Menschen meinen es doch sehr gut mit mir. Wenn es nur nicht so dunkel und so schrecklich einsam wäre. Nicht einmal ein kleiner Hase! – Es war doch hübsch draußen im Walde, wenn der Schnee lag und der Hase vorbeisprang; ja sogar, wenn er über mich hinwegsetzte, obgleich es mich damals sehr ärgerte. Hier oben ist es doch zu einsam.«

»Piep, piep«, sagte da eine kleine Maus und huschte aus dem Loche hervor, und dann kam noch eine. Sie beschnüffelten den Tannenbaum und schlüpften in seine Zweige.

»Es ist abscheulich kalt«, sagten die kleinen Mäuse, »sonst wäre es hier sehr nett. Meinst du nicht auch, alter Tannenbaum?«

»Ich bin gar nicht alt«, sagte die Tanne. »Es gibt viel ältere, als ich bin.«

»Wo kommst du her?« fragten die Mäuse, »und was weißt du?« Sie waren so entsetzlich neugierig. »Erzähle uns etwas von dem schönsten Ort der Welt. Bist du dort gewesen? Wir meinen in der Speisekammer, wo die Schinken von der Decke herabhängen und die Käse auf langen Brettern liegen; wo man mager hineingeht und fett herauskommt.«

»Nein, davon weiß ich nichts«, sagte der Baum, »aber den Wald kenne ich und die Vögel und den Sonnenschein.« Und dann erzählte er alles aus seiner Jugend, und die kleinen Mäuse, die früher nie

dergleichen gehört hatten, horchten auf und sagten: »Nein, wieviel du gesehen hast!«
»Ich?« sagte der Baum und überdachte noch einmal, was er eben erzählt hatte. »Ja, es war eigentlich eine hübsche Zeit gewesen.« Aber dann erzählte er von dem Weihnachtsabend, wo man ihn mit Lichtern und Zuckerwerk geschmückt hatte.
»Ach«, sagten die kleinen Mäuse, »muss das ein Glück gewesen sein, du alter Tannenbaum!«
»Ich bin durchaus nicht alt«, erwiderte der Tannenbaum, »ich bin in meinen besten Jahren. Erst diesen Winter bin ich aus dem Walde gekommen.«
»Wie schön du erzählst«, sagten die kleinen Mäuse, und in der nächsten Nacht brachten sie noch vier andere mit, die den Baum auch erzählen hören sollten. Aber je mehr er aus seiner Jugend erzählte, desto deutlicher fiel ihm alles wieder ein, und er sagte sich: »Es war doch eine schöne Zeit! Konnte sie denn nicht wiederkehren? Klumpe-Dumpe fiel die Treppe hinunter und bekam doch die Prinzessin. Vielleicht ist für mich auch eine da.« Dabei dachte er an eine niedliche, kleine Birke, die draußen im Walde wuchs. Sie war für den Tannenbaum eine richtige, schöne Prinzessin.
»Wer ist Klumpe-Dumpe?« fragten die kleinen Mäuse. Da erzählte ihnen der Tannenbaum das ganze Märchen. Es war ihm kein einziges Wort entfallen.

Die kleinen Mäuse tanzten vor Entzücken in seinen Zweigen. In der folgenden Nacht kamen noch mehr, und am Sonntag sogar zwei Ratten. Aber die fanden die Geschichte gar nicht hübsch, und das betrübte die kleinen Mäuse, denn nun konnten sie sich auch nicht mehr so darüber freuen.

»Weißt du nur die eine Geschichte?« fragten die Ratten.

»Ja, nur die eine«, antwortete der Baum. »Die hörte ich an dem glücklichsten Abend meines Lebens: aber damals wusste ich nicht, wie glücklich ich war.«

»Das ist eine ganz erbärmliche Geschichte. Kennst du keine Speisekammergeschichte, von Wurst und Speck?«

»Nein«, sagte der Baum.

»Dann danken wir bestens!« erwiderten die Ratten und gingen stolz zu ihrer Sippe zurück.

Auch die kleinen Mäuse blieben schließlich weg. Da seufzte der Baum: »Es war doch hübsch, als die kleinen, beweglichen Dinger um mich herum saßen und zuhörten, wie ich erzählte. Nun ist auch das vorbei! – In Zukunft will ich mich zur rechten Zeit freuen. Wenn ich nur erst wieder draußen bin!«

Aber wann geschah das? – Eines Morgens kamen Leute und stöberten auf dem Boden herum. Die Kisten wurden weggeräumt, und der Baum kam zum Vorschein. Sie warfen ihn unsanft auf den Fußboden, und dann ging's kopfüber die Treppe hinter auf den Hof.

»Nun beginnt das Leben wieder«, dachte der Baum. Er fühlte die frische Luft und die ersten Sonnenstrahlen und vergaß vor Wonne, sich selbst zu betrachten. Es gab ja auch so viel ringsum zu sehen. Der Hof stieß an einen Garten, und da blühte und duftete es drin. Prangende Rosen hingen über den Zaun, und die bunten Sommerblumen wiegten sich in der balsamischen Luft. Die Schwalben flogen hin und her und zwitscherten »Quivitt, quivitt, mein Mann ist gekommen«; aber den Tannenbaum meinten sie damit nicht.

»Nun werde ich leben und mich des Lebens freuen«, dachte der Baum und breitete seine Zweige weit aus. Ach, sie waren alle vertrocknet und gelb, und er lag in einem Winkel zwischen Unkraut und Nesseln. Nur der Stern von Flittergold saß noch oben in der Spitze und glänzte im Sonnenschein. In dem Hofe spielten die Kinder, welche am Weihnachtsabend um den Tannenbaum getanzt und sich so über ihn gefreut hatten. Der kleinste Knabe lief hin und riss ihm den Goldstern ab.

»Sieh einer, was sich der alte, hässliche Weihnachtsbaum noch aufgehoben hat«, sagte er und trat mit seinen kleinen Stiefeln auf die Zweige, dass sie knackten. Der Baum aber sah auf die Blumenpracht und Frische des Gartens und sah sich selber an und wünschte, dass er in seinem dunkeln Winkel auf dem Boden geblieben wäre. Er dachte an seine fröhliche Jugend draußen im Walde, an den herrlichen Weihnachtsabend und an die kleinen Mäuse, die mit solcher Freude die Geschichte von Klumpe-Dumpe angehört hatten.

»Vorbei, vorbei!« seufzte der arme Baum. »Hätte ich mich doch gefreut, als ich es gut hatte; vorbei, vorbei!«

Bald kam denn auch der Knecht und zerhackte den Baum in kleine Stücke. Hei! wie die lustig unter dem großen Waschkessel flackerten und knatterten – wie Schüsse. Die Kinder liefen herbei, setzten sich vor das Feuer und riefen: »piff, paff, puff!« Aber jeder Knall war ein tiefer Seufzer, und der Baum dachte dabei an die schönen Sommertage im Walde oder an die Winternächte da draußen, wenn die Sterne funkelten. Er dachte an den Weihnachtsabend und an Klumpe-Dumpe, das einzige Märchen, welches er gehört hatte und erzählen konnte. – Und dann war auch das letzte Stückchen verbrannt. Die Kinder spielten im Garten. Das kleinste hatte den Goldstern an der Brust, den der Baum an seinem glücklichsten Abend getragen hatte. Der war längst vorbei, und mit dem Tannenbaum war es vorbei, und mit der Geschichte auch. Vorbei, vorbei – und so geht es mit allen Geschichten.

Hans Christian Andersen

Weihnachtsfreude, Kinderseligkeit

Weihnachten! Welch ein Zauber liegt in diesem Wort! Mir ist es immer, als öffnete sich damit der Blick in den Sternenhimmel und die Freude funkelt herab, auch in die Dunkelheit trüber Zeiten. Man stellt seine Sorgenlast für eine Weile beiseite und befreit seine Seele, damit sie hell dastehe, frei von Alltagsstaub, und das Licht aufnimmt und widerstrahlt, Liebe empfängt und Liebe gibt. In wie viele Herzen, die von der Not des Lebens dunkel geworden sind, strahlt das Licht der Weihnachtsfreude, lehrt sie aufschauen und wieder an das Licht glauben, wie viele Ohren, die sich verschlossen hatten, tun sich auf bei dem Klang der Weihnachtsglocken und horchen auf die frohe Botschaft, die uns allen verkündigt wird. Kommt auch bald wieder der Alltag zu seinem Recht, kommen auch die dunklen Zeiten wieder, erlischt die Freude in manchem Leben ganz, man hat doch immer wieder ins Licht schauen dürfen, man hat den Klang der Weihnachtsglocken gehört, man war doch wieder einmal froh gewesen und hatte die Liebe gegeben und empfangen. – Gesegnet sei darum unser liebes Weihnachtsfest!

Wir lebten in einer kleinen Stadt Estlands, unser Haus lag dicht an der Kirche, und das Glockengeläute an den Festtagen durchtönte es bis in den letzten Winkel; dadurch hatten die Festtage bei uns ein ganz besonderes Gepräge. Auch verstand meine Mutter so wunderbar, Feste zu feiern.

Es war eine Freude in ihr, und die Freude ging wie ein großer Strom voller Leben von ihr aus. Niemals aber empfanden wir das so stark wie in der Weihnachtszeit. [...]

Und dann war plötzlich der Weihnachtsabend da! Geheimnisvoll rauschend wurde der Tannenbaum durch das Haus getragen, mit Herzklopfen lausch-

ten wir, in unserem Kinderzimmer eingeschlossen, wie die Zweige unsere Tür streiften. [...]
Ach, und wenn es dann Abend wurde und die verschlossene Tür sich weit auftat, Geheimnisse sich enthüllten und alles voll Glanz und Freude war! Weihnachtsfreude, Kinderseligkeit, so oft geschildert, so oft besungen, wer fände aber doch die rechten Worte, alles das ganz auszusprechen!

Monika Hunnius

Heiligabend

Als die Bewohner des Herrenhauses die Kirche betraten, begann eben der Gesang der Gemeinde. Eine schmale Treppe, an einem der kleinen Seiteneingänge ausmündend, führte zu dem herrschaftlichen Stuhle hinauf. Dieser, ein auf Pfeilern ruhender, sehr einfacher Holzbau, war ursprünglich durch hohe Schiebefenster geschlossen gewesen, längst aber waren diese beseitigt, und nur noch zwei schmale Bretter, die von der Brüstung bis zur vollen Höhe der Decke aufstiegen, teilten den Raum in drei große Rahmen ab. Vorn an der Wandung war das Vitzewitzsche Wappen angebracht, ein Andreaskreuz, weiß auf rotem Grunde.

In Front dieses herrschaftlichen Stuhles, hart an der Brüstung hin, nahmen die Eintretenden geräuschlos Platz: erst Berndt von Vitzewitz, links neben ihm Renate, dann Tante Schorlemmer. Lewin stellte seinen Stuhl in die zweite Reihe. So vernachlässigt alles war, so war es doch nicht ohne einen gewissen Reiz. Gleich zur Rechten Altar und Kanzel; in Front des Altars das Taufbecken, eine silberne mit allegorischen Figuren und unentzifferbaren Inschriften reich ausgeschmückte Schüssel, die nur mit großer Mühe vor den Händen des Feindes gerettet worden war. An der Wand gegenüber das vorerwähnte Marmordenkmal des alten Matthias und seiner Gemahlin. Das beste aber, was dieser unscheinbaren Stelle eigen war, war doch das große, fast einen Halbkreis bildende Fenster, das einen Blick auf den Kirchhof und weiter hügelabwärts auf einzelne zerstreute, wie Vorpfosten aufgestellte Hütten und Häuser des Dorfes gestattete. Neben diesem Fenster, hart an der Kirchwand, stand ein

Eibenbaum, der von der Seite her die längsten seiner Zweige vorschob und regelmäßig an die Scheiben klopfte, wenn Pastor Seidentopf seine dreigeteilte Predigt den Hohen-Vietzern ans Herz legte. Lewin setzte sich immer so, dass er einen Blick auf das Fenster frei hatte. Er stand wohl fest auf dem Catechismo Lutheri, wie alle Vitzewitze, aber da war doch ein anderes in ihm, das ihn von Zeit zu Zeit trieb, mehr auf den Eibenbaum draußen als auf die Stimme von der Kanzel her zu achten, wäre diese Stimme auch mächtiger gewesen, als die seines alten Lehrers und Freundes, dem die sonntägliche Erbauung oblag.
Die Sonne schien hell, und ein einfallendes Streiflicht erleuchtete in plötzlichem Glanz die halbe Nordwand, vor allem das große Grabdenkmal dem herrschaftlichen Chorstuhl gegenüber. Die lebensgroßen Figuren waren wie von rosigem Leben angehaucht. Lewin hatte die Schönheit dieses Bildwerks nie so voll empfunden; er las die langen Inschriften, wie er sich gestand, zum erstenmal.
Der Gesang schwieg; schon während des letzten Verses war Prediger Seidentopf auf die Kanzel getreten, ein Sechziger, mit spärlichem weißem Haar, von würdiger Haltung und mild im Ausdruck seiner Züge. Lewin hing an der wohltuenden Erscheinung, senkte dann den Blick und folgte in andäch-

tiger Betrachtung dem stillen Gebet. Die Gemeinde tat ein Gleiches, neigte sich und schaute voll herzlichem Verlangen zu ihrem Geistlichen auf, als dieser sein Gebet beendet und sein Haupt wiederum erhoben hatte. Denn die Gemüter waren damals offen für Trost und Zuspruch von der Kanzel her und rechneten nicht nach, ob die Worte lutherisch oder kalvinistisch klangen, so sie nur aus einem preußischen Herzen kamen. Das wusste Seidentopf, der in gewöhnlichen Zeiten manche Widersacher unter den strenggläubigen Konventiklern seines Dorfes zu bekämpfen hatte, und ein heller Glanz, wie ihn ihm die innere Freude gab, umleuchtete seine Stirn, als er nach Lesung des Evangeliums die Texteswort zu erklären begann. Er sprach von dem Engel des Herrn, der den Hirten erschien, um ihnen die Geburt eines neuen Heiles zu verkünden. Solche Engel, so fuhr er fort, sende Gott zu allen Zeiten, vor allem dann, wenn die Nacht der Trübsal auf den Völkern läge. Und eine Nacht der Trübsal sei auch über dem Vaterlande; aber ehe wir es dächten, würde inmitten unsers Bangens der Engel erscheinen und uns zurufen: »Fürchtet euch nicht, siehe, ich verkündige euch große Freude.« Denn das Gericht des Herrn habe unsere Feinde getroffen, und wie damals die Wasser zusammenschlugen und »bedeckten Wagen und Reiter und alle

Macht des Pharao, dass nicht einer aus ihnen übrigblieb«, so sei es wiederum geschehen...
Nun war der Sand durch die Uhr gelaufen, die Predigt selbst geschlossen. Da trat der Pastor noch einmal an den Rand der Kanzel, und mit eindringlicher Stimme, der sofort alle Herzen wieder zufielen, hob er an: »Mit Christi Geburt, die wir heute feiern, beginnt das christliche neue Jahr. Ein neues Jahr; was wird es uns bringen? Es wissen zu wollen, wäre Torheit; aber zu hoffen ist unserem Herzen erlaubt. Gott hat ein Zeichen gegeben; mögen wir es zum Rechten deuten, wenn wir es deuten: er will uns wieder aufrichten, unsere Buße ist angenommen, unsere Gebete sind erhört. Die Geißel, die nach seinem Willen sechs lange Jahre über uns war, er hat sie zerbrochen; er hat sich unserer Knechtschaft erbarmt, und die Weihnachtssonne, die uns umscheint, sie will uns verkündigen, dass wieder hellere Tage unserer harren. Ob sie kommen werden mit Psalmen, oder ob sie kommen werden mit Schwerterklang, wer sagt es? Wohl mischt sich ein Bangen in unsere Hoffnung, dass der Sieg nicht einziehen wird ohne letzte Opfer an Gut und Blut. Und so lasst uns dann beten, meine Freunde, und die Gnade des Herrn noch einmal anrufen, dass er uns die rechte Kraft leihen möge in der Stunde der Entscheidung. Das Wort des Judas Makka-

bäus sei unser Wort: ›Das sei ferne, dass wir fliehen sollten. Ist unsere Zeit kommen, so wollen wir ritterlich sterben um unserer Brüder willen und unsere Ehre nicht lassen zuschanden werden.‹ Gott will kein Weltenvolk, Gott will keinen Babelturm, der in den Himmel ragt, und wir stehen ein für seine ewigen Ordnungen, wenn wir einstehen für uns selbst.

Unser Herd, unser Land sind Heiligtümer nach dem Willen Gottes. Und seine Treue wird uns nicht lassen, wenn wir getreu sind bis in den Tod. Handeln wir, wenn die Stunde da ist, aber bis dahin harren wir in Geduld.«

Er neigte sich jetzt, um in Stille das Vaterunser zu sprechen; die Orgel fiel mit feierlichen Klängen ein; die Gemeinde, sichtlich erbaut durch die Schlussworte, verließ langsam die Kirche. Auf den verschiedenen Schlängelwegen, die von der Kirche ins Dorf herniederführten, schritten die Bauern und die Halbbauern ihren halbverschneiten Höfen zu. Die Frauen und Mädchen folgten. Wer von der Dorfstraße aus diesem Herabsteigen zusah, dem erschloss sich ein anmutiges Bild: der Schnee, die wendischen Trachten und die funkelnde Sonne darüber.

Theodor Fontane

Christbescherung

Der Nussbaum spricht:
Heut sieht man Büblein, Mägdlein warten
Auf einen schönen Christkindgarten.
Da stellt man in die Mitt hinein
Ein Tannenreis in Lichterschein,
Und hängt viel Naschwerk, Marzipan,
Auch sogar güldne Nüss daran.
Doch sind die Nüsse dürr und alt,
Die grünen Zweige welken bald,
Das Bäumlein kann halt nicht verhehlen,
Dass Leben ihm und Wurzel fehlen.
Ein kluges Kind hat das bald weg,
Und ist nur gessen erst der Schleck,
Dann ist ein solcher Baum veracht't,
Sein Glanz und Lust war über Nacht. –
Schaut her, da bin ich, meiner Sechs,
Doch ganz ein anderes Gewächs!
Mich lud der Freund in seinen Garten,
Dem blonden Kinde aufzuwarten;
Ich ginge gern hinein zum Liebchen
Und grüßte sie im warmen Stübchen,
Allein das schickt sich doch nicht ganz,
Ich bin ein gar zu langer Hans;
Drum bat ich sie zu mir heraus.

Zwar steh ich kahl und ohne Strauß,
Doch wart, es kommt die Sommerszeit,
Da ist's, wo unsereins sich freut!
Da wickl ich los mein würzig Blatt,
Es sieht kein Menschenaug sich satt;
Die Vögel singen in meinen Zweigen,
Und alles, Schätzchen, ist dein eigen!
Und hast du mir es heut verziehn,
Dass ich nun bloß von Früchten bin,
So bring ich dir gewiss und wahr
Ein Schürzlein Nüsse Jahr für Jahr.

Eduard Mörike

Die Christnacht

I

Auf dem weißgedeckten Tische
Prangt der grüne Weihnachtsbaum,
Trägt im buntesten Gemische
Kerzen, Gold- und Silberschaum.

Vor dem Tische steht ein Knabe,
Blickt die Schätze hastig an,
Ob vielleicht die Weihnachtsgabe
Ihm das Herz erfreuen kann.

Aber nichts will ihm gefallen,
Selbst das Schönste dünkt ihm Tand,
Und er weint, weil an dem allen
Nicht sein Herz erfreuen kann.

»Mutter, einzig gute Mutter,
Sieh mich nicht so traurig an;
Will ja länger nicht mehr weinen,
Hat es dir doch wehgetan!

Ach, du fragst »Woher die Tränen?« –
Alles, alles, was mich quält,
Ist, dass mich ein heißes Sehnen
Nach – ich weiß nicht was – beseelt.

II

Auf der weißbeschneiten Erde
Steht an eines Friedhofs Saum
Eine Fichte, wunderprächtig,
Wie ein ries'ger Weihnachtsbaum.

Tausend helle Kerzen flimmern
Über ihm am Himmelsraum,
Und des blassen Mondes Schimmern
Ist des Christbaums Silberschaum.

Vor der Fichte – auf dem Grabe
Seiner Braut, das sie bewacht –
Kniet nach manchem Jahr der Knabe,
Wieder, in der Christusnacht.

»Gott der Liebe! – hier am Grabe
Hast du endlich dich bewährt,
Hast als schönste Weihnachtsgabe
Endlich Tränen mir beschert.

Mir, dem du so viel genommen,
Dem ja alles, alles fehlt,
Dass ihn, wenn die Tränen kommen,
Heißer Dank für dich beseelt.«

Theodor Fontane

Am Heiligabend

Der König der Welt,
der König des Lichtes,
der König des Himmels
und des Paradieses,
der König der Heiligen,
geboren in einem Stall,
segne alle hier.

Irischer Segenswunsch

Segen sei mit dir

Segen sei mit dir,
der Segen des strahlenden Lichtes,
Licht sei um dich her
und innen in deinem Herzen.
Sonnenschein leuchte dir
und erwärme dein Herz,
bis es zu glühen beginnt
wie ein großes Torffeuer,
und der Fremde tritt näher,
um sich daran zu wärmen.

Irischer Segenswunsch

Das Geschenk

Ihr ganzes Vermögen war 1 Dollar, 87 Cent, davon 60 Cent in Pennystücken. Alles mühsam zusammengekratzt und gespart. Und morgen war Weihnachten. Nichts blieb übrig, als sich auf die kleine, schäbige Couch zu werfen und zu heulen. Das tat Della denn auch, und es beweist uns, dass sich das Leben eigentlich aus Schluchzen, Seufzen und Lächeln zusammensetzt, wobei das Seufzen unbedingt vorherrscht. Inzwischen betrachten wir das Heim etwas näher. Es ist eine kleine möblierte Wohnung zu acht Dollar in der Woche. Sie sieht nicht gerade armselig aus, ist davon aber auch nicht allzuweit entfernt. Unten im Hausflur hängt ein Briefkasten, in den niemals Briefe geworfen werden; daneben steckt der Knopf einer elektrischen Klingel, der kaum jemand je einen Ton abschmeichelt. Weiter befindet sich dort auch eine Karte, die den Namen »Mr. James Dillingham Young« trägt. Dieses »Dillingham« war während einer Zeit vorübergehen den Wohlstandes ins Leben gerufen worden, als sein Besitzer dreißig Dollar in der Woche verdiente. Jetzt, da das Einkommen auf zwanzig Dollar zusammengeschrumpft ist, muten die Buchstaben von »Dillingham« etwas verschwommen an, als ob sie ernstlich beabsichtigten, sich zu einem bescheidenen anspruchslosen »D« zusammenzuziehen. Wenn aber Mr. J. D. Y. jeweils seine Etage erreichte, so wurde er »Jim« gerufen und von Frau J. D. Y., uns bereits als Della bekannt, zärtlich umarmt, womit das Buchstabenproblem unwichtig wurde. Somit ist alles in bester Ordnung.

Della hörte zu weinen auf und tröstete ihre Wangen mit der Puderquaste. Sie stand am Fenster und schaute bedrückt einer grauen Katze zu, die im grauen Hinterhof über einen grauen Zaun balancierte. Morgen war Weihnachten, und sie hatte nur das wenige Geld, um Jim ein Geschenk zu kaufen. Im Zimmer hing zwischen den Fenstern ein Spiegel. Wie hingewirbelt stand Della plötzlich mit hell leuchtenden Augen vor ihm. Rasch löste sie ihr Haar und ließ es in seiner ganzen Länge fallen.

Im Besitze der J. D. Y.s gab es zwei Dinge, in die sie ihren ganzen Stolz setzten. Das eine war Jims goldene Uhr, die vor ihm seinem Vater und seinem Großvater gehört hatte. Das andere war Dellas Haar. Hätte in der Wohnung jenseits des Hofes die Königin von Saba gewohnt, Della hätte ihr Haar zum Trocknen aus dem Fenster gehängt, einzig und allein, um die Juwelen und Schmuckstücke ihrer Majestät wertlos erscheinen zu lassen. Und wäre König Salomon mit all seinen aufgestapelten

Schätzen selbst Concierge des Hauses gewesen, Jim hätte jedesmal beim Vorbeigehen seine Uhr gezückt, um zu sehen, wie König Salomon sich vor Neid den Bart ausrupfte.

So fiel Dellas Haar wie ein goldener Wasserfall glänzend und sich kräuselnd an ihr herab. Es reichte ihr bis unter die Knie und formte beinahe einen Mantel. Mit nervösen Fingern steckte sie es rasch wieder auf. Einmal zögerte sie einen Augenblick. Zwei Tränen fielen auf den abgetragenen roten Teppich. Sie schlüpfte in die alte braune Jacke, setzte den alten braunen Hut auf und huschte, immer noch das glänzende Leuchten in den Augen, zur Tür hinaus, die Treppen hinunter und durch die Straße. Sie stand erst still, als sie bei einem Schild anlangte, auf dem zu lesen war: »Mme. Sofronie, An- und Verkauf von Haar aller Art.« In einem Satz rannte Della ein Stockwerk hinauf; keuchend hielt sie an und fasste sich. Madame, groß, massig, zu weiß gepudert, sehr kühl, sah kaum aus, als wäre sie »Sofronie«.

»Kaufen Sie mein Haar?« fragte Della.

»Ich kaufe Haar«, sagte Madame. »Nehmen Sie den Hut ab und zeigen Sie, was Sie haben.«

Herunter rieselte der braune Wasserfall.

»20 Dollar«, mit geübter Hand wog Madame die Masse.

»Geben Sie es, rasch«, sagte Della.

Oh, und die zwei folgenden Stunden vergingen wie auf rosigen Schwingen. Vergessen war die zermürbende Vorstellung der fehlenden Haare. Sie durchstöberte die Läden auf der Suche nach Jims Geschenk.

Endlich fand sie es. Sicher war es für Jim und niemand anders gemacht. Nichts kam ihm gleich in keinem der Läden. Es war eine Platin-Uhrenkette, einfach und geschmackvoll in Form und Zeichnung. Sie war es sogar wert, die Uhr zu ketten. Sobald Della die Kette sah, wusste sie, dass sie Jim gehören musste. Sie war wie er. Einundzwanzig Dollar nahmen sie ihr dafür ab, und mit den 87 Cent eilte sie heim. Mit dieser Kette an seiner Uhr durfte Jim in jeder Gesellschaft so eifrig, wie er wollte, nach der Zeit sehen. So schön die Uhr war, schaute er nämlich manchmal scheu darauf, weil das alte Lederband, das er an Stelle einer Kette benützte, so schäbig war.

Als Della zu Hause ankam, ließ ihr Taumel nach, und sie wurde etwas vernünftig. Sie holte ihre Brennschere heraus, zündete das Gas an und machte sich daran, die Verheerung, die Großmütigkeit zusammen mit Liebe angerichtet hatte, wiedergutzumachen, was immer eine Riesenarbeit ist, liebe Freunde – eine Mammutaufgabe.

Nach vierzig Minuten war ihr Kopf mit kleinen, nahe beisammenliegenden Löckchen bedeckt, die ihr ganz das Aussehen eines Lausbuben gaben. Lange schaute sie ihr Bild an, das der Spiegel zurückwarf, kritisch und sorgfältig.

»Wenn Jim mich nicht tötet«, sagte sie zu sich selbst, »bevor er mich ein zweites Mal anschaut, so wird er sagen, ich sehe aus wie ein Chormädchen von Coney Island. Aber was konnte ich tun – oh, was konnte ich tun mit 1 Dollar und 87 Cent?«

Um sieben Uhr war der Kaffee gemacht, und die heiße Bratpfanne stand hinten auf dem Ofen, bereit, die Koteletts aufzunehmen, die darin gebraten werden sollten.

Jim kam nie spät. Della nahm die Kette in die Hand und setzte sich auf den Tisch bei der Türe, durch die er immer hereinkam. Dann hörte sie entfernt seinen Schritt im ersten Stockwerk, und für einen Augenblick wurde sie ganz weiß. Sie hatte die Gewohnheit, im Stillen kleine Gebete für die einfachsten Alltagsdinge zu sagen, und sie flüsterte vor sich hin: »Lieber Gott, mach, dass er denkt, ich sei immer noch hübsch.«

Die Tür öffnete sich. Jim kam herein und schloss sie. Er war mager und hatte ein sehr ernstes Aussehen. Armer Kerl, erst zweiundzwanzig und schon mit einer Familie beladen. Er hätte dringend einen

neuen Mantel gebraucht und hatte keine Handschuhe. – Jim blieb an der Tür stehen so unbeweglich wie ein Jagdhund, der eine Fährte wittert. Seine Augen waren auf Della gerichtet und hatten einen Ausdruck, den sie nicht deuten konnte und der sie erschreckte. Es war nicht Ärger.
Della sprang vom Tisch herunter und lief auf ihn zu. »Jim, Lieber«, rief sie weinend, »schau mich nicht so an. Ich ließ mein Haar abschneiden und verkaufte es, weil ich es nicht ausgehalten hätte, ohne dir ein Geschenk zu Weihnachten zu geben. Es wird wieder nachwachsen. Du bist nicht böse, nicht wahr? Ich musste es einfach tun. Mein Haar wächst unheimlich schnell. Sag ›Fröhliche Weihnachten‹, Jim, und lass uns glücklich sein. Du weißt ja gar nicht, welch schönes – wunderbar schönes Geschenk ich für dich habe.«
»Dein Haar hast du abgeschnitten?« fragte Jim mühsam, als hätte er selbst mit der strengsten geistigen Arbeit diese offensichtliche Tatsache noch nicht erfasst.
»Abgeschnitten und verkauft«, sagte Della. »Verkauft ist es, sag' ich dir, verkauft und fort. Heute ist doch Heiliger Abend, du. Sei lieb, es ist doch für dich. Sei lieb, ich gab es ja für dich weg. Es kann ja sein, dass die Haare auf meinem Kopf gezählt waren«, fuhr sie mit plötzlicher, ernsthafter Ver-

liebtheit weiter, »aber niemand könnte je meine Liebe zu dir zählen. Soll ich jetzt die Koteletts auflegen, Jim?«

Nun schien Jim rasch aus seinem Trancezustand zu erwachen. Er nahm Della in seine Arme. Für zehn Sekunden wollen wir mit diskreter Genauigkeit irgendeinen belanglosen Gegenstand in entgegengesetzter Richtung eingehend betrachten. Acht Dollar in der Woche oder eine Million im Jahr – was ist der Unterschied? Ein Witzbold und ein Mathematiker würden uns beide eine falsche Antwort geben.

Indessen zog Jim ein Päckchen aus seiner Manteltasche und warf es auf den Tisch.

»Du musst dir über mich nichts Falsches vorstellen, Della«, sagte er. »Ich glaube, da gäbe es kein Haarschneiden, Dauerwellen oder Waschen in der Welt, das mich dazu brächte, mein Frauchen weniger zu lieben. Aber wenn du das Paket da auspackst, wirst du sehen, warum ich mich zuerst eine Weile nicht erholen konnte.«

Weiße Finger zogen an der Schnur, rissen am Papier. Ein begeisterter Freudenschrei. Und dann – o weh, ein rascher, echt weiblicher Wechsel zu strömenden Tränen und lauten Klagen erforderte die Anwendung sämtlicher tröstender Kräfte und Einfälle des Herrn des Hauses. Denn da lagen sie, die

Kämme – die Garnitur von Kämmen, seitlich und rückwärts einzustecken, die Della so lange im Schaufenster einer Hauptstraße bewundert hatte. Fabelhafte Kämme, echtes Schildpatt, mit echten Steinen besetzt – gerade in den Farbtönen, die in dem wundervoll verschwundenen Haar so schön gespielt hätten. Es waren teure Kämme. Sie wusste es. Mit ganzem Herzen hatte sie diese Wunder begehrt. Und jetzt gehörten sie ihr, aber die Zöpfe, die mit diesen begehrenswerten Schmuckstücken hätten geziert werden sollen, waren fort.
Trotzdem drückte sie sie an ihr Herz, und endlich konnte sie auch mit verschleierten Augen aufsehen und lächelnd sagen: »Mein Haar wächst ja so schnell, Jim!«
Und dann sprang Della auf wie eine kleine Katze, die sich gebrannt hat, indem sie immerzu »Oh, oh« rief. Jim hatte ja sein wunderschönes Geschenk noch nicht gesehen. Sie hielt es ihm auf der offenen Hand eifrig entgegen. Das wertvolle, matt glänzende Metall schien ihre heitere und feurige Seele widerzuspiegeln.
»Ist es nicht großartig – das einzig Wahre? Ich habe danach gejagt, bis ich es fand. Du wirst jetzt jeden Tag hundertmal sehen müssen, wieviel Uhr es ist. Gib mir deine Uhr, ich muss sehen, wie die Kette daran aussieht.«

Anstatt zu gehorchen, machte es sich Jim auf der Couch bequem, legte die Hände hinter den Kopf und lächelte.

»Dell«, sagte er, »wir wollen unsere Weihnachtsgeschenke noch für einige Zeit aufbewahren, sie sind zu schön, als dass wir sie jetzt gebrauchen könnten. Denke, ich habe die Uhr verkauft, um das Geld für deine Kämme zu erhalten. Und jetzt, glaub' ich, ist es das beste, du stellst die Koteletts auf.«

O. Henry

Vom König, der Gott sehen wollte

In einem fernen Lande lebte einst ein König, den am Ende seiner Tage Schwermut befiel. »Seht«, sagte er, »nun habe ich in meinem Leben alles, was nur ein Mensch erleben und mit den Sinnen aufnehmen kann, erfahren, gehört und gesehen. Nur eines habe ich nicht gesehen im meinem ganzen Leben: Gott habe ich nicht gesehen. Ihn wünsche ich noch zu sehen.«

Deshalb erließ der König an alle Machthaber, Weisen und Priester den Befehl, ihm Gott zu zeigen. Schwerste Strafen wurden ihnen angedroht, wenn es ihnen nicht gelänge. Der König gewährte eine Frist von drei Tagen.

Trauer kam über die Bewohner des königlichen Palastes, und alle warteten auf ihr bevorstehendes Ende. Genau nach drei Tagen um die Mittagszeit ließ der König sie vor sich rufen. Die Münder der Machthaber, der Weisen und Priester aber blieben stumm. In seinem Zorn war der König schon bereit, das Todesurteil auszusprechen.

Da kam ein Hirte vom Felde, der von des Königs Befehl gehört hatte, und sagte: »Erlaube mir, König, deinen Wunsch zu erfüllen!«

»Gut«, sagte der König, »aber bedenke, es geht um deinen Kopf.«
Der Hirte führte den König auf einen freien Platz und zeigte ihm die Sonne. »Sieh hin«, sagte er. Der König hob seine Augen und wollte die Sonne sehen. Aber der Glanz blendete ihn, und er senkte den Kopf und schloss die Augen.
»Willst du, dass ich erblinde?«, sagte er zu dem Hirten.
»Aber König, das ist doch nur ein Ding der Schöpfung, ein schwacher Abglanz der Größe Gottes, ein kleines Fünkchen seines flammenden Feuers. Wie willst du mit deinen schwachen, tränenden Augen Gott sehen? Suche ihn mit anderen Augen!«
Der Einfall gefiel dem König. Er sagte zu dem Hirten: »Ich erkenne deinen Geist und sehe die Größe deiner Seele. Antworte mir nun: Was war vor Gott?«
Nach einigem Nachdenken sagte der Hirte: »Nicht so! Fange mit dem an, was vor eins kommt.«
»Wie kann ich denn? Vor eins gibt es doch gar nichts.«
»Sehr weise gesprochen, Herr. Auch vor Gott gibt es nichts.«
Diese Antwort gefiel dem König noch besser als die vorhergehende. »Ich werde dich reich beschenken; vorher beantworte aber noch die dritte Frage: Was macht Gott?«

Der Hirte sah, dass des Königs Herz weich geworden war. »Gut«, sagte er, »auch darauf will ich dir antworten. Nur um eines bitte ich dich: Lass uns die Kleider für eine kurze Zeit tauschen.«
Und der König legte die Zeichen seiner Königswürde ab, kleidete damit den Hirten, und selbst zog er dessen unscheinbaren Rock an und hängte sich die Hirtentasche um. Und der Hirte setzte sich auf den Thron, nahm das Zepter und zeigte damit auf den an den Stufen des Thrones mit einer Hirtentasche stehenden König. »Siehst du, das macht Gott! Den einen erhebt er auf den Thron, und den anderen lässt er heruntersteigen.« Und der Hirte zog wieder seine eigene Kleidung an.
Der König stand in Gedanken versunken. Das letzte Wort des Hirten brannte auf seiner Seele. Aber plötzlich ermahnte er sich, und unter sichtbaren Zeichen der Freude sagte er: »Jetzt sehe ich Gott.«

Leo Tolstoi

Am Heil'gen Abend

Fröhlich zog ich meine Straße,
Sang ein liebes, altes Lied,
Das in meiner Brust erklungen,
Eh die Liebe von mir schied.

Plötzlich tönen Kirchenglocken
Aus der Ferne zu mir her.
Meine frohen Lieder stocken,
Und das Singen geht nicht mehr.

Kündet doch des Turms Geläute,
Dass ein Feiertag beginnt,
Dass der Heil'ge Abend heute
Und die Ostern morgen sind.

Staunt ihr, dass bei solcher Kunde
Meine Freude mich verlässt?!
Ach, mein Herz, das ich begraben,
Feiert nicht sein Osterfest!

Theodor Fontane

Das vertauschte Weihnachtskind

Klein-Elsbeth war fünf Jahre alt und hatte es recht gut auf der Welt, denn erstens brauchte sie noch nicht in die Schule gehen, zweitens hatte sie in der schönen, großen Wohnung der Eltern ein eigenes Zimmerchen für sich, das voll niedlicher Möbel war, darunter ein Schrank ganz voll Spielsachen, und drittens hatte sie immer Unterhaltung, nämlich ein Fräulein, das immer bei ihr war und sich mit ihr beschäftigte, weil Papa meistens im Geschäft war und Mama viel schlafen und Besuche machen musste. Wenn aber recht schönes Wetter war, durfte der Kutscher aufspannen, und dann fuhr sie mit Fräulein spazieren.

Na, der Kutscher! Den mochte sie zu gern. Der war immer so spaßig, und wenn er Besorgungen gemacht hatte, brachte er ihr immer was zu naschen mit.

Ihr einziger Kummer war, dass sie kein Brüderchen hatte, so eine richtige lebendige Puppe. Im ganzen Haus war sie das einzige Kind, auch Doktor Krauses im oberen Stock, die noch nicht lange eingezogen waren, hatten keine Kinder. Aber lieb war die Frau Doktor, Elsbethchen durfte manchmal zu ihr hinaufgehen mit Fräulein, und dann spielte die

Frau Doktor ganz richtig mit ihr, als wenn sie auch ein kleines Mädchen wäre. Weihnachten kam heran, und eines Abends erschien – rate mal wer? Der Knecht Ruprecht.

Fräulein hatte schon vorher gesagt: »Wo nur der Knecht Ruprecht bleibt? Kommen wird er sicher. Wir müssen uns nur überlegen, was wir uns zu Weihnachten wünschen, damit wir ihm das sagen können.« Das war nun eine wichtige Sache. Es war denn auch eine ganze Liste zusammengekommen, Fräulein hatte alles aufgeschrieben, und Elsbeth hatte ihren Namen und die Straße und Hausnummer drunter schreiben müssen, Fräulein hatte ihr die Hand geführt.

Und nun stapfte es vor der Tür, gerade, als Fräulein das Märchen vom ehrlichen Laubfrosch erzählte, und die Tür ging auf, und herein kamen Äpfel, Nüsse und eingewickelte Bonbons, und hinterher der Ruprecht. Er brummte wie ein Bär durch seinen weißen Bart und sprach beinahe so wie Heinrich der Kutscher, Elsbeth musste beten, und dann sollte sie sich etwas zu Weihnachten wünschen. Da holte Fräulein den Zettel für Elsbeth und auch ihren eigenen, und der Ruprecht ging damit ab.

Elsbeth war ja nun sehr befriedigt, und Fräulein half mit auflesen; auf einmal aber schrie Elsbeth: »Fräulein, Fräulein –!«

»Was denn?«
»Ich habe was vergessen.«
»Was hast du denn vergessen?«
»Ich will ja ein kleines Brüderchen haben, das ist die allergrößte Hauptsache. Hole doch den Ruprecht noch einmal!«
»Schade, der ist aber schon weit fort. Weißt da was? Wir schreiben an ihn. Die Post weiß gewiss seine Adresse; er wird wohl mehr Briefe bekommen.«
Das war ein Trost. Fräulein nahm Papier und Feder, und Elsbeth musste diktieren.
»Lieber Knecht Ruprecht! Entschuldigen Sie, wenn ich störe« – so sagte nämlich Fräulein immer zur Mama – »ich wünsche mir am allermeisten ein kleines Brüderchen, bitte, bitte! Es grüßt Sie Ihre Elsbeth.«
»Die Adresse schreibe ich dazu«, sagte Fräulein, »und die auf das Kuvert auch.«
»Die Marke darf ich lecken, nicht?«
»Für den Ruprecht braucht's keine.«
Aber Elsbeth wollte lieber sicher gehen und ließ nicht nach, bis eine Marke aufgeklebt war; und nachher war sie sehr energisch dagegen, dass Minna, das Stubenmädchen, den Brief in den Briefkasten trug, Fräulein musste mit ihr über die Straße gehen und sie heben, so dass sie den Brief selber einstecken konnte.

Fräulein lachte heimlich. Der Briefkasten gehörte nämlich nicht der Post, sondern einem großen Kohlengeschäft. Die Leute würden sich dort schön wundern!
Darauf gingen die beiden wieder Äpfel, Nüsse und Bonbons zusammenlesen.
Der Tag zu Heiligabend war gekommen und Klein-Elsbeth in wahrem Fieber vor Erwartung. Das Brüderchen musste doch sicher kommen; bis jetzt hatte der Weihnachtsmann immer alles gebracht, was sie sich gewünscht hatte. Wenn bloß der Brief richtig angekommen war! Papa und Mama wussten natürlich von dem bevorstehenden Familienzuwachs. Elsbeth war anfangs dafür gewesen, sie zu überraschen, aber sie hatte doch auf die Dauer ihr Geheimnis nicht bei sich behalten können. Und Mama hatte gesagt: »Es ist nur gut, dass ich es weiß, da muss ich doch Steckkissen und Windeln instand setzen.«
»Aber das sage ich dir, Mama, es ist meins!« hatte Elsbeth sehr entschieden gesagt. »dass du mir's nicht etwa nachher fortnimmst und sprichst, es wäre deins!«
»Ei, wo werde ich denn«, hatte Mama geantwortet.
Nun war's draußen dunkel, in der Gegend des Wohnzimmers allerlei Getrappel und Gemunkel. Elsbeth, die atemlos mit Fräulein in ihrem Zim-

merchen wartete, hörte es und trippelte wie ein Irrlicht herum vor Ungeduld. Draußen läuteten die Glocken. Und endlich klingelte es.
»Fräulein, schnell –!«
Da war die Weihnachtsstube, mit Papa und Mama und dem Weihnachtsbaum und lauter Herrlichkeiten auf Tischen und Stühlen. Und die Eltern, beide lachten ganz glücklich: »Sieh doch dort, Elsbethchen, das ist deins, was der Weihnachtsmann dir gebracht hat.«
Aber die großen Kinderaugen von Klein-Elsbeth suchten, suchten, und das Gesichtchen wurde immer kläglicher –.
»Wo ist denn das Brüderchen?«
»Ja, denke dir«, sagte Mama, »das ist nicht gekommen!«
Aus Elsbeths Augen kullerten Tränen.
»Der Ruprecht!« nickte sie. »Das ist schon so einer. Jetzt freue ich mich beinahe gar nicht.«
»Ja«, meinte Papa, »wir müssen ihn nächstes Jahr einmal fragen, ob er denn deinen Brief nicht bekommen hat.«
Nun half da ja nichts; Elsbeth musste sich mit den anderen Sachen zufrieden geben, und das ging ja auch, denn sie waren wirklich sehr schön. Nachher wurden der Friedrich und das Stubenmädchen und die Köchin und die Jungfer von Mama geru-

fen, die bekamen auch ihren Teil. Die Köchin kam zuletzt und war ganz aufgeregt und sagte: »Gnädige Frau, bei Doktors oben ist ein kleiner Junge angekommen.«
Klein-Elsbeth stieß einen Schrei aus. »Ein kleiner Junge? Mama, Mama, das ist meiner. Der ist falsch abgegeben!«
Und mit blitzenden Augen stand die vor der Mutter, ganz Aufregung.
»Ja, das kann man doch nicht wissen«, sagte Mama bedenklich und blinzelte zu Papa hin.
»Doch«, rief Elsbeth, »ich habe ihn doch bestellt, Doktors brauchen doch gar keinen. Bitte, bitte, schicke doch hinauf und lass ihn holen. Tante Doktor gibt ihn mir gewiss, das weiß ich. Ich habe ihr auch erzählt, dass ich ein Brüderchen bestellt habe.«
Die Köchin und die Zofe und das Stubenmädchen lachten, aber Papa sagte ernsthaft: »Na, heute wollen wir's nur oben lassen, es wird natürlich sehr müde sein und erst mal ordentlich ausschlafen wollen.« »Aber ich will's doch sehen!« rief Elsbethchen. »Fräulein, komm doch nur mit, wir wollen hinaufgehen.«
»Heute nicht, sei artig, Elsbeth«, entschied Mama. Elsbeth stieß ein Schluchzen aus und stampfte mit den Füßen auf. »Ihr seid schlecht – ganz schlecht seid ihr ...«

»Elsbeth« – sagte Papa mit strengem Ton, den kannte sie schon, da war nicht gut Kirschen essen mit ihm. »Unartigen Kindern nimmt der Weihnachtsmann alles wieder weg, das weißt du. Natürlich das Brüderchen auch.« Sie ging zu ihren Sachen, weinte noch eine Weile still vor sich hin …

»Morgen ganz früh gleich gehen wir hinauf, nicht?« sagte sie zu Fräulein, als die sie zu Bett brachte.

»Ja freilich.«

Sie lag noch lange mit offenen Augen, lächelte manchmal glückselig …

In aller Frühe klingelte es bei Doktors. Als das Mädchen öffnete, stand Klein-Elsbeth da, hochrot im Gesichtchen, sagte gar nicht »Guten Morgen«, sondern bloß sehr bestimmt: »Ich will mein Brüderchen sehen. Es gehört nämlich mir.«

Sie war dem Fräulein durchgegangen, das noch mit Haarmachen zu tun hatte.

»Das ist deins?« fragte das Mädchen erstaunt. »Ich denke doch, das ist der Frau Doktor ihres.«

»Nein, das habe ich mir bestellt, es ist bloß falsch abgegeben. Und ich will mir's holen.«

»Na, das glaube ich nicht, dass sie dir das herausgeben«, meinte das Mädchen. »Ich will mal den Herrn fragen, ob du es sehen darfst, es wird gerade gebadet.«

Sie ging fort, und statt ihrer kam der Doktor. »Morgen, Elsbethchen. Na, willst du's sehen? Dann komm mit. Aber es ist richtig unseres, verlass dich drauf.«
»Ja wohl, ihr wollt mir's jetzt bloß nicht geben. Ich hab mir's bestellt und ihr nicht!«
»Doch, wir haben auch eins bestellt.«
»Aber Elsbethchen!« rief's unten, und Fräulein kam mit halbgemachten Haar die Treppe heraufgeflogen.
»Du lügst!« rief die Kleine in leidenschaftlicher Erbitterung. »Du sagst bloß so. Und jetzt will ich's gar nicht sehen …«
»Entschuldigen Sie das Kind, Herr Doktor«, sagte Fräulein. »Meinen herzlichen Glückwunsch! Es ist so ein merkwürdiger Zufall …«
Elsbethchen war schon auf der Treppe, und jetzt war Fräulein bei ihr und meinte: »Wir schreiben noch einmal an den Ruprecht, da werden wir ja erfahren, wem es gehört.«
»Ja, aber gleich«, nickte Elsbeth entrüstet.
Nun saßen sie – sie hatten noch gar nicht gefrühstückt; die Eltern lagen noch zu Bett – und Elsbeth diktierte, und Fräulein schrieb: »Lieber Knecht Ruprecht! Ich bin sehr traurig« …
Auf dem Korridor ging die Klingel. »Das wird die Post sein«, sagte Fräulein und legte die Feder nieder, »ich will erst einmal nachsehn.«

Sie ging und kam wieder mit dem Postboten, der trug eine große Kiste, nickte Elsbethchen zu und meinte schmunzelnd: »Da kommt was für das Fräuleinchen.« Und Fräulein las auf der Begleitadresse und rief: »Elsbethchen, da steht: ›Absender: der Weihnachtsmann‹; da bin ich neugierig. Ich will gleich Werkzeug holen und öffnen.«
Es stand aber auch etwas blau gestempelt auf der Adresse, davon sagte sie nichts, das hieß nämlich: Schucker und Kompanie, Kohlenhandlung.
Die Neugier, ehe die Kiste geöffnet war und ausgepackt wurde! Erst viel Holzwolle; und dann: eine Puppe, so groß, wie Elsbethchen noch keine gehabt – ein kleiner Junge!
»Ja, was ist denn das?« kopfschüttelte Fräulein und nahm einen Brief aus einem Kuvert, das dabei lag. Und dann schrie sie: »Denk doch nur an, der Weihnachtsmann schreibt an dich:

›Liebes Elsbethchen! Der Knecht Ruprecht lässt dich schön grüßen. Er hat mir gesagt, du hättest dir ein richtiges lebendiges Brüderchen gewünscht. Aber die sind dieses Jahr schlecht geraten, und ich musste erst den Leuten eins bringen, die schon voriges Jahr eins gewünscht und nicht gekriegt haben. Da hatte ich für dich keins mehr übrig und schicke dir dafür noch ein extragroßes, das zwar nicht lebendig, aber sehr schön ist. Es grüßt dich der Weihnachtsmann.‹«

»Dann ist's doch richtig,« sagte Elsbethchen betreten, »es gehört Doktors. Ich freue mich gar nicht.« Der Kohlenhändler, der den Brief an den Knecht Ruprecht in seinem Briefkasten gefunden, hatte sich den Spaß gemacht; davon aber erfuhr Elsbethchen nichts.

Noch am selben Tag aber war sie bei Doktors und besah das Brüderchen. Es war ein kleines, schrumpeliges Ding und quäkte grässlich. Ganz krebsrot und hässlich sah es aus.

»Weißt du«, sagte sie zu Fräulein, als sie von Doktors die Treppe hinuntergingen, »jetzt ist mir's doch lieber, dass ich das Brüderchen nicht gekriegt habe; das, was mir der Weihnachtsmann geschickt hat, ist viel hübscher und auch viel artiger. Das andere können Doktors behalten.«

Victor Blüthgen

Die Weihnachtsgans

Am Weihnachtstag gegen viertel nach zehn Uhr in der Frühe ereignete sich in einem Gässchen der Altstadt ein schier unglaublicher Vorfall: Leute, die vom Hochamt heimgingen und an dem Hause Nr. 18 vorüberkamen, blieben plötzlich starr stehen, glotzten wortlos in die Höhe und riefen gleicherzeit ein abgehacktes »Oho! Oho!« Im nächsten Augenblick bildeten sie einen heftig gestikulierenden, wild ineinander schimpfenden Ring.

»Also, tja! … Also, da hört sich doch alles auf! Also – das ist denn doch …«, plärrte der Metzgermeister Heinagl mit seiner krachenden Stimme, wurde aber von den keifenden Weibern überschrien, so dass man nur noch zusammenhanglose Worte wie: »Unverschämtheit! … Niederträchtig! Glatt aufgehängt gehört …!« verstand. Nieder beugten sich die empörten Leute, nieder aufs Pflaster, und der Lärm wurde immer ärger.

»Andere wissen nicht, wo sie ein Stück Brot hernehmen sollen –!« rief eine helle Stimme bebend, und: »So eine Hundsbande, so eine miserablige! … Polizei!« überschmetterte sie Heinagl energisch. Aus den Fenstern der Häuser rechts und links von der

Straße reckten sich Köpfe, und die Gesichter der Herabschauenden waren nicht weniger verdutzt und empört.
»Jaja, so was! ... So was! Tja ...!« riefen etliche baff, und ein Schimpfen und Streiten erfüllte die enge Gasse, Beleidigungen flogen herum wie aufgescheuchte Fledermäuse. Endlich kam ein Schutzmann im Eilschritt daher. Der Ring auf der Gasse zerteilte sich.
»Da! Da schaun S', Herr Wachtmeister! Also so eine Bande gehört doch glatt umbracht!« erhitzte sich der Metzgermeister, und alle waren seiner Meinung.
Was war eigentlich geschehen? Kurz gesagt das: Jemand aus dem Hause Nr. 18 hatte eine wunderbar gerupfte, bratenfertige Gans aus dem Fenster geschmissen. Die lag jetzt, aufgeplatzt und leicht ramponiert, auf dem Pflaster. Eine Gans notabene, die – wie der Schutzmann in schneller Prüfung feststellte – absolut frisch, wunderbar zart und zum Anbeißen appetitlich war! Diese Kostbarkeit in jener Zeit wie der heutigen, wo Tausende elendiglich hungern müssen, die hatte jemand ganz mutwilligerweise, ganz aufreizend frech auf die Gasse geworfen!!
Der Ring um den Schutzmann wurde immer größer und wilder. Vorne, von der breiten Straße kamen massenhaft Neugierige dahergerannt. Das Fra-

gen, das Schimpfen und Plärren schwoll immer gefahrdrohender an. Der Schutzmann packte kurzerhand die nackte Gans an den zusammengebundenen Hinterschenkeln und trat martialisch in das Haus Numero 18. Eine gedrängte Menge Neugieriger folgte ihm.

»Ist etwa die Gans von Ihnen? Haben Sie …?« fragte der Schutzmann, die Gans hochhaltend, an der ersten Türe. Die dichten Leute hinter ihm schauten mit Fangaugen und wahren Lynchgelüsten auf die in der Türe Auftauchenden.

»Wir? … Ausgeschlossen! Wir wissen nichts!« war ungefähr die jedesmalige Antwort. Parterre konnte es nicht gewesen sein. Die Türen flogen krachend zu. Der Schutzmann mit den Schimpfenden stieg höher. Das ganze Stiegenhaus erfüllte sich mit dumpfem Grollen. Im ersten Stock, beim Steuerbeamten Wengerl, gab es ausnahmsweise Schweinsbraten, daneben, beim Zigarrenhändler Aubichler, roch man schon von weitem das Kraut, im zweiten und dritten Stock war nichts Verdächtiges festzustellen oder zu erfragen, im vierten Stock …?

»Wohnt denn da überhaupt wer droben?« fragte er die hutzelige Kleinrentnerin Felbinger und schaute an den muffigen, rissigen Wänden hoch.

»Wohnen schon, jaja, Herr Wachtmeister, aber von dem wird's sicher nicht sein. Der ist ja schon über dreiviertel Jahr arbeitslos«, meinte die Rentnerin. Schon wollte der Schutzmann unverrichteter Dinge gehen, gab sich aber plötzlich einen Ruck und stieg ganz zum verwahrlosten Speicherbereich hinauf. Rechts auf der Türe hing eine Pappendeckeltafel: »Das Betreten des Speichers mit offenem Licht ist verboten!«

Und links – ja, da war auch noch eine. Kein Klingelknopf, kein Namensschild des Inwohners, gar nichts. Etwas benommen standen die rebellischen Menschen auf der Stiege. Der Wachtmeister klopfte einmal, klopfte zweimal, klopfte zum drittenmal und sagte bassig, beamtenhaft scharf: »Aufmachen! Polizei!«

In der Tür erschien ein völlig verschlampter, zaundürrer Mensch mit verhedderten Bartstoppeln, hohlen, finsteren Augen und einem Gesicht wie abgenagt.

»Gehört vielleicht Ihnen die Gans? Haben Sie sie ...?« fragte der Wachtmeister bedeutend unsicherer und hielt sie hin. Die hinter ihm Stehenden stockten atemlos, denn der Mann gab ohne Umschweife zu: »Jaja, ich hab die Gans 'nuntergeschmissen!« und bekräftigte sogar noch einmal: »Jawohl, ich!« Sekundenlang blieb es stockstill.

»Sie ...? Was, Sie!« fasste sich der Wachtmeister als erster und bekam eine härtere Miene: »Was ist denn jetzt das für ein Unfug!« Damit trat er durch die Türe, und die Leute drängten nach. Zuerst kam ein ganz schmaler, dunkler, nach Moder riechender Gang. Der Wachtmeister riss eine zweite Türe auf, und es wurde heller. Da war eine kalte, fast leere Mansarde mit schrägen Wänden und einem dickgefrorenen Fenster, durch welches nur spärliches Licht fiel. Auf der einen Seite stand eine durchgesackte Metallbettstelle, darauf lag ein Berg von undefinierbaren Lumpen. Neben dem Bett stand ein einziger Stuhl, auf dem ein dreckiger, voller Aschenbecher mit einer angerauchten kurzen Pfeife zu sehen war. Auf der anderen Seite befand sich ein runder, niederer, zersprungener eiserner Ofen, sonst nichts. Verkohlte Zeitungsfetzen, Tabakasche und abgebrannte Streichhölzer lagen auf dem Boden herum. Eine schmale Tür stand offen. Durch sie sah man in ein finsteres Loch, aus dem ein gleichmäßiges Wassertropfen drang.

»Wenn der Herr Wachtmeister sich vielleicht überzeugen wollen. Ich meine wegen dem Tatbestand. Da drinnen ist sozusagen meine Küche«, deutete der Mann durch die dunkle Türe, und noch spöttischer setzte er dazu: »Ist ja weiter nicht interessant. Gas abgesperrt, das Elektrische abgesperrt, aber das Wasser rinnt noch... Ich hab' leider kein Streichholz mehr, aber, bitte, wenn der Herr Wachtmeister vielleicht eines haben, bitte!« Seine freche, ironische Sicherheit und die unerwartet trostlose Umgebung machten den Wachtmeister und die Leute sichtlich verlegen. Der Metzgermeister Heinagl zündete ein Streichholz an. Einige Neugierige reckten ihre Köpfe in das dunkle Loch. Nichts war drinnen als ein Ausguss mit einem tropfenden Wasserhahn. Auf dem Boden stand ein verrosteter Spiritusapparat und eine aufgerissene Schachtel mit fettigem Papier. Ein schrecklicher Gestank kam aus dem Loch.

»Pfui Teufel!« machte Heinagl, und das abgebrannte Streichholz fiel ihm aus der Hand. Schnell verglomm es auf dem Boden.

»Woher haben Sie denn die Gans?« wandte sich der Wachtmeister nach einer kurzen Pause wiederum an den Mann, und der verzog höhnisch den Mund.

»Woher ich die hab'? Ja, hm, ich bin dazugekommen wie die dumme Jungfer zum Kind, Herr Wachtmeister ... ganz unverhofft!« fing der ungeniert keck zu erzählen an: »Weitschichtige Verwandte vom Land draußen haben mir damit was Gutes antun wollen. Grad vor einer Stund' hat die Post das Paket gebracht ... Sie haben ja die Schachtel gesehen da drinnen, oder?

Der Wachtmeister nickte und machte eine abwehrende Geste, weil der Mann die Schachtel herausholen wollte.

»Hmhm, seltsam! Hmhm«, machten etliche und wussten nichts weiter.
»Ja ja, seltsam, nicht wahr? Komisch, so was!« wandte sich der Mann an die Leute: »Aber was sollt' ich jetzt eigentlich mit dem Viech da machen? Mit jedem im Haus hab ich Feindschaft, der Hauswirt will mich schon lang rauswerfen. Holz hab ich keins, das Gas ist abgesperrt ... Braten geht also nicht und roh, wissen Sie, roh – «
»Aber da wirft man doch nicht einfach die wertvolle Gans beim Fenster 'nunter!« unterbrach ihn der Schutzmann ein bisschen weniger streng: »Sowas in heutiger Zeit, das ist doch aufreizend! Das ist doch höherer Unfug!«
»Und außerdem – so ungeschickt schaun Sie doch nicht aus!« wurde er noch um eine Tonlage freundlicher und maß den zerschlampten Menschen: »Außerdem könnten Sie die Gans doch verkaufen oder wo braten lassen...«
»Verkaufen ...? Hm, wem denn, Herr Wachtmeister? Wem denn am Weihnachtssonntag, wo sich doch jeder schon eingedeckt hat? ... Bekannte hab' ich nicht, und, das müssen Sie doch zugeben, wenn unsereins mit so einer Gans daherkommt und bietet sie an – traut man dem vielleicht?« meinte der Mann lebhafter, aber schon sah er, dass etliche der Umstehenden die Gans mit Kennerblicken

musterten, dass die Augen rundherum interessierter wurden. Der Wachtmeister erfasste die Situation ebenso schnell und fragte geradeheraus: »Will von den Herrschaften vielleicht jemand die Gans kaufen?«

»Billig!« setzte der Besitzer dazu und versuchte gefroren zu lächeln. Dieses Stichwort wirkte augenblicklich. Schnüffelnd blickten die Leute auf die unerwartete Beute. Zögernd erst, dann aber immer ungenierter drängten sie sich heran, und jeder betappte die nackte, kalte Gans von allen Seiten.

»Ein fettes Bröckerl! ... Was soll's denn kosten?« sagte der Heinagl, zunächst nur so, als sei er nicht allzu interessiert. Dabei schob er seine Hand unter die Gans und wog sie fachmännisch.

»Zehn Mark, meinetwegen!« sagte der Besitzer ahnungslos.

»Ich geb elf! ... Elf sofort!« mischte sich eine aufgedonnerte Frau ein und nestelte schon in ihrer Handtasche. Durch das lange Verweilen der Leute waren auch etliche Inwohner angelockt worden.

»Ich zahl' Ihnen zwölf! ... Zwölf! Mein letztes Wort!« rief der Zigarrenhändler Aubichler, und auf einmal wurde das Überbieten hurtiger.

»Da, Herr! Fünfzehn von mir, da!« bot der Heinagl. Der Aubichler drängte sich vor und wurde herzhafter: »Herr Regler, wir sind doch Nachbarn! ... Feindschaftlich stehn wir doch nicht miteinander … Da, ich geb' Ihnen zwanzig! Meine Frau macht die Gans, und es soll auch etwas für Sie abfallen!« Er schnitt ein ungewöhnlich mildtätiges Gesicht und fing zu lamentieren an, warum er denn nichts gesagt habe, der Herr Regler, jetzt, wo Weihnachten ist, hätte man ihm doch geholfen. Das brachte den Heinagl in Harnisch.

»Fünfundzwanzig, und mir muss sie g'hören!« überschrie er alle: »Fünfundzwanzig!« Und biderb log er weiter: »Das ist gewiss ehrlich 'zahlt, aber lumpen will ich mich nicht lassen, Herr … Ihre acht, höchstens neun Pfund wiegt die Gans … Meiner Schätzung nach sogar weniger!«

»Weniger, ha! … Gut ihre zehn Pfund hat's, die Gans!« höhnte die aufgedonnerte Frau: »Herr, wenn Sie wollen … Ich zahl' Ihnen siebenundzwanzig und mitessen können's auch!«

»Dreißig, Herrgott! Dreißig, damit Frieden ist! Da! Mir gehört sie, die Gans! Da, Herr Nachbar!« überbot Heinagl alle martialisch, streckte die Scheine hin und packte die Gans. Der Wachtmeister musste dünn lachen. Der Mansardenbewohner Regler hielt die Scheine in der Hand und nickte.

»Da können Sie sich auch einen guten Tag machen, Herr Nachbar!« meinte Heinagl und schaute ihn treuherzig an: »So bin ich durchaus nicht! Für

einen armen Menschen hab' ich all'weil ein Herz g'habt!« Fest drückte er die Gans unter seinen Arm.
»Na also! ... Sehn Sie, Herr Regler, es ist ja alles ganz gut 'gangen!« schloss der Wachtmeister. Die meisten Leute hatten trotzdem ärgerliche Gesichter und fühlten sich von Heinagl düpiert, aber sie folgten, als der Wachtmeister jetzt aus der Türe ging.
»Ihre zwölf Pfund wiegt die Gans sicher!« konnte sich der Aubichler nicht enthalten zu sagen, und die aufgedonnerte Frau stimmte ihm zu. Aber das hörte schon niemand mehr. Die Türe fiel zu. Über die knarrenden Treppen hinab tappten die vorhin noch so empörten Leute. –
Der Arbeitslose Regler machte sich auch wirklich einen guten Tag, und in der anderen Frühe schrieb er an seine mildtätigen Verwandten auf dem Lande den wahrheitsgetreuen Sachverhalt. Sehr ironisch lasen sich die Zeilen. Die Spender der Gans, die Apothekerseheleute Querlinger in Aglfing, waren empört darüber.
»Da hast du es wieder mit deiner Mildtätigkeit! ... Lauter Lumpen, so arbeitsscheue Burschen! Was zu essen wollen sie gar nicht, bloß Geld zum Verjubeln!« grantelte der Apotheker seine Frau an. Sie schworen sich, nie mehr wieder auf die rührenden Reden über die Winterhilfe, die das Radio jeden Tag daherschmetterte, zu hören.

Der Metzgermeister Heinagl hingegen wog die Gans daheim sofort. Fast elf Pfund war sie schwer. Er pfiff beinahe lüstern durch die Zähne. Und als er später das Prachtstück wohlig verzehrte – am trauten Familientisch –, da brach wirklich sein Herz durch. »Herrgott, eine Not ist das, Zenzl! Eine Not heutigentags! … Man macht sich keinen Begriff davon!« beteuerte er. Seine kleinen Augen verschwammen dabei. Er hielt mit beiden Händen den fetten Gansschenkel. Rechts und links aus seinen malmenden Mundwinkeln rann der köstliche Saft …

Oskar Maria Graf

Weihnachtssperlinge

Vor meinem Fenster die kahlen Buchen
sind über und über mit Schnee behangen.
Die Vögel, die da im Sommer sangen,
wo die wohl jetzt ihr Futter suchen?
Im fernen Süden sitzen sie warm
und wissen nichts von Hunger und Harm.

Ihre ärmlichen Vettern, die Spatzen und Krähen,
müssen sich durch den Winter schlagen,
müssen oft mit leerem Magen
vergebens nach einem Frühstück spähen.
Da kommen sie an mein Fensterbrett:
Gesegnete Mahlzeit, wie sitzt du im Fett!

Eine unverschämte Bemerkung!
Aber was will man von Spatzen verlangen,
sind nie in die Anstandsschule gegangen,
und Not gibt ihrer Frechheit Stärkung.
Und schließlich, hungern ist nicht gesund
und für manches ein Milderungsgrund.

Da lass ich's dann gelten und kann mich gar freuen,
wenn meine beiden Mädels leise
-- leise ist sonst nicht ihre Weise –
den kleinen Bettlern Brotbröcklein streuen.
Ich belausch sie da gern, es ist ihnen mehr
als ein Spaß, es kommt vom Herzen sehr.

Ja, sie geben beide gerne,
gütige Hände sind ihnen eigen,
doch will ich mich nicht im Lob versteigen,
und dass ich mich nicht von der Wahrheit entferne:
untereinander gönnt oft keins
dem andern ein größeres Stück als seins.

Oft sind sie auch selbst wie die Spatzen und Raben,
das Brüderchen ist dann im Bunde der Dritte,
da zwitschern sie auch ihr bitte! bitte!,
reißen den Hals auf und wollen was haben.
Sommers und winters, winters zumeist,
und gar um Advent herum werden sie dreist.

Dann fangen sie an zu bitten und betteln:
Papa, zu Weihnacht, du hast mir's versprochen,
ich möchte' einen Herd so richtig zum Kochen.
Und ich ein Zweirad. Auf Weihnachtswunschzetteln
wachsen die stolzesten Träume sich aus.
Knecht Ruprecht schleppt das schon alles ins Haus.

Und morgens, da steht von den zierlichsten Schuhen
je einer, ganz heimlich hingestellt,
an dem allersichtbarsten Platz der Welt.
Die Schelme können des Nachts kaum ruhen:
Ob wohl der Weihnachtsmann sie entdeckt?
Ob er wohl was in den Schuh uns steckt?

Der Weihnachtsmann! Er muss ja bald kommen.
Schon stapft er durch die beschneiten Felder,
hat vom Rande der weißen Wälder
ein grünes Tannlein mitgenommen.
Von unseren Buchen die Spatzen und Kräh'n
können ihn sicher schon erspähn.

Gewiss, sie haben den guten Alten
schon gesehn. Sie lärmen und kreischen,
als wollten sie doppelte Brocken erheischen.
Und hätten sie Schühlein vom Herrgott erhalten,
ich fände sie morgens alle, ich wett',
eine zierlich Reih' auf dem Fensterbrett.

Das wär' eine Wonne für meine Kleinen!
Die gütigen Hände würden sich regen
und jedem was in sein Schühlein legen,
ein Bröckchen, ein Krümchen, vergäßen nicht einen.
Und ihr rosiges Kindergesicht
strahlte dabei wie ein Weihnachtslicht.

Ich aber will doch morgen sehen
– wir haben ja schon Advent geschrieben –,
ob es beim alten Brauch geblieben
und wohl irgendwo Schühlein stehen.
Rechte Spatzenpantoffeln mögen es sein,
und geht gewiss nicht viel hinein.

Gustav Falke

Monolog eines Kellners

Ich weiß nicht, wie es hat geschehen können; schließlich bin ich kein Kind mehr, bin fast fünfzig Jahre und hätte wissen müssen, was ich tat? – und hab's doch getan, noch dazu, als ich schon Feierabend hatte und mir eigentlich nichts mehr hätte passieren können.

Aber es ist passiert, und so hat mir der Heilige Abend die Kündigung beschert. Alles war reibungslos verlaufen: Ich hatte beim Dinner serviert, kein Glas umgeworfen, keine Soßenschüssel umgestoßen, keinen Rotwein verschüttet, mein Trinkgeld kassiert und mich auf mein Zimmer zurückgezogen, Rock und Krawatte aufs Bett geworfen, die Hosenträger von den Schultern gestreift, meine Flasche Bier geöffnet, hob gerade den Deckel von der Terrine und roch: Erbsensuppe. Die hatte ich mir beim Koch bestellt, mit Speck, ohne Zwiebeln, aber sämig, sämig.

Es würde zu lange dauern, wenn ich es Ihnen erklären wollte: Meine Mutter brauchte drei Stunden, um zu erklären, was sie unter sämig verstand.

Na die Suppe roch herrlich, und ich tauchte die Schöpfkelle ein, füllte meinen Teller, spürte und sah, dass die Suppe richtig sämig war – da ging meine

Zimmertüre auf, und herein kam der Bengel, der mir beim Dinner aufgefallen war: klein, blass, bestimmt nicht älter als acht, hatte sich den Teller hoch füllen und alles, ohne es anzurühren, wieder abservieren lassen. Truthahn und Kastanien, Trüffeln und Kalbfleisch, nicht mal vom Nachtisch, den doch kein Kind vorübergehen lässt, hatte er auch nur einen Löffel gekostet, ließ sich fünf halbe Birnen und 'nen Eimer Schokoladensoße auf den Teller kippen und rührte nichts, aber auch nichts an und sah doch dabei nicht mäklig aus, sondern wie jemand, der nach einem bestimmten Plan handelt. Leise schloss er die Tür hinter sich.
Was ist denn das? fragte er. Das ist Erbsensuppe, sagte ich.
Die gibt es doch nicht, sagte er freundlich, die gibt es doch nur in dem Märchen von dem König, der sich im Wald verirrt hat.
Ich hab's gern, wenn Kinder mich duzen; die Sie zu einem sagen, sind meistens affiger als die Erwachsenen. Nun, sage ich, das ist Erbsensuppe. Darf ich mal kosten? Sicher, bitte, sagte ich, setz dich hin. Nun, er aß drei Teller Erbsensuppe, ich saß neben ihm auf meinem Bett, trank Bier und rauchte und konnte richtig sehen, wie sein kleiner Bauch rund wurde, und während ich auf dem Bett saß, dachte ich über so viel nach, was mir inzwischen

entfallen ist; zehn Minuten, fünfzehn, eine lange Zeit, da kann einem schon viel einfallen, auch über Märchen, über Erwachsene, über Eltern und so. Schließlich konnte der Bengel nicht mehr, ich löste ihn ab, aß dann den Rest von eineinhalb Teller, während er auf dem Bett neben mir saß.

Vielleicht hätte ich nicht in die leere Terrine blicken sollen, denn er sagte: Mein Gott, jetzt habe ich dir alles aufgegessen.

Macht nichts, sagte ich, ich bin noch satt geworden. Dann fragte ich ihn: Bist du zu mir gekommen, um Erbsensuppe zu essen?

Nein, ich suchte nur jemand, der mir helfen kann, eine Kuhle zu finden; ich dachte, du wüsstest eine. Kuhle, Kuhle, dann fiel mir's ein, zum Murmelspielen braucht man eine, und ich sagte: Ja, weißt, das wird schwer sein hier im Haus irgendwo eine Kuhle zu finden. Können wir nicht eine machen, einfach eine in den Boden des Zimmers hauen? Ich weiß nicht, wie es hat geschehen können, aber ich hab's getan, und als der Chef fragte: Wie konnten Sie das tun?, wusste ich keine Antwort. Vielleicht hätte ich sagen sollen: Haben wir uns nicht verpflichtet, unseren Gästen jeden Wunsch zu erfüllen, ihnen ein harmonisches Weihnachtsfest zu garantieren? Aber ich hab's nicht gesagt, ich hab' geschwiegen. Schließlich konnte ich nicht ahnen, dass seine Mutter über das Loch im Parkettboden stolpern und sich den Fuß brechen würde, nachts, als sie betrunken aus der Bar zurückkam.

Wie konnte ich das wissen? Und dass die Versicherung eine Erklärung verlangen würde, und so weiter, und so weiter. Haftpflicht, Arbeitsgericht und immer wieder: Unglaublich, unglaublich.

Sollte ich ihnen erklären, dass ich drei Stunden, drei geschlagene Stunden mit dem Jungen Kuhle gespielt habe, dass er immer gewann, und sogar von meinem Bier getrunken hat – bis er schließlich todmüde ins Bett fiel?

Ich hab' nichts gesagt, aber als sie mich fragten, ob ich es gewesen bin, der das Loch in den Parkettboden geschlagen hat, da konnte ich nicht leugnen, nur von der Erbsensuppe haben sie nichts erfahren, das bleibt unser Geheimnis. Fünfunddreißig Jahre im Beruf, immer tadellos geführt.

Ich weiß nicht, wie es hat geschehen können, ich hätte wissen müssen, was ich tat, und hab's doch getan: Ich bin mit dem Aufzug hinuntergefahren, hab' Hammer und Meißel geholt, bin mit dem Aufzug wieder raufgefahren, hab' ein Loch in den Parkettboden gestemmt. Schließlich konnte ich nicht ahnen, dass seine Mutter über das Loch im Parkettboden stolpern würde, als sie nachts um vier betrunken aus der Bar zurückkam.

Offen gestanden, ganz so schlimm finde ich es nicht, auch nicht, dass sie mich rausgeschmissen haben.
Gute Kellner werden überall gesucht.

Heinrich Böll

Am Weihnachtsbaum die Lichter brennen

Am Weihnachtsbaum die Lichter brennen,
wie glänzt er festlich, lieb und mild,
als spräch er: Wollt in mir erkennen
getreuer Hoffnung stilles Bild.

Die Kinder stehn mit hellen Blicken,
das Auge lacht, es lacht das Herz,
o fröhlich, seliges Entzücken,
die Alten schauen himmelwärts.

Zwei Engel sind hereingetreten,
kein Auge hat sie kommen sehn,
sie gehen zum Weihnachtsbaum und beten
und wenden wieder sich und gehn.

Kein Ohr hat ihren Spruch vernommen,
unsichtbar jedes Menschen Blick
sind sie gegangen, wie gekommen,
doch Gottes Segen bleibt zurück!

Hermann Kletke

Weihnacht mit zwei Kindergeschichten

Als unser kleines stilles Christfest beendet war, noch vor zehn Uhr am Abend des 24. Dezember, war ich müde genug, um mich auf Nacht und Bett und vor allem darauf zu freuen, dass nun zwei Tage ohne Post und ohne Zeitung vor uns lagen. Unsere große Wohnstube, die sogenannte Bibliothek, sah ebenso unordentlich und abgekämpft aus wie unser Inneres, aber viel heiterer, denn obwohl wir nur zu dreien gefeiert hatten: Hausherr, Hausfrau und Köchin, gaben doch das Tannenbäumchen mit den herabgebrannten Kerzen, das Durcheinander von farbigen, goldenen und silbernen Papieren und Bändern und auf den Tischen die Blumen, die übereinander geschichteten neuen Bücher, die teils straff, teils müde und halb eingesunken an die Vasen gelehnten Malereien, Aquarelle, Steinzeichnungen, Holzschnitte, Kindermalereien und Photographien der Stube eine ungewohnte und festliche Überfülltheit und Bewegtheit, etwas von Jahrmarkt und etwas von Schatzkammer, einen Hauch von Leben und von Unsinn, von Kinderei und Spielerei. Und dazu kam die Luft, die mit Düften ebenso ungeordnet und übermütig beladene Luft mit dem Neben- und Ineinander von Harz, Wachs, Verbranntem, von Backwerk, Wein, Blumen. Des weitern stauten sich im Raume und in der Stunde, wie es alten Leuten zukommt, die Bilder, Klänge, Düfte von vielen, sehr vielen Festen vergangener Jahre, siebzig und mehr Male hatte seit dem ersten großen Erlebnis die Weihnacht mich wieder besucht, und waren es bei meiner Frau manche Jahre und Christfeste weniger, so war bei ihr dafür die Fremde, die Ferne und Erloschenheit und Unwiederbringlichkeit der Heimat und Geborgenheit noch größer als bei mir. War in den letzten anstrengenden Tagen das Schenken und Packen, Beschenktwerden und Auspacken, das Sichbesinnen auf echt und unechte Verpflichtungen (die sich für Vernachlässigung oft unerbittlicher rächen als jene) und die ganze etwas überhitzte und überhetzte Betriebsamkeit einer Weihnachtzeit in unserem ruhelosen Zeitalter schon schwer zu bewältigen gewesen, so war diese Wiederbegegnung mit den Jahren und Festen vieler Jahrzehnte eine noch strengere Aufgabe, doch war es wenigstens eine echte und sinnvolle, und die echten und sinnvollen Aufgaben haben den Segen, nicht nur zu fordern und zu zehren, sondern auch zu helfen und zu stärken. Zumal in einer aufgelösten, am Mangel an Sinn erkrankten und hinsterbenden Zivilisation gibt es ja für den

Einzelnen wie für die Gemeinschaften kein anderes Heil- und Nahrungsmittel, keine andere Kraftquelle fürs Weiterleben, als die Begegnung mit dem, was allem zum Trotz unserem Sein und Tun Sinn gibt und uns rechtfertigt. Und bei der Erinnerung an die Feste und Zusammenhänge eines ganzen Lebens, dem Lauschen auf Klänge und Regungen der Seele bis in die farbige Wildnis der Kindheit zurück, dem Blicken in geliebte längst erloschene Augen erweist sich eben doch das Vorhandensein eines Sinnes, einer Einheit, einer geheimen Mitte, um die wir, bald wissend, bald unwissend, lebenslang gekreist sind. Von den wachs- und honigduftenden frommen Christfesten der Kindheit, in einer, wie es schien, noch heilen, vor Zerstörung sicheren, an ihre Zerstörungsmöglichkeit nicht glaubenden Welt, über alle Wandlungen, Krisen, Erschütterungen und Wiederbesinnungen unseres privaten Lebens wie unserer Epoche hinweg hat sich in uns ein Kern erhalten, ein Sinn, eine Gnade, nicht an irgendein Dogma der Kirchen oder der Wissenschaften, sondern an das Vorhandensein einer Mitte, um die auch ein gefährdetes und gestörtes Leben sich stets aufs neue ordnen kann, ein Glaube an die Erreichbarkeit Gottes von eben diesem innersten Kern unseres Wesens aus, an die Koinzidenz dieses Zentrums mit der Gegenwart Gottes.

Wo er gegenwärtig ist, mag ja auch das Hässliche und scheinbar Sinnlose ertragen werden, denn für ihn ist nirgends Erscheinung und Sinn getrennt, für ihn ist alles Sinn.

Das Bäumchen stand schon lange dunkel und ein wenig dumm auf seinem Tischchen, es brannte seit einer Weile das nüchterne elektrische Licht wie an jedem Abend, da wurden wir vor den Fenstern einer anderen Art von Helligkeit gewahr. Der Tag war wechselnd klar und verhangen gewesen, an den Hängen der Berge jenseits des Seetals standen zuweilen lang hingezogene, schmale weiße Wolken, alle in derselben Höhe, sie hatten fest und unbeweglich geschienen und waren doch, sooft man wieder hinaussah, verschwunden oder umgebaut gewesen, und beim Zunachten hatte es ausgesehen, als würden wir die Nacht über ohne Himmel sein und im Nebel stecken. Aber während wir mit unserer Feier, unserem Baum und seinen Kerzen, unseren Geschenken und den immer dichter kommenden Erinnerungen beschäftigt gewesen waren, hatte sich draußen mancherlei zugetragen und abgespielt. Als wir das gespürt und unser Stubenlicht gelöscht hatten, fanden wir draußen in der großen Stille eine überaus schöne, geheimnisvolle Welt liegen. Das schmale Tal zu unseren Füßen war mit Nebel angefüllt, auf dessen Oberfläche ein bleiches, aber starkes Licht spielte. Über diesem Nebelballen stiegen die beschneiten Hügel und Berge hinan, alle im selben gleichmäßigen, verteilten, aber starken Lichte stehend, und auf die weißen Tafeln waren überall die kahlen Bäume und Wälder und die schneefreien Feldgestaltungen wie mit spitzer Feder gekritzelte Buchstaben hingeschrieben, stumme, viele verschweigende Hieroglyphen und Arabesken. Oben aber über alledem wogte mit dem Vollmond durchschienenen Wolkengewimmel weiß und opal glänzend ein gewaltiger Himmel, unruhig wallend und vom Licht des vollen Mondes beherrscht, der zwischen geisterhaft sich lösenden und wieder dichtenden Schleiern verschwand und erschien, und wenn er ein freies Stück Himmel erkämpfte, sahen wir ihn umgeben von elbisch kühlen, irisierenden Mondregenbogen, deren gleißend gleitende Farbenfolge sich in den Rändern durchschienener Wolken wiederholte. Perlig und milchig rann und rieselte das köstliche Licht durch den Himmel, glänzte schwächer unten im Nebel wider, wogte im Schwellen und Schwinden wie in lebendigen Atemzügen. Ehe ich zu Bett ging, die Lampe brannte wieder, warf ich noch einen Blick auf meinen Gabentisch, und wie Kinder am Christabend ein paar von ihren Geschenken mit ins Schlafzimmer und womöglich mit ins Bett nehmen, nahm ich mir auch etwas mit, um es vor dem Schlafen noch ein wenig bei mir zu haben und zu betrachten. Es waren die Gaben meiner Enkelkinder: von Sybille, der jüngsten, ein Staublappen, von Simeli ein kleine Zeichnung, ein Bauernhaus mit einem Sternhimmel darüber, von Christine zwei farbige Illustrationen zu meiner Erzählung vom Wolf, ein kraftvoll hingehauenes Gemälde von Eva und von ihrem zehnjährigen Bruder Silver ein mit seines Vaters Maschine geschriebener Brief. Ich nahm die Sachen mit ins Atelier hinüber, wo ich Silvers Brief noch einmal las, dann ließ ich sie liegen und stieg, mit schwerer Müdigkeit kämpfend, die Treppe zu meinem Schlafzimmer hinauf. Doch konnte ich noch lange Zeit nicht einschlafen, die Erlebnisse und Bilder des Abends hielten mich wach, und die nicht abzuwehrenden Reihen von Vorstellungen endeten jedes Mal mit dem Brief meines Enkels, der so lautete:

Lieber Nonno! Ich will dir jetzt eine Geschichte schreiben. Sie heißt: Für den lieben Gott. Paul war ein frommer Knabe. Er hatte in der Schule schon so viel vom lieben Gott gehört. Er wollte ihm jetzt auch einmal etwas schenken. Paul schaute alle seine Spielsachen an, aber alles gefiel ihm nicht. Da kam Pauls Geburtstag. Er bekam viele Spielsachen, darunter sah er einen Taler. Da rief er: Den schenke ich dem lieben Gott. Paul sagte: Ich gehe hinaus auf das Feld, dort habe ich einen schönen Platz, da wird ihn der liebe Gott sehen und ihn holen. Paul ging auf das Feld. Als Paul im Feld war, sah er ein altes Mütterlein, das musste sich stützen. Er wurde traurig, und gab ihr den Taler. Paul sagte: Eigentlich war er für den lieben Gott. Viele Grüße von Silver Hesse.

An jenem Abend gelang es mir nicht mehr, die Erinnerungen heraufzubeschwören, an die meines Enkels Erzählung mich mahnte. Erst anderen Tages fand sie sich von selber ein. Ich erinnerte mich: in meiner Knabenzeit, im selben Alter, in dem jetzt mein Enkel stand, zehnjährig also, hatte ich auch einmal eine Geschichte geschrieben, um sie meiner jüngeren Schwester zum Geburtstag zu schenken, es war außer einigen Knabenversen die einzige Dichtung, vielmehr der einzige dichterische Versuch aus meiner Kinderzeit, der erhalten geblieben ist. Ich selbst hatte viele Jahrzehnte nichts mehr von ihm gewusst, vor einigen Jahren aber war, ich weiß nicht mehr bei welchem Anlass, dieser kindliche Versuch wieder zu mir zurückgekehrt, durch die Hand einer meiner Schwestern vermutlich. Und obwohl ich mich seiner nur noch undeutlich erinnern konnte, schien mir doch, er hab irgendeine Ähnlichkeit oder Verwandtschaft mit der Geschich-

te, die mein Enkel mehr als sechzig Jahre später für mich verfasst hatte. Aber wenn ich auch bestimmt wusste, dass meine Kindergeschichte in meinem Besitz sei, wie sollte ich sie finden? Überall vollgestopfte Schubladen, gebündelte Mappen und Briefhaufen mit Aufschriften, die nicht mehr stimmten oder nicht mehr leserlich waren, überall beschriebenes und bedrucktes Papier aus Jahren und Jahrzehnten her, aufbewahrt weil man sich zum Wegwerfen nicht hatte entschließen können, aufbewahrt aus Pietät, aus Gewissenhaftigkeit, aus Mangel an Schneid und Entschlusskraft, aus Überschätzung des Geschriebenen, das einmal »wertvolles Material« für irgendwelche neuen Arbeiten abgeben könnte, aufbewahrt und eingesargt, wie einsame alte Damen Kästen und Dachboden voll Schachteln und Schächtelchen mit Briefen, gepressten Blumen, abgeschnittenen Kinderlocken aufbewahren. Unendlich vieles sammelt sich, auch wenn man das Jahr hindurch Zentner von Papier verbrennt, um einen Literaten an, der nur selten den Wohnort gewechselt hat und in die Jahre gekommen ist.
Aber ich hatte mich nun in den Wunsch festgebissen, jene Erzählung wiederzusehen, sei es auch nur, um sie mit der meines gleichaltrigen Kollegen Silver zu vergleichen oder sie vielleicht abzuschreiben und ihm als Gegengabe zu schicken. Ich plagte

mich und plagte meine Frau damit einen ganzen Tag, und wirklich fand ich das Ding schließlich am unwahrscheinlichsten Platz. Die Geschichte ist im Jahre 1887 in Calw geschrieben und heißt:

Die beiden Brüder

für Marulla

Es war einmal ein Vater, der hatte zwei Söhne. Der eine war schön und stark, der andere klein und verkrüppelt, darum verachtete der Große den Kleinen. Das gefiel dem Jüngeren nun gar nicht, und er beschloss, in die weite, weite Welt zu wandern. Als er eine Strecke weit gegangen war, begegnete ihm ein Fuhrmann, und als er den fragte, wohin er fahre, sagte der Fuhrmann, er müsse den Zwergen ihre Schätze in einen Glasberg führen. Der Kleine fragte ihn, was der Lohn sei. Er bekam die Antwort, er bekomme als Lohn einige Diamanten. Da wollte der Kleine auch gern zu den Zwergen gehen. Darum fragte er den Fuhrmann, ob er glaube, dass die Zwerge ihn aufnehmen wollten. Der Fuhrmann sagte, das wisse er nicht, aber er nahm den Kleinen mit sich. Endlich kamen sie an den Glasberg, und der Aufseher der Zwerge belohnte den Fuhrmann reichlich für seine Mühe und entließ ihn. Da bemerkte er den Kleinen und fragte ihn, was er wolle. Der Kleine sagte ihm alles. Der Zwerg sagte, er solle

ihm nur nachgehen. Die Zwerge nahmen ihn gern auf, und er führte ein herrliches Leben.
Nun wollen wir auch nach dem anderen Bruder sehen. Diesem ging es lang daheim sehr gut. Aber als er älter wurde, kam er zum Militär und musste in den Krieg. Er wurde am rechten Arm verwundet und musste betteln. So kam der Arme auch einmal an den Glasberg und sah einen Krüppel dastehen, ahnte aber nicht, dass es sein Bruder sei. Der aber erkannte ihn gleich und fragte ihn, was er wolle. »O mein Herr, ich bin an jeder Brotrinde froh, so hungrig bin ich.« »Komm mit mir«, sagte der Kleine, und ging in eine Höhle, deren Wände von lauter Diamanten glitzerten. »Du kannst dir davon eine Handvoll nehmen, wenn du die Steine ohne Hilfe hinunterbringst«, sagte der Krüppel. Der Bettler versuchte nun mit seiner einen gesunden Hand etwas von den Diamantenfelsen loszumachen, aber es ging natürlich nicht. Da sagte der Kleine: »Du hast vielleicht einen Bruder, ich erlaube dir, dass er dir hilft.« Da fing der Bettler an zu weinen und sagte: »Wohl hatte ich einst einen Bruder, klein und verwachsen, wie Sie, aber so gutmütig und freundlich, er hätte mir gewiss geholfen, aber ich habe ihn lieblos von mir gestoßen, und ich weiß schon lang nichts mehr von ihm.« Da sagte der Kleine: »Ich bin ja dein Kleiner, du sollst keine Not leiden, bleib bei mir.«

Dass zwischen meiner Märchenerzählung und der meines Enkels und Kollegen eine Ähnlichkeit oder Verwandtschaft bestehe, ist wohl kein Irrtum des Großvaters. Ein Durchschnitts-Psychologe würde die beiden kindlichen Versuche etwa dahin deuten: jeder der beiden Erzähler sei natürlich mit dem Helden seiner Geschichte zu identifizieren, und es erdichte sich sowohl der fromme Knabe Paul wie der kleine Krüppel eine doppelte Wunscherfüllung, nämlich zunächst ein massives Beschenktwerden, sei es mit Spielzeug und Taler oder mit einem ganzen Berg voll Edelsteinen und einem geborgenen Leben bei Zwergen, bei seinesgleichen also, fern von den Großen, Erwachsenen, Normalen. Darüber hinaus aber erdichtet jeder der Märchenerzähler sich auch noch einen moralischen Ruhm, eine Tugendkrone, denn mitleidig gibt er seinen Schatz dem Armen hin (was in Wirklichkeit weder der zehnjährige Alte noch der zehnjährige Junge getan hätte). Das mag wohl stimmen, ich habe nichts dagegen. Aber es scheint mir auch, dass die Wunscherfüllung sich im Bereich des Imaginären und Spielerischen vollziehe, wenigstens kann ich von mir sagen, dass ich im Alter von zehn Jahren weder Kapitalist noch Juwelenhändler war und bestimmt noch niemals mit Wissen einen Diamanten gesehen hatte. Dagegen waren manche Grimmsche

Märchen und war vielleicht auch Aladin mit der Wunderlampe mir schon bekannt, und der Edelsteinberg war für das Kind weniger eine Vorstellung von Reichtum als ein Traum von unerhörter Schönheit und Zaubermacht. Und eigentümlich kam mir auch diesmal vor, dass in meinem Märchen kein lieber Gott vorkommt, obwohl er für mich vermutlich selbstverständlicher und realer war als für den Enkel, der erst »in der Schule« auf ihn neugierig geworden war.
Schade, dass das Leben so kurz und so sehr mit aktuellen, scheinbar wichtigen und unumgänglichen Pflichten und Aufgaben überstopft ist; manchmal wagt man des Morgens ja kaum das Bett zu verlassen, weil man weiß, dass der große Schreibtisch noch übervoll von Unerledigtem liegt und tagsüber die Post den Haufen noch zweimal erhöhen wird. Sonst wäre mit den beiden Kindermanuskripten noch manches amüsante und nachdenkliche Spiel zu treiben. Mir schiene zum Beispiel nichts spannender als eine vergleichende Untersuchung von Stil und Syntax in den beiden Versuchen. Aber für so hübsche Spiele ist nun einmal unser Leben nicht lang genug. Auch wäre es am Ende nicht angezeigt, den um dreiundsechzig Jahre jüngeren von den beiden Autoren durch Analyse und Kritik, durch Anerkennung oder Tadel vielleicht in seiner Entwicklung

zu beeinflussen. Denn aus ihm kann unter Umständen ja noch etwas werden, nicht aber aus dem Alten.

Hermann Hesse

Weihnachtszeit

O schöne, herrliche Weihnachtszeit!
Was bringst du Lust und Fröhlichkeit!
Wenn der heilige Christ in jedem Haus
teilt seine lieben Gaben aus.

Und ist das Häuschen noch so klein,
so kommt der heilige Christ hinein,
und alle sind ihm lieb wie die Seinen,
die Armen und Reichen, die Großen und Kleinen.

Der heilige Christ an alle denkt,
ein jedes wird von ihm beschenkt.
Drum lasst uns freuen und dankbar sein!
Er denkt auch unser, mein und dein!

Heinrich Hoffmann von Fallersleben

O Freude über Freude

O Freude über Freude!
Ihr Nachbarn, kommt und hört,
was mir dort auf der Heide
für Wunderding passiert!
Es kam ein weißer Engel
bei hoher Mitternacht,
der sang mit ein Gesängel,
dass mir das Herze lacht'.

Er sagte: »Freut euch alle,
der Heiland ist geborn
zu Betlehem im Stalle,
das hat er sich erkorn.
Die Krippe ist sein Bette.
Geht hin nach Betlehem!«
Und wie er also red'te,
da flog er wieder heim.

Ich dacht': »Du musst nicht säumen!«
Ich ließ die Schäflein stehn.
Ich lief dort hinter den Zäunen
bis zu dem Stalle hin.

Da ward ich schier geblendet
von einem lichten Strahl,
der hatte gar kein Ende
und wies mich in den Stall.

Ich schlich mich auf die Seite
und guckt' ein wenig 'nein.
Da sah ich ein paar Leute
und auch ein Kind dabei.
Es hatte statt ein' Bette
ein einzig Büschlein Stroh
und lag wohl also nette,
kein Maler träf' es so.

Ich glaub', im ganzen Lande,
da hat's nicht solch schön Kind'.
Es lag in lauterm Glanze,
man ward schier davon blind.
Ich dacht' in meinem Sinne:
Das Kindlein stünd' dir an,
wenn du dir's könnt'st gewinnen,
du wagt'st ein Lämmlein dran.

Aus Schlesien

Noch einmal ein Weihnachtsfest

Noch einmal ein Weihnachtsfest,
Immer kleiner wird der Rest,
Aber nehm' ich so die Summe,
Alles Grade, alles Krumme,
Alles Falsche, alles Rechte,
Alles Gute, alles Schlechte –
Rechnet sich aus all dem Braus
Doch ein richtig Leben raus.
Und dies können ist das Beste
Wohl bei diesem Weihnachtsfeste.

Theodor Fontane

Willkommen in Hohen-Vietz

Es war Weihnachten 1812, Heiliger Abend. Einzelne Schneeflocken fielen und legten sich auf die weiße Decke, die schon seit Tagen in den Straßen der Hauptstadt lag. Die Laternen, die an lang ausgespannten Ketten hingen, gaben nur spärliches Licht; in den Häusern aber wurde es von Minute zu Minute heller, und der »Heilige Christ«, der hier und dort schon einzuziehen begann, warf seinen Glanz auch in das draußen liegende Dunkel. So war es auch in der Klosterstraße. Die »Singuhr« der Parochialkirche setzte eben ein, um die ersten Takte ihres Liedes zu spielen, als ein Schlitten aus dem Gasthof »Zum grünen Baum« herausfuhr und gleich darauf schräg gegenüber vor einem zweistöckigen Hause hielt, dessen hohes Dach noch eine Mansardenwohnung trug. Der Kutscher des Schlittens, in einem abgetragenen, aber mit drei Kragen ausstaffierten Mantel, beugte sich vor und sah nach den obersten Fenstern hinauf; als er jedoch wahrnahm, dass alles ruhig blieb, stieg er von seinem Sitz, strängte die Pferde ab und schritt auf das Haus zu, um durch die halb offen stehende Tür in dem dunklen Flur desselben zu verschwinden. Wer ihm dahin gefolgt wäre, hätte notwendig das stufenweise Stapfen und Stoßen hören müssen, mit dem er sich, vorsichtig und ungeschickt, die drei Treppen hinauffühlte.

Der Schlitten, eine einfache Schleife, auf der ein mit einem so genannten »Plan« überspannter Korbwagen befestigt war, stand all die Zeit über ruhig auf dem Fahrdamm, hart an der Öffnung einer hier aufgeschütteten Schneemauer. Der Korbwagen selbst, mutmaßlich um mehr Wärme und Bequemlichkeit zu geben, war nach hinten zu, bis an die Plandecke hinauf, mit Stroh gefüllt; vorn lag ein Häckselsack, gerade breit genug, um zwei Personen Platz zu gönnen. Alles so primitiv wie möglich. Auch die Pferde waren unscheinbar genug, kleine Ponys, die gerade jetzt in ihrem winterlich rauen Haar ungeputzt und dadurch ziemlich vernachlässigt aussahen. Aber wie immer auch, die russischen Sielen, dazu das Schellengeläut, das auf rot eingefassten, breiten Ledergurten über den Rücken der Pferde hing, ließen keinen Zweifel darüber, dass das Fuhrwerk aus gutem Hause sei.

So waren fünf Minuten vergangen oder mehr, als es auf dem Flur hell wurde. Eine Alte in einer weißen Nachthaube, das Licht mit der Hand schützend, streckte den Kopf neugierig in die Straße hinaus; dann kam der Kutscher mit Mantelsack und Pappkarton; hinter diesem, den Schluss bildend,

ein hoch aufgeschossener junger Mann von leichter, vornehmer Haltung. Er trug eine Jagdmütze, kurzen Rock und war in seiner Oberhälfte unwinterlich gekleidet. Nur seine Füße steckten in hohen Filzstiefeln.
»Frohe Feiertage, Frau Hulen«, damit reichte er der Alten die Hand, stieg auf die Deichsel und nahm Platz neben dem Kutscher. »Nun vorwärts, Krist; Mitternacht sind wir in Hohen-Vietz. Das ist recht, dass Papa die Ponys geschickt hat.«
Die Pferde zogen an und versuchten es, ihrer Natur nach, in einen leichten Trab zu fallen; aber erst als sie die Königstraße mit ihrem Weihnachtsgedränge und Waldteufelgebrumm im Rücken hatten, ging es in immer rascherem Tempo die Landsberger Straße entlang und endlich unter immer munterer werdendem Schellgeläut zum Frankfurter Tore hinaus.
Draußen umfing sie Nacht und Stille; der Himmel klärte sich, und die ersten Sterne traten hervor. Ein leiser, aber scharfer Ostwind fuhr über das Schneefeld, und der Held unserer Geschichte, Lewin von Vitzewitz, der seinem väterlichen Gute Hohen-Vietz zufuhr, um die Weihnachtsfeiertage daselbst zu verbringen, wandte sich jetzt, mit einem Anflug von märkischem Dialekt, an den neben ihm sitzenden Gefährten. »Nun, Krist, wie wär es? Wir müssen wohl einheizen.« Dabei legte er Daumen und Zei-

gefinger ans Kinn und paffte mit den Lippen. Dies »wir« war nur eine Vertraulichkeitswendung; Lewin selbst rauchte nicht. Krist aber, der von dem Augenblick an, wo sie die Stadt im Rücken hatten, diese Aufforderung erwartet haben mochte, legte ohne ein weiteres die Leinen in die Hand seines jungen Herrn und fuhr in die Manteltasche, erst um eine kurze Pfeife mit bleiernem Abguss, dann um ein neues Paket Tabak daraus hervorzuholen. Er nahm beides zwischen die Knie, öffnete das mit braunem Lack gesiegelte Paket, stopfte und begann dann mit derselben langsamen Sorglichkeit nach Strahl und Schwamm zu suchen. Endlich brannte es; er tat, indem er wieder die Leine nahm, die ersten Züge, und während jetzt kleine Funken aus dem Drahtdeckel hervorsprühten, ging es auf Friedrichsfelde zu, dessen Lichter ihnen über das weiße Feld her entgegenschienen.

Das Dorf lag bald hinter ihnen. Lewin, der sich's inzwischen bequem gemacht und durch den festeren Aufbau einiger Strohbündel eine Rückenlehne hergerichtet hatte, schien jetzt in der Stimmung, eine Unterhaltung aufzunehmen. Ehe des Kutschers Pfeife brannte, wär es ohnehin nicht rätlich gewesen.

»Nichts Neues, Krist?« begann Lewin, indem er sich fester in die Strohpolster drückte. »Was macht Willem, mein Päth?«

»Dank schön, junger Herr, he is ja nu wedder bi Weg.«
»Was war ihm denn?«
»He hett sich verfiert. Un noch dato an seinem Gebortsdag. Et is nur en Wochner drei: ja, up'n Dag hüt, drei Wochen. Oll Doktor Leist von Lebus hett em aber wedder torecht bracht.«
»Er hat sich verfiert?«
»Ja, junger Herr, so glöwen wi all. Et wihr wol so um de fiefte Stunn', as mine Fru seggen dad: »Willem, geih un hol uns en paar Äppels, awers von de Renetten up'n Stroh, dicht bi de Bohnenstakens.« Un uns' Lütt Willem ging ooch, un ick hürt em noch flüten un singen und at Klapsen von sine Pantinen ümmer Floor lang. Awer dunn hürt ick nix mihr, und as he nu an de olle wackelsche Döör käm und in den groten Saal rinnwull, wo uns' Äppel liggen un wo de Lüt seggen, dat de oll Matthias' spöken deiht, da möt em wat passiert sinn. He käm nich und käm nich; un as ick nu nahjung un sehn wull, wo he bliwen däd, da läg he, glieks achter de Schwell, as dod up de Fliesen.«
»Das arme Kind! Und Eure Frau ...«
»De käm ooch, un wi drögen em nu torügg in unse Stuv und rewen em in. Mine Fru hätt ümmer en beten Mierenspiritus to Huus. As he nu wedder to sich käm, biwwerte em de janze lütte Liew, un he seggte ümmer: »Ick hebb em sehn.«

Lewin hatte sich zurechtgerückt. »Es geht also wieder besser«, warf er hin, und wie um loszukommen von allerhand Bildern und Gedanken, die des Kutschers Erzählung in ihm angeregt hatte, fuhr er hin und her in Erkundigungen, worauf Krist mit so viel Ausführlichkeit antwortete, wie ihm die Raschheit der Fragen gestattete. Dem Schulzen Kniehase war einer von seinen Braunen gefallen; bei Hoppenmarieken hatte der Schornstein gebrannt; bei Witwe Gräbschen hatte Nachtwächter Pachaly einen mittelgroßen Sarg, mit einem Myrtenkranz darauf, vor der Haustür stehn, »un wihl er man en mittelscher Sarg west wihr, so hedden se all an die Jüngscht, an Hanne Gräbschen, dacht. De is man kleen und piept all lang.«

Die Sterne traten immer zahlreicher hervor. Lewin lupfte die Kappe, um sich die Stirn von der frischen Winterluft anwehen zu lassen, und staunend und andächtig in den funkelnden Himmel hinauf. Es war ihm, als fielen alle dunklen Geschicke, das Erbteil seines Hauses, von ihm ab und als zöge es lichter und heller von oben her in seine Seele. Er atmete auf. Zwei, drei Schlitten flogen vorüber, grüßten und sangen, sichtlich Gäste, die im Nebendorf die Bescherung nicht versäumen wollten; dann, ehe fünf Minuten um waren, glitt das Gefährt unserer zwei Freunde unter den Giebelvorbau des Bohlsdorfer Kruges.

Bohlsdorf war drittel Weg. Niemand kam. An den Fenstern zeigte sich kein Licht; die Krügersleute mussten in den Hinterstuben sein und das Vorfahren des Schlittens, trotz seines Schellengeläutes, überhört haben. Krist nahm wenig Notiz davon. Er stieg ab, holte eine der Stehkrippen heran, die beschneit an dem Hofzaun entlang standen, und schüttete den Pferden ihren Hafer ein.

Auch Lewin war abgestiegen. Er stampfte ein paar Mal in den Schnee, wie um das Blut wieder in den Umlauf zu bringen, und trat dann in die Gaststube, um sich zu wärmen und einen Imbiss zu nehmen. Drinnen war alles leer und dunkel; hinter dem Schenktisch aber, wo drei Stufen zu einem höher gelegenen Alkoven führten, blitzte der Christbaum von Lichtern und goldenen Ketten. In diesem Weihnachtsbilde, das der enge Türrahmen einfasste, stand die Krügersfrau in Mieder und rotem Friesrock und hatte einen Blondkopf auf dem Arm, der nach den Lichtern des Baumes langte. Der Krüger selbst stand neben ihr und sah auf das Glück, das ihm das Leben und dieser Tag beschert hatten.

Lewin war ergriffen von dem Bilde, das fast wie eine Erscheinung auf ihn wirkte. Leiser als er eingetreten war, zog er sich wieder zurück und trat auf die Dorfstraße. Gegenüber dem Kruge, von einer Feldsteinmauer eingefasst, lag die Bohlsdorfer Kirche, ein alter Zisterzienserbau aus den Tagen der ersten Kolonisation. Es klang deutlich von drüben her, als würde die Orgel gespielt, und Lewin, während er noch aufhorchte, bemerkte zugleich, dass eines der kleinen, in halber Wandhöhe hinauflaufenden Rundbogenfenster matt erleuchtet war. Neugierig, ob er sich täuschte oder nicht, stieg er über die niedrige Steinmauer fort und schritt, zwischen den Gräbern hin, auf die Längswand der Kirche zu. Ziemlich inmitten dieser Wand bemerkte er eine Pforte, die nur eingeklinkt, aber nicht verschlossen war. Er öffnete leise und trat ein. Es war, wie er vermutet hatte. Ein alter Mann, mit Samtkäppsel und spärlichem weißem Haar, saß vor der Orgel, während ein Lichtstümpfchen neben ihm eine kümmerliche Beleuchtung gab. In sein Orgelspiel vertieft, bemerkte er nicht, dass jemand eingetreten war, und feierlich, aber gedämpften Tones klangen die Weihnachtsmelodien nach wie vor durch die Kirche hin.

Übte sich der Alte für den kommenden Tag, oder feierte er hier sein Christfest allein für sich mit Psalmen und Choral? Lewin hatte sich die Frage kaum gestellt, als er, der Orgel gegenüber, einen zweiten Lichtschimmer wahrnahm; auf der untersten Stufe des Altars stand eine kleine Hauslaterne. Als er näher trat, sah er, dass Frauenhände hier eben noch beschäftigt gewesen sein mussten. Ein Handfeger lag da, daneben eine kurze Stehleiter, die beiden Seitenhölzer oben mit Tüchern umwunden. Das Licht der Laterne fiel auf zwei Grabsteine, die vor dem Altar in die Fliesen eingelegt waren; der eine zur Linken enthielt nur einen Namen und Datum, der andere zur Rechten aber zeigte Bild und Spruch. Zwei Lindenbäume neigten ihre Wipfel einander zu, und darunter standen Verse, zehn oder zwölf Zeilen. Nur die Zeilen der zweiten Strophe waren noch deutlich erkennbar und lauteten:

Sie sieht nun tausend Lichter;
der Engel Angesichter
ihr treu zu Diensten stehn,
sie schwingt die Siegesfahne
auf güldnem Himmelsplane
und kann auf Sternen gehen.

Lewin las zwei-, dreimal, bis er die Strophe auswendig wusste; die letzte Zeile namentlich hatte einen tiefen Eindruck auf ihn gemacht, von dem er sich keine Rechenschaft geben konnte. Dann sah er sich noch einmal in der seltsam erleuchteten Kirche um, deren Pfeiler und Chorstühle ihn schattenhaft umstanden, und kehrte, die Türe leise wieder anlehnend, erst auf denn Kirchhof, dann, mit

raschem Sprung über die Mauer, auf die Dorfstraße zurück.
Der Krug hatte indessen ein verändertes Aussehen gewonnen. In der Gaststube war Licht. Krist stand am Schenktisch im eifrigen Gespräch mit dem Krüger, während die Frau, aus der Küche kommend, ein Glas Kirschpunsch auf den Tisch stellte. Sie plauderten noch eine Weile auch über den alten Küster drüben, der, seitdem er Witmann geworden, seinen Heiligen Abend mit Orgelspiel zu feiern pflegte; dann, unter Händeschütteln und Wünschen für ein frohes Fest, wurde Abschied genommen, und an den stillen Dorfhütten vorbei ging es weiter in die Nacht hinein.
Lewin sprach von den Krügersleuten; Krist war ihres Lobes voll. Weniger wollt er vom Bohlsdorfer Amtmann wissen, am wenigsten vom Petershagener Müller, an dessen abgebrannter Bockmühle sie eben vorüber fuhren. Aus allem ging hervor, dass Krist, der allwöchentlich dieses Weges kam, den Klatsch der Bierbänke zwischen Berlin und Hohen-Vietz in treuem Gedächtnis trug. Er wusste alles und schwieg erst, als Lewin immer stiller zu werden begann. Nur kurze Ansprachen an die Ponys belebten noch den Weg. Die regelmäßige Wiederkehr dieser Anrufe, das monotone Schellengeläut, das alsbald wie von weit her zu klingen schien, leg-

te sich mehr und mehr mit einschläfernder Gewalt um die Sinne unseres Helden. Allerhand Gestalten zogen an seinem halbgeschlossenen Auge vorüber; aber eine dieser Gestalten, die glänzendste, nahm er mit in seinen Traum. Er saß vor ihr auf einem niedrigen Taburett; sie lacht ihn an und schlug ihn leise mit dem Fächer, als er nach ihrer Hand haschte, um sie zu küssen. Hundert Lichter, die sich in schmalen Spiegeln spiegelten, brannten um sie her, und vor ihnen lag ein großer Teppich, auf dem Göttin Venus in ihrem Taubengespann durch die Lüfte zog. Dann war es plötzlich, als löschten alle diese Lichter aus; nur zwei Stümpfchen brannten noch; es war wie eine schattendurchhuschte Kirche, und an der Stelle, wo der Teppich gelegen hatte, lag ein Grabstein, auf dem die Worte standen:

Sie schwingt die Siegesfahne,
auf güldnem Himmelsplane
und kann auf Sternen gehen.

Süß und schmerzlich, wie kurz vorher bei wachen Sinnen ihn diese Worte berührt hatten, berührten sie ihn jetzt im Traum.
Er wachte auf.
»Noch eine halbe Meile, junger Herr«, sagte Krist.

»Dann sind wir in Dolgelin?«
»Nein, in Hohen-Vietz.«
»Da hab ich fest geschlafen.«
»Dritthalb Stunn'.«
Das erste, was Lewin wahrnahm, war die Sorglichkeit, mit der sich der alte Kutscher mittlerweile um ihn bemüht hatte. Der Futtersack war ihm unter die Füße geschoben, die beiden Pferdedecken lagen ausgebreitet über seinen Knien. Nicht lange, und der Hohen-Vietzer Kirchturm wurde sichtbar. An oberster Stelle eines Höhenzuges, der nach Osten hin die Landschaft schloss, stand die graue Masse, schattenhaft im funkelnden Nachthimmel. Dem Sohne des Hauses schlug das Herz immer höher, sooft er dieses Wahrzeichens seiner Heimat ansichtig wurde. Aber er hatte heute nicht lange Zeit, sich der Eigentümlichkeit des Bildes zu freuen. Die beschneiten Parkbäume traten zwischen ihn und die Kirche, und einige Minuten später schlugen die Hunde an, und zwischen zwei Torpfeilern hindurch beschrieb der Schlitten eine Kurve und hielt vor der portalartigen Glastüre, zu der zwei breite Sandstufen hinaufführten.
Lewin, der sich schon vorher erhoben hatte, sprang hinaus und schritt auf die Stufen zu.
»Guten Abend, junger Herr«, empfing ihn ein alter Diener in Gamaschen und Frackrock, an dem nur

die großen blanken Knöpfe verrieten, dass es eine Livree sein sollte.

»Guten Abend, Jeetze; wie geht es?«

Aber über diesen Gruß kam Lewin nicht hinaus, denn im selben Augenblick richtete sich ein prächtiger Neufundländer vor ihm auf und überfiel ihn, die Vorderpfoten auf seine Schultern legend, mit den allerstürmischsten Liebkosungen.

»Hektor, lass gut sein, du bringst mich um.« Damit trat unser Held in die Halle seines väterlichen Hauses. Ein paar Scheite, die im Kamin verglühten, warfen ihr Licht auf die alten Bilder an der Wand gegenüber. Lewin sah sich um, nicht ohne einen Anflug freudigen Stolzes, auf der Scholle seiner Väter zu stehen.

Dann leuchtet ihm der alte Diener die schwere doppelarmige Treppe hinauf, während Hektor folgte.

An Lewins Seele waren unruhige Träume vorübergegangen. Die Fahrt im Ostwind hatte ihn fiebrig gemacht, und erst gegen Morgen verfiel er in einen festen Schlaf. Eine Stunde später begann es bereits im Hause lebendig zu werden; auf dem langen Korridor, an dessen Nordostecke Lewins Zimmer gelegen war, hallten Schritte auf und ab, schwere Holzkörbe wurden vor die Feuerstellen gesetzt und große Scheite von außen her in den Ofen geschoben.

Bald darauf öffnete sich die Tür, und der alte Diener, der am Abend zuvor seinen jungen Herrn empfangen hatte, trat ein, einen Blaker in der Hand. Hektor blieb liegen, reckte sich auf dem Rehfell und wedelte nur, als ob er rapportieren wolle: Alles in Ordnung. Jeetze setzte das Licht, dessen Flamme er bis dahin mit seiner Rechten vorsorglich gehütet hatte, hinter einen Schirm und begann alles, was an Garderobenstücken umherlag, über seinen linken Arm zu packen. Er selbst war noch im Morgenkostüm; zu den Samthosen und Gamaschen, ohne die er nicht wohl zu denken war, trug er einen Arbeitsrock von doppeltem Zwillich. Als er alles beisammen hatte, trat er, leise wie er gekommen war, seinen Rückzug an, dabei nach Art alter Leute unverständliche Worte vor sich her murmelnd. An dem zustimmenden Nicken seines Kopfes aber ließ sich erkennen, dass er zufrieden und guter Laune war.

Die Türe blieb halb offen, und das erwachende Leben des Hauses drang in immer mahnenderen, aber auch in immer anheimelnderen Klängen in das wieder still gewordene Zimmer. Die großen Scheite Fichtenholz sprangen mit lautem Krach auseinander, von Zeit zu Zeit zischte das Wasser, das aus den nass gewordenen Stücken in kleinen Rinnen ins Feuer lief, und von der Korridornische her hörte

man den sichern und regelrechten Strich, mit dem Jeetzes Bürste der Hacheln und Härchen, die nicht loslassen wollten, Herr zu werden suchte.
Alles das war hörbar genug, nur Lewin hörte es nicht. Endlich beschloss Hektor, der Ungeduld Jeetzes und seiner eigenen ein Ende zu machen, richtete sich auf, legte beide Vorderpfoten aufs Deckbett und fuhr mit seiner Zunge über die Stirn des Schlafenden hin, ohne weitere Sorge, ob seine Liebkosungen willkommen seien oder nicht. Lewin wachte auf; die erste Verwirrung wich einem heiteren Lachen.
»Kusch dich, Hektor«, damit sprang er aus dem Bett. Der Morgenschlaf hatte ihn frisch gemacht; in wenigen Minuten war er angekleidet, ein Vorteil halb soldatischer Erziehung. Er durchschritt ein paar Mal das Zimmer, betrachtete lächelnd einen mit vier Nadeln an die Tischdecke festgesteckten Bogen Papier, auf dem in großen Buchstaben stand: »Willkommen in Hohen-Vietz«, ließ seine Augen über ein paar Silhouettenbilder gleiten, die er von Jugend auf kannte und doch immer wieder mit derselben Freudigkeit begrüßte, und trat dann an eines der zugefrorenen Eckfenster. Sein Hauch taute die Eisblumen fort, ein Fleckchen, nicht größer als eine Glaslinse, wurde frei, und sein erster Blick fiel jetzt auf die eben aufgehende Weihnachtssonne, deren

roter Ball hinter dem Turmknopf der Hohen-Vietzer Kirche stand. Zwischen ihm und dieser Kirche erhoben sich die Bäume das hügelansteigenden Parkes, fantastisch bereift, auf einzelnen ein paar Raben, die in die Sonne sahen und mit Gekreisch den Tag begrüßten.

Lewin freute sich noch des Bildes, als es an die Tür klopfte.

»Nur herein!«

Eine schlanke Mädchengestalt trat ein, und mit herzlichem Kuss schlossen sich die Geschwister in die Arme. Dass es Geschwister waren, zeigte der erste Blick: die gleiche Figur und Haltung, dieselben ovalen Köpfe, vor allem dieselben Augen, aus denen Phantasie, Klugheit und Treue sprachen.

»Wie freue ich mich, dich wieder hier zu haben. Du bleibst doch über das Fest? Und wie gut du aussiehst, Lewin! Sie sagen, wir ähnelten uns; es wird mich noch eitel machen.«

Die Schwester, die bis dahin wie musternd vor dem Bruder gestanden hatte, legte jetzt ihren Arm in den seinen und fuhr dann, während beide auf der breiten Strohmatte des Zimmers auf und ab promenierten, in ihrem Geplauder fort.

»Du glaubst nicht, Lewin, wie öde Tage wir jetzt haben. Seit einer Woche flogen uns nichts als Schneeflocken ins Haus.«

»Aber du hast doch den Papa ...«

»Ja und nein. ich hab ihn und hab ihn nicht; jedenfalls ist er nicht mehr, wie er war. Seine kleinen Aufmerksamkeiten bleiben aus; er hat kein Ohr mehr für mich, und wenn er es hat, so zwingt er sich und lächelt. Und an dem allen sind die Zeitungen schuld, die ich freilich auch nicht missen möchte. Kaum dass Hoppenmarieken in den Flur tritt und das Postpaket aus ihrem Kattuntuch wickelt, so ist es mit seiner Ruhe hin, Er geht an mir vorbei, ohne mich zu sehen, Briefe werden geschrieben; die Pferde kommen kaum noch aus dem Geschirr; zu Wagen und zu Schlitten – geht es hierhin und dorthin. Oft sind wir tagelang allein. Ein Glück, dass ich Tante Schorlemmer habe, ich ängstigte mich sonst zu Tode.«

»Tante Schorlemmer! So findet alles seine Zeit.«

»Oh, sie braucht nicht erst ihre Zeit zu finden, sie hat immer ihre Zeit, das weiß niemand besser als du und ich. Aber freilich, eines ist meiner guten Schorlemmer nicht gegeben, einen öden Tag minder öde zu machen. Möchtest du, eingeschneit, einen Winter lang mit mir und ihren Sprüchen am Spinnrad sitzen?«

»Nicht um die Welt. Aber wo bleibt der Pastor? Und wo bleibt Marie? Ist denn alles zerstoben und verflogen?«

»Nein, nein, sie sind da, und sie kommen auch und sind die alten noch, lieb und gut wie immer. Aber unsere Hohen-Vietzer Tage sind so lang und am längsten, wenn im Kalender die kürzesten stehen. Marie kommt übrigens heute Abend – sie hat eben anfragen lassen.«

»Und wie geht es unserem Liebling?«

»In den drei Monaten, da du nicht hier warst, ist sie voll herangewachsen. Sie ist ein Märchen. Wenn morgen eine goldene Kutsche bei Kniehases vorgefahren käme, um sie aus dem Schulzenhause mit zwei schleppentragenden Pagen abzuholen, ich würde mich nicht wundern. Und doch ängstigt sie mich. Aber je mehr ich mich um sie sorge, desto mehr liebe ich sie.«

So weit waren die Geschwister in ihren Plaudereien gekommen, als Jeetze – nunmehr in voller Livree – in der Türe erschien, um seinen jungen Herrschaften anzukündigen, dass es Zeit sei.

»Wo ist Papa?«

»Er baut auf – Krist und ich haben zutragen müssen.«

»Und Tante Schorlemmer?«

»Ist im Flur. Die Singekinder sind eben gekommen.«

Lewin und Renate nickten einander zu und traten dann heiteren Gesichts und leichten Ganges, ein jeder stolz auf den anderen, in den Korridor hinaus. In demselben Augenblick, wo sie an dem Treppenkopf angelangt waren, klang es weihnachtlich von hellen Kinderstimmen zu ihnen herauf. Und doch war es kein eigentliches Weihnachtslied. Es war das alte »Nun danket alle Gott«, das den märkischen Kehlen am geläufigsten ist und am freiesten aus ihrer Seele kommt. »Wie schön«, sage Lewin und horchte, bis die erste Strophe zu Ende war.

Als die Geschwister im Niedersteigen den untersten Treppenabsatz erreicht hatten, hielten sie abermals und überblickten nun das Bild zu ihren Füßen. Die gewölbte Fluthalle, groß und geräumig, trotz der Eichenschränke, die umherstanden, war mit Menschen, jungen und alten, gefüllt; einige Mütterchen hockten auf der Treppe, deren unterste Stufen bis weit in den Flur hinein vorsprangen. Links, nach der Park- und Gartentür zu, standen die Kinder, einige sonntäglich geputzt, die anderen notdürftig gekleidet, hinter ihnen die Armen des Dorfes, auch Sieche und Krüppel; nach rechts hin aber hatte alles, was zum Hause gehörte, seine Aufstellung genommen: der Jäger, der Inspektor, der Meier, Krist und Jeetze, dazu die Mägde, der Mehrzahl nach jung und hübsch, und alle gekleidet in die malerische Tracht dieser Gegenden, den roten Friesrock, das schwarzseidene Kopftuch und den geblümten Manchester-Spenzer. In Front dieser bunten Mädchengruppe gewahrte man eine ältliche Dame über fünfzig, grau gekleidet mit weißem Tuch und kleiner Tüllhaube, die Hände gefaltet, den Kopf vorgebeugt, wie um dem Gesange der Kinder mit mehr Andacht folgen zu können. Es war Tante Schorlemmer. Nur als die Geschwister auf dem Treppenabsatz erschienen, unterbrach sie ihre Haltung und erwiderte Lewins Gruß mit einem freundlichen Nicken.

Nun war auch der zweite Vers gesungen, und die Weihnachtsbescherung an die Armen und Kinder des Dorfes, wie sie in diesem Hause seit alten Zeiten Sitte war, nahm ihren Anfang. Niemand drängte vor; jeder wusste, dass ihm das Seine werden würde. Die Kranken erhielten eine Suppe, die Krüppel ein Almosen, alle einen Festkuchen, an die Kinder aber traten die Mägde heran und schütteten ihnen Äpfel und Nüsse in die mitgebrachten Säcke und Taschen.

Das Gabenspenden war kaum zu Ende, als die große, vom Flur aus in die Halle führende Flügeltüre von innen her sich öffnete und ein heller Lichtschein in den bis dahin nur halb erleuchteten Flur drang. Damit war das Zeichen gegeben, dass nun dem Hause selber beschert werden solle. Der alte

Vitzewitz trat zwischen Türe und Weihnachtsbaum, und Lewins ansichtig werdend, der am Arm der Schwester dem Festzug vorauf schritt, rief er ihm zu: »Willkommen, Lewin, in Hohen-Vietz.« Vater und Sohn begrüßten sich herzlich; dann setzten die Geschwister ihren Umgang um die Tafel fort, während draußen im Flur die Kinder wieder anstimmten:

Lob, Ehr und Preis sei Gott,
dem Vater und dem Sohne
und auch dem Heiligen Geist
im hohen Himmelsthrone.

Der Zug löste sich nun auf, und jeder trat an seinen Platz und an seine Geschenke. Alles gefiel und erfreute, die Schals, die Westen, die seidenen Tücher. Da lagerte kein Unmut, keine Enttäuschung auf den Stirnen; jeder wusste, dass schwere Zeiten waren und dass der viel heimgesuchte Herr von Hohen-Vietz sich mancher Entbehrung unterziehen musste, um die gute Sitte des Hauses auch in bösen Tagen aufrecht zu erhalten.

Zu beiden Seiten des Kamins, über dessen breiter Marmorkonsole das überlebensgroße Bild des Ahnherrn Matthias aufragte, waren auf kleinen Tischen die Gaben ausgebreitet, die der Vater für Lewin

und Renaten gewählt hatte. Lieblingswünsche hatten ihre Erfüllung gefunden, sonst waren sie nicht reichlich. An Lewins Platz lag eine gezogene Doppelbüchse, Suhler Arbeit, sauber, leicht, fest, eine Freude für den Kenner.
»Das ist für dich, Lewin. Wir leben in wunderbaren Tagen. Und nun komm und lass uns plaudern.«
Beide traten in das nebenan gelegene Zimmer, während in der Halle die Weihnachtslichter niederbrannten.

Theodor Fontane

Worüber das Christkind lächeln musste

Als Josef mit Maria von Nazaret her unterwegs war, um in Betlehem anzugeben, dass er von David abstamme, was die Obrigkeit so gut wie unsereins hätte wissen können, weil es ja längst geschrieben stand – um jene Zeit also kam der Engel

Gabriel heimlich noch einmal vom Himmel herab, um im Stalle nach dem Rechten zu sehen. Es war ja sogar für einen Erzengel in seiner Erleuchtung schwer zu begreifen, warum es nun der allererbärmlichste Stall sein musste, in dem der Herr zur Welt kommen sollte, und seine Wiege nichts weiter als eine Futterkrippe. Aber Gabriel wollte wenigstens noch den Winden gebieten, dass sie nicht gar zu grob durch die Ritzen pfiffen, und die Wolken am Himmel sollten nicht gleich wieder in Rührung zerfließen und das Kind mit ihren Tränen überschütten, und was das Licht in der Laterne betraf, so musste man ihm noch einmal einschärfen, nur bescheiden zu leuchten und nicht etwa zu blenden und zu glänzen wie der Weihnachtsstern.
Der Erzengel stöberte auch alles kleine Getier aus dem Stall, die Ameisen und Spinnen und die Mäuse, es war nicht auszudenken, was geschehen konnte, wenn sich die Mutter Maria vielleicht vorzeitig über eine Maus entsetzte! Nur Esel und Ochs durften bleiben, der Esel, weil man ihn später ohnehin für die Flucht nach Ägypten zur Hand haben musste, und der Ochs, weil er so riesengroß und faul war, dass ihn alle Heerscharen des Himmels nicht hätten von der Stelle bringen können.
Zuletzt verteilte Gabriel noch eine Schar Engelchen im Stall herum auf den Dachsparren, es waren sol-

che von der kleinen Art, die fast nur aus Kopf und Flügeln bestehen. Sie sollten ja auch bloß still sitzen und Acht haben und sogleich Bescheid geben, wenn dem Kinde in seiner nackten Armut etwas Böses drohte. Noch ein Blick in die Runde, dann hob der Mächtige seine Schwingen und rauschte davon. Gut so. Aber nicht ganz gut, denn es saß noch ein Floh auf dem Boden der Krippe in der Streu und schlief. Dieses winzige Scheusal war dem Engel Gabriel entgangen, versteht sich, wann hatte auch ein Erzengel je mit Flöhen zu tun!

Als nun das Wunder geschehen war und das Kind lag leibhaftig auf dem Stroh, so voller Liebreiz und so rührend arm, da hielten es die Engel unterm Dach nicht mehr aus vor Entzücken, sie umschwirrten die Krippe wie ein Flug Tauben. Etliche fächelten dem Knaben balsamische Düfte zu und die anderen zupften und zogen das Stroh zurecht, damit ihn ja kein Hälmchen drücken oder zwicken möchte.

Bei diesem Geraschel erwachte aber der Floh in der Streu. Es wurde ihm gleich himmelangst, weil er dachte, es sei jemand hinter ihm her, wie gewöhnlich. Er fuhr in der Krippe herum und versuchte alle seine Künste und schließlich, in der äußersten Not, schlüpfte er dem göttlichen Kinde ins Ohr.

»Vergib mir!« flüsterte der atemlose Floh, »aber ich kann nicht anders, sie bringen mich um, wenn sie mich erwischen. Ich verschwinde gleich wieder, göttliche Gnaden, lass mich nur sehen, wie!«

Er äugte also umher und hatte auch gleich einen Plan. »Höre zu«, sagte er, »wenn ich alle Kraft zusammennehme und wenn du still hältst, dann könnte ich vielleicht die Glatze des heiligen Josef erreichen, und von dort weg kriege ich das Fensterkreuz und die Tür…« »Spring nur!« sagte das Jesuskind unhörbar, »ich halte still!«

Und da sprang der Floh. Aber es ließ sich nicht vermeiden, dass er das Kind ein wenig kitzelte, als er sich zurechtrückte und die Beine unter den Bauch zog.

In diesem Augenblick rüttelte die Mutter Gottes ihren Gemahl aus dem Schlaf.

»Ach sieh doch!« sagte Maria selig, »es lächelt schon!«

Karl Heinrich Waggerl

Geboren am 24. Dezember 1945

In jener kalten, dunklen Nacht. In Vicovice. Polanka. Rosnova. Nemece. Oder eine andere tschechische Stadt. Wer weiß heute noch ihren Namen? Das ist lange her.

Aber da war ein Kind. Das ist dort geboren. In seinem Pass muss der Name der tschechischen Stadt stehen, die es nie gesehen hat. Wo ist dieses Kind geblieben, dessen Mutter gestorben ist, bevor man erfahren hat, woher sie kam? Ein Kind, ein neugeborenes Kind in einem tschechischen Lazarett, zwischen Sterbenden, Schwerverwundeten, Verzweifelten, Hoffenden und: tschechischer Miliz. In Hunger, in Kälte, ein neugeborenes Kind, in jenem ersten Winter, in dem der Krieg zu Ende war. War er wirklich zu Ende?

Und dann starb die Mutter, von der niemand etwas wusste, nur dass sie Maria hieß. Viele Frauen im Osten heißen Maria. Eine junge Mutter, fast noch ein Mädchen, sie hat dort ihr erstes Kind geboren, einen Sohn, und weil es der vierundzwanzigste Dezember war, hatte man ihm dem Namen Christian gegeben. Aber nicht nur deshalb. Dieses Kind, von dem niemand je wieder gehört hat, ist für eine Stunde das Kind in der Krippe gewesen, das Heil der Welt.

Von jener Weihnachtsnacht in Vicovice, Rosnova, Nemece erzählen die Männer, die dabei gewesen sind, manchmal ihren Frauen. Jener, der damals ein Hirte war und heute ein Pfarrer ist, erzählt, wenn er in der Heiligen Nacht seine Ansprache hält, seiner Gemeinde von diesem Kind; und auch der, der nur die Beine des Schafes gehalten hat, erzählt davon, damals war er Sanitäter, und an jenem Abend war auch er ein Hirte; alle, die noch am Leben sind, es sind nicht mehr viele, suchen insgeheim noch immer nach diesem Kind. In seinem Pass muss der Name jener tschechischen Stadt stehen und das Datum des vierundzwanzigsten Dezember neunzehnhundertfünfundvierzig. Wenn er noch lebt – sagen sie dann nachdenklich zu ihren Frauen –, was ist aus ihm geworden? Er hat doch eine Stunde in der Krippe gelegen, verstehst du? Und was ist aus dem anderen geworden; dem, der den Hammel festgehalten hat, weißt du, er war Sanitäter, er konnte Tschechisch, er stand sich gut mit denen, er hat immer den Wassermann geprüft, dazu braucht man einen Hammel, aber davon verstehst du nichts. Dieses Tier zwischen uns, das war wichtig, daran erkannte man nämlich, dass wir Hirten waren, die von dem Felde kamen, weißt du, »und hüteten des Nachts ihre Herden«, wir kamen doch aus dem Felde, von überall her kamen wir, es war so ein Sammellazarett. Und dann war da einer, der hat angefangen: Er hat seine Jacke, die innen aus Lammfell war, gegeben, und dahinein hat ein anderer das Kind gelegt. Er war mit dabei, die Sterbenden und die Schwerverwundeten, die beiden Schwestern, die keine Engel sein wollten, nur zuerst, da hatten sie sich aufgestellt wie Engel. Sie hatten sogar die Haube vom Haar genommen und gelacht, aber dann muss etwas geschehen sein: Sie traten zurück, sie wollten nicht im Vordergrund stehen, zwei Schritte nur, aber alle merkten: Engel waren sie nicht, konnten sie auch nicht werden, auch eine solche Nacht erlöst ein Mädchen nicht. Sie reihten sich zu den Hirten, stellten sich neben den Hammel, und die eine von ihnen hielt die Stalllaterne hoch, als die Kerze abgebrannt war. Die junge Mutter Maria weinte; in ihrem Schoß und zu ihren Füßen lagen Brot, ein Stück Speck, eine Decke aus Wolle. Weihrauch, Myrrhe und Gold auch für dieses Kind. Es waren keine Könige, die vor das Kind hintraten, aber sie sahen aus, als seien sie weise geworden. Weise aus dem Morgenland. Sie kamen aus dem Osten, ein unheiliger Stern hatte sie dorthin geführt, wo sie jetzt standen, aber ein guter Stern würde sie bald nach Hause führen. Sie trugen graue wattierte Röcke, einer hatte den Arm in der Schlinge, einer hatte nur noch ein Bein, und ein dritter trug eine Binde vor den zerstörten Augen, er war der Jüngste von ihnen. Der Älteste hatte den Platz neben Maria eingenommen. Er hieß Josef, viele heißen so. Er hätte ihr Vater sein können, und er hätte sie wohl auch länger beschützt als nur diese eine Nacht. Er hatte niemanden mehr, der ihn noch brauchte. Er wollte sie mit sich nehmen, sie und das Kind. Der Krieg war zu Ende, man musste ihn bald entlassen, alt und krank, wie er war. Mit ihr wollte er nach Hause, in ein neues Zuhause. Sie wusste das noch nicht, er hatte es sich ausgedacht, als er das Kind im Schein der Laterne sah.

Es hat keinen Zuschauer gegeben in jener Nacht. Es war auch kein Spiel gewesen, kein Spiel mit frommen Liedern. Gesungen hatte keiner.

Angefangen hat es mit diesem Kind. Am späten Vormittag hatte man das Weinen gehört, einer hatte er zuerst gehört, hatte die anderen aufmerksam gemacht: Sie horchten. Ein Kind. Ein neugeborenes Kind! Irgendwo im Lazarett, versteckt vor den tschechischen Wachtposten. Also hatte man die Frau doch nicht fortgeschickt. Am Nachmittag trug die Schwester, die jüngere von beiden, das Kind auf einem Kissen im Arm und lief damit von einem Saal in den anderen und rief: ein Kind! Seht bloß, ein Kind! – Sie war seit drei Jahren im Krieg, seit drei Jahren war sie Krankenschwester, aber sie

hatte noch nie ein neugeborenes Kind im Arm getragen. Nur Tote kannte sie, in dem einen Saal hat sie gesagt: Seht! Ein Kind ist uns geboren! – Sie wusste nicht, dass sie mit den Worten des Evangeliums sprach, vielleicht hatte sie die nie gehört. Sie weinte, weil sie erst seit einer Stunde wusste, dass ein Kind Liebe bedeutet und dass alles, was sie von der Liebe wusste, falsch war, weil das Kind die Liebe und die Liebe das Kind ist. Sie weinte und stand zwischen den Betten und hielt den Männern das Kind hin. Keiner hat gelacht. Die wandten nur die Köpfe weg, zogen die grauen Decken höher, dass man den Atem nicht sah. Dann kam einer von den tschechischen Soldaten und scheuchte die Schwester aus dem Saal; die aber lächelte und hielt auch ihm das Kind hin, und da ließ er sie vorbeigehen, rührte sie nicht an, was er sonst tat und was sie sonst zuließ.
Es dämmerte früh. Kein Baum, keine Lichter, keine Briefe und kein Paket von zu Hause. Schlimmer als im Krieg. Dann weint das Kind, und niemand weiß nachher mehr, wie das alles gekommen war. Sie heißt Maria, hat einer gesagt, und der hat es dem im nächsten Bett weiter gesagt. – Es geht ihr schlecht. – Sie muss wohl sterben. – Da war es schon eine Stunde später, die Suppe war schon ausgeteilt, die Lampe über der Tür brannte, die

vergitterte blaue Glühbirne, bei deren Schein man keinen Brief hätte lesen können.
Bald danach waren sie aufgestanden, hatten ihre wattierten Röcke und Mäntel angezogen, einer hatte dem anderen geholfen. Sie hatten das Kind sehen wollen. Sie hatten eine Frau sehen wollen, die ein Kind geboren hat. Jeder hatte seinen Platz gefunden: die einen als Hirten, die anderen als Könige, als Josef der eine. Sie hatten auch Witze gemacht, so ganz geheuer war es ihnen nicht. Einer von ihnen hieß nämlich Ochse, und der musste sich neben den Hammel stellen, den Wassermannhammel. Sie trugen herbei, was sie unter dem Kissen vor den Blicken der Kameraden und dem Zugriff der Wachsoldaten versteckt gehalten hatten. Einer soll noch sein Eisernes Kreuz besessen haben, das hat er auch hingelegt. So etwas geschieht, da lacht keiner. Keiner hat darin das Kreuz gesehen, damals, das Kreuz bei der Krippe. er hat ja auch nur gegeben, was ihm zu geben am schwersten fiel. Die Soldaten standen in der einen Ecke, die Tschechen, die Feinde, mit ihren Gewehren in der anderen; zuerst stützten sie sich drauf, dann legten sie sie auf den Boden, zu Füßen des Kindes. Die junge Maria lächelte, die Wangen gerötet, die Augen glänzend und das Haar aufgelöst und blond. Sie verstand nichts mehr von alldem, ihr Kind lag

warm und beschützt, sie fürchtete sich nicht mehr, sie lächelte im Traum und Fieber.
Hat wirklich einer gesagt: »Friede auf Erden«? – Gehört hatten sie es alle, in dieser Stunde haben sie alle das Heil der Welt erblickt; die Könige, die keine Weisen waren, die Hirten, der Mann, der den blökenden Hammel an den Beinen hielt, dass er stillstand und das Bild nicht störe, und die Schwester, die die Laterne hochhielt, und der Mann, der ein Josef sein wollte, und der, der seine Jacke hergegeben hat, weil er wusste, dass das Kind sie nötiger brauchen würde als er.

In der Weihnachtsnacht, wenn ihre Kinder in den Betten liegen, versuchen die Männer, die damals dabei gewesen sind, in jener kalten Nacht in Vicovice, Polanka, Rosnova, Nemece oder wie dieser Ort nun heißen mag, ihren Frauen davon zu erzählen. Und dann fragen die: Wer warst du denn? – Ich? Ich war der mit dem Hammel, sagen sie. – Ich war der Junge, der mit der Binde vor den Augen, weißt du das nicht? Der geführt werden musste. – Ich war einer von den Königen aus dem Morgenlande, ich hatte Wein, einen ganzen Krug voll Wein…
Wirklich –? fragen die Frauen. Du warst einer von den Königen, den Weisen? – Du warst der mit dem blökenden Hammel? – Du warst jener Josef?

Sie sind ungläubig, sie lachen.
Es ist schwer, diese Geschichte zu erzählen. Von Jahr zu Jahr wird es schwerer.

Christine Brückner

Vertrauen gegen Vertrauen

Damit Klarheit herrscht: Geld spielt bei uns keine Rolle, solange wir noch Kredit haben. Die Frage ist, was wir einander zu den vielen Festtagen schenken sollen. Wir beginnen immer schon Monate vorher an Schlaflosigkeit zu leiden. Der Plunderkasten »Zur weiteren Verwendung« kommt ja für uns selbst nicht in Betracht. Es ist ein fürchterliches Problem.

Vor drei Jahren, zum Beispiel, schenkte mir meine Frau eine komplette Fechtausrüstung und bekam von mir eine zauberhafte Stehlampe. Ich fechte nicht.
Vor zwei Jahren verfiel meine Frau auf eine Schreibtischgarnitur aus karrarischem Marmor – samt Briefbeschwerer, Briefhalter und Briefmappe –, während ich sie mit einer zauberhaften Stehlampe überraschte. Ich schreibe keine Briefe.
Voriges Jahr erreichte die Krise ihren Höhepunkt, als ich meine Frau mit einer zauberhaften Stehlampe bedachte und sie mich mit einer persischen Wasserpfeife. Ich rauche nicht.
Dieses Jahr trieb uns die Suche nach passenden Geschenken beinahe in den Wahnsinn. Was sollten wir einander noch kaufen? Gute Freunde informierten mich, dass sie meine Frau in lebhaftem Gespräch mit einem Grundstücksmakler gesehen hätten. Wir haben ein gemeinsames Bankkonto, für das meine Frau auch allein zeichnungsberechtigt ist. Erbleichend nahm ich sie zur Seite: »Liebling, das muss aufhören. Geschenke sollen Freude machen, aber keine Qual. Deshalb werden wir uns nie mehr den Kopf darüber zerbrechen, was wir einander schenken sollen. Ich sehe keinen Zusammenhang zwischen einem Feiertag und einem schottischen Kilt, den ich außerdem niemals tragen würde.

Wir müssen vernünftig sein, wie es sich für Menschen unseres Intelligenzniveaus geziemt. Lass uns jetzt ein für allemal schwören, dass wir einander keine Geschenke mehr machen werden!«

Meine Frau fiel mir um den Hals und nässte ihn mit Tränen der Dankbarkeit. Auch sie hatte an eine solche Lösung gedacht, hatte nur nicht gewagt, sie vorzuschlagen. Jetzt war das Problem für alle Zeiten gelöst. Gott sei Dank.

Am nächsten Tag fiel mir ein, dass ich meiner Frau zum bevorstehenden Fest doch etwas kaufen müsste. Als erstes dachte ich an eine zauberhafte Stehlampe, kam aber wieder davon ab, weil unsere Wohnung durch elf zauberhafte Stehlampen nun schon hinlänglich beleuchtet ist. Außer zauberhaften Stehlampen wüsste ich aber für meine Frau nichts Passendes, oder höchstens ein Brillantdiadem – das einzige, was ihr noch fehlt. Einem Zeitungsinserat entnahm ich die derzeit gängigen Preise und ließ auch diesen Gedanken wieder fallen.

Zehn Tage vor dem festlichen Datum ertappte ich meine Frau, wie sie ein enorm hohes Paket in unsere Wohnung schleppte. Ich zwang sie, es auf der Stelle zu öffnen. Es enthielt pulverisierte Milch. ich öffnete jede Dose und untersuchte den Inhalt mit Hilfe eines Siebs auf Manschettenknöpfe, Krawattennadeln und ähnliche Fremdkörper – ich fand nichts. Trotzdem eilte ich am nächsten Morgen, von unguten Ahnungen erfüllt, zur Bank. Tatsächlich: meine Frau hatte 260 Pfund von unserem Konto abgehoben, auf dem jetzt nur noch 80 Aguroth verblieben, die ich sofort abhob. Heißer Zorn überkam mich. Ganz wie du willst, fluchte ich in mich hinein. Dann kaufe ich dir also den Astrachanpelz, der uns ruinieren wird. Dann beginne ich jetzt, Schulden zu machen, zu trinken, Kokain zu schnupfen. Ganz wie du willst. Gerade als ich nach Hause kam, schlich meine Frau, abermals mit einem riesigen Paket, sich durch die Hintertüre ein. Ich stürzte auf sie zu, entwand ihr das Paket und riss es auf – natürlich: Herrenhemden. Eine Schere ergreifen und die Hemden zu Konfetti zu schneiden, war eins.

»Da – da!« stieß ich keuchend hervor. »Ich werde dich lehren, feierliche Schwüre zu brechen!«

Meine Frau, die soeben meine Hemden aus der Wäscherei geholt hatte, versuchte einzulenken. »Wir sind erwachsene Menschen von hohem Intelligenzniveau«, behauptete sie. »Wir müssen Vertrauen zueinander haben. Sonst ist es mit unserem Eheleben vorbei.«

Ich brachte die Rede auf die abgehobenen 260 Pfund. Mit denen hätte sie ihre Schulden beim Friseur bezahlt, sagte sie. Einigermaßen betreten brach ich das Gespräch ab. Wie schändlich von mir, meine kleine Frau, die beste Ehefrau von allen, so völlig grundlos zu verdächtigen.

Das Leben kehrte wieder in seine normalen Bahnen zurück.

Im Schuhgeschäft sagte man mir, dass man die gewünschten Schlangenlederschuhe für meine Frau ohne Kenntnis der Schuhmaße nicht anfertigen könne, und ich solle ein Paar alte Schuhe als Muster mitbringen.

Als ich mich mit dem Musterpaar unterm Arm aus dem Haustor drückte, sprang meine Frau, die dort auf der Lauer lag, mich hinterrücks an. Eine erregte Szene folgte. »Du charakterloses Monstrum!« sagte meine Frau. »Zuerst wirfst du mir vor, dass ich mich nicht an unsere Abmachung halte, und dann brichst du sie selber! Wahrscheinlich würdest du mir auch noch Vorwürfe machen, weil ich dir nichts geschenkt habe...«

So konnte es nicht weitergehen. Wir erneuerten unseren Eid. Im hellen Schein der zauberhaften Stehlampen schworen wir uns zu, bestimmt und endgültig keine Geschenke zu kaufen. Zum ersten Mal seit Monaten zog Ruhe in meine Seele ein.

Am nächsten Morgen folgte ich meiner Frau heimlich auf ihrem Weg nach Jaffa und war sehr erleichtert, als ich sie ein Spezialgeschäft für Damenstrümpfe betreten sah. Fröhlich pfeifend kehrte ich

nach Hause zurück. Das Fest stand bevor, und es würde keine Überraschung geben. Endlich!
Auf dem Heimweg machte ich einen kurzen Besuch bei einem mir befreundeten Antiquitätenhändler und kaufte eine kleine chinesische Vase aus der Ming-Periode. Das Schicksal wollte es anders. Warum müssen die Autobusfahrer auch immer so unvermittelt stoppen. Ich versuchte die Scherben zusammen zu leimen, aber das klappte nicht recht. Umso besser. Wenigstens kann mich meine Frau keines Vertragsbruches zeihen.
Meine Frau empfing mich im Speisezimmer, festlich gekleidet und mit glückstrahlendem Gesicht. Auf dem großen Speisezimmertisch sah ich, geschmackvoll arrangiert, einen neuen elektrischen Rasierapparat, drei Kugelschreiber, ein Schreibmaschinenfutteral aus Ziegenleder, eine Schachtel Skiwachs, einen Kanarienvogel komplett mit Käfig, eine Brieftasche, eine zauberhafte Stehlampe, einen Radiergummi und ein Koffergrammophon (das sie bei dem alten Strumpfhändler in Jaffa unter der Hand gekauft hatte).
Ich stand wie gelähmt und brachte kein Wort heraus. Meine Frau starrte mich ungläubig an. Sie konnte es nicht fassen, dass ich mit leeren Händen gekommen war. Dann brach sie in konvulsivisches Schluchzen aus: »Also so einer bist du. So behan-

delst du mich. Einmal in der Zeit könntest du mir eine kleine Freude machen – aber das fällt dir ja gar nicht ein. Pfui, pfui, pfui. Geh mir aus den Augen. Ich will dich nie wieder sehen …«
Erst als sie geendet hatte, griff ich in die Tasche und zog die goldene Armbanduhr mit den Saphiren hervor. Kleiner, dummer Liebling.

Ephraim Kishon

WEINACHT

Auch früher schon, ehe die große Mahnung an uns ergangen war, bekam ich an Weihnachten je und je leise Widerstände, bekam einen etwas unangenehmen Geschmack auf der Zunge zu fühlen, wie bei einer Sache, welche zwar hübsch, aber nicht ganz echt ist, welche zwar allgemein Vertrauen und

Achtung genießt, welcher man aber ganz heimlich doch ein wenig misstraut.
Jetzt, da die vierte Kriegsweihnacht kommt, ist der Geschmack auf der Zunge unüberwindlich geworden. Gewiss, ich feiere Weihnacht, weil ich Kinder habe, die ich nicht um eine Freude bringen will. Aber ich begehe diese Kinderweihnacht ebenso, wie ich in meiner Kriegstätigkeit die Gefangenenweihnacht begehe – als einen hergebrachten, festlich-offiziellen Akt verjährten Herkommens, verstaubter Sentimentalität. Den armen Kriegsgefangenen, die wir seit drei Jahren wie Schwerverbrecher schmachten lassen, schicken wir hübsche Kisten und Päckchen mit Tannenzweigen darin – es ist rührend, und ich fühle das Rührende daran selber zuzeiten stark, denke mir die Gefühle eines Gefangenen, der sein kleines Geschenkchen erhält, male mir aus, welch ein Strom von Erinnerungen ihn unter Umständen beim Duft eines Tannenzweiges überfallen kann. Aber auch das ist ja schließlich nichts als eine Sentimentalität.
Und ebenso wie wir die Gefangenen jahrelang einsperren, obwohl sie nichts getan haben, als sich von einem Sturmangriff oder einer gewaltsamen Erkundung überraschen zu lassen, und wie wir diese armen Hunderttausende und Millionen dann an Weihnachten mit einer gefühlvollen Gabe heim-

suchen und sie an das Fest der Liebe erinnern – ebenso machen wir es mit unseren Kindern. Einmal im Jahr lassen wir sie sich an der Legende von der göttlichen Liebe freuen, sind einen Abend lang beim Christbaum mit ihnen rührend nett und erziehen sie im übrigen zum selben Schicksal, das wir heut alle verfluchen.

Wenn der Kriegsgefangene mir das hübsche Weihnachtspaket, das ich ihm schicke, ins Gesicht schmeißt und den sentimentalen Tannenzweig mit Füßen tritt, so hat er ganz recht. Und wenn unsere Kinder uns am Lichterbaum unsere ganze Ergriffenheit und Erlöstheit durch das Christkind nicht recht glauben können und uns für ein wenig falsch oder doch für ziemlich komisch ansehen, so haben sie ebenfalls völlig recht.

Unsere Weihnacht ist, von den paar wirklich Frommen abgesehen, ja schon sehr lange eine Sentimentalität. Zum Teil ist sie noch Schlimmeres geworden, Reklameobjekt, Basis für Schwindelunternehmungen, beliebtester Boden für Kitschfabrikation.

Das kommt daher: die Weihnacht und das Fest der Liebe und Kindlichkeit ist für uns alle schon längst nicht mehr Ausdruck eines Gefühls. Wir tun einmal im Jahre so, als legten wir großen Wert auf schöne Gefühle, als ließen wir es uns herzlich gern etwas kosten, ein Fest unserer Seelen zu feiern. Dabei kann die vorübergehende Ergriffenheit von der wirklichen Schönheit solcher Gefühle sehr echt sein. Sentimentalität ist unser typisches Verhalten der Weihnacht und den wenigen anderen äußeren Anlässen gegenüber, bei denen noch heute Reste der christlichen Lebensordnung in unser Tagesleben eingreifen. Unser Gefühl dabei ist dieses: »Wie schön ist doch dieser Liebesgedanke, wie wahr ist es, dass nur Liebe erlösen kann! Und wie schade und bedauerlich, dass unsere Verhältnisse uns nur einen einzigen Abend im Jahr den Luxus dieses schönen Gefühls gestatten, dass wir sonst jahraus, jahrein durch Geschäfte und andere wichtige Sorgen davon abgehalten sind!« Dies Gefühl trägt alle Merkmale der Sentimentalität. Denn Sentimentalität ist das Sich-Erlaben an Gefühlen, die man in Wirklichkeit nicht ernst genug nimmt, um ihnen irgendein Opfer zu bringen, um sie irgend je zur Tat zu machen.

Wenn die Pfarrer und Frommen klagen, dass der Glaube und damit das Glück aus der Welt verschwunden sei, so haben sie recht. Unser Verhalten gegen alle wirklichen Werte des Menschen ist von einer Barbarei und Roheit, wie sie die Welt seit Jahrhunderten nicht mehr gesehen hat. Dies zeigt sich in unserm Verhalten zur Religion, in unserm

Verhalten zu Kunst, in unserer Kunst selber. Denn die beliebte Meinung, dass die Kunst des modernen Europa auf einer ungeheuer hohen Stufe stehe, ist ebenso ein Irrtum der Bildungsphilister wie die Meinung vom Vorhandensein einer hochstehenden und Respekt verdienenden »Kultur« unserer Zeit.
Der »Gebildete« von heute verhält sich zu Lehre Jesu so, dass er das ganze Jahr hindurch an sie nicht denkt und nach ihr nicht lebt, dass er aber am Weihnachtsabend einer vagen wehmütigen Kindererinnerung nachgibt und ein wenig in zahmen, wohlfeilfrommen Gefühlen schwelgt, ebenso wie er noch ein- oder zweimal im Jahre, etwa bei Aufführungen der Matthäuspassion, dieser zwar längst verlassenen, dennoch aber noch unheimlichen und im Verborgenen mächtigen Welt seine Reverenz macht.
Ja, das alles gibt man zu, jedermann weiß es, und jeder weiß auch, dass es traurig ist. Schuld daran sind politische und ökonomische Entwicklungen, sagt man, schuld ist der Staat, schuld ist der Militarismus, und so weiter. Denn irgendetwas muss ja doch schuld sein. Kein Volk hat den »Krieg gewollt«, ebenso wie kein Volk den Vierzehnstundentag, die Wohnungsnot und die Kindersterblichkeit »gewollt« hat.
Ehe wir wieder Weihnacht feiern und das Ewige und einzig Wichtige in uns mit einem verlogenen

Ersatzartikel von Gefühlen abspeisen, sollten wir uns lieber dieses ganzen Elends recht bewusst werden, auch wenn es zur Verzweiflung führt. Schuld an unserem Elend, schuld an der Nichtigkeit und rohen Verödung unseres Lebens, schuld am Krieg, schuld am Hunger, schuld an allem Bösen und Traurigen ist keine Idee und kein Prinzip, schuld daran sind wir, wir selber. Und auch nur durch uns, durch unsere Erkenntnis, durch unseren Willen kann es anders werden.

Ob wir dann die Lehre Jesu wieder aufnehmen und uns neu zu eigen machen oder ob wir andere Formen suchen, das ist einerlei. Die Lehre Jesu und die Lehre Lao Tses, die Lehre der Veden und die Lehre Goethes ist in dem, worin sie des ewig Menschliche trifft, dieselbe. Es gibt nur eine Lehre. Es gibt nur eine Religion. Es gibt nur ein Glück. Tausend Formen, tausend Verkünder, aber nur einen Ruf, nur eine Stimme. Die Stimme Gottes kommt nicht vom Sinai und nicht aus der Bibel, das Wesen der Liebe, der Schönheit, der Heiligkeit liegt nicht im Christentum, nicht in der Antike, nicht bei Goethe, nicht bei Tolstoi – es liegt in dir, in dir und in mir, in jedem von uns. Dies ist die alte, einzige, immer in sich gleiche Lehre vom »Himmelreich«, welches wir »inwendig in uns« tragen.

Zündet euren Kindern die Weihnachtsbäume an! Lasset sie Weihnachtslieder singen! Aber betrügt euch selber nicht, seid nicht immer und immer wieder zufrieden mit diesem ärmlichen, sentimentalen, schäbigen Gefühl, mit dem ihr eure Feste feiert! Verlangt mehr von euch! Denn auch die Liebe und Freude, das geheimnisvolle Ding, das wir »Glück« nennen, ist nicht da und nicht dort, sondern nur »inwendig in uns«.

Hermann Hesse

Lieber Hoppelpoppel – wo bist du?

Dem Thomas hatten seine Großeltern zum ersten Weihnachtsfest einen kleinen Hund aus schwarzem Plüsch geschenkt, mit Hängeohren und frechen braunen Augen, eine Art Dackeltier, aber auf Rädern. Und da die Achsen dieser Räder nicht im Mittelpunkt saßen, sondern seitlich, hoppelte und wogte das schwarze Stoffgeschöpf auf und nieder, als haste es wild und über alle Kraft imaginären Hasen nach. Darum taufte der Vater den Hund »Hoppelpoppel«, und als Thomas etwas älter geworden war und sprechen konnte, genehmigte auch er diesen Namen. Er liebte den Hund sehr, immer musste er bei ihm sein, auch im Schlaf durfte er ihn nicht verlassen, und er wachte sehr genau darüber, dass die Eltern nicht nur ihrem Sohn, sondern auch dem Hoppelpoppel gute Nacht sagten. Es war eben eine richtige Liebe.

Nun geschah es, dass Toms Eltern an einen neuen Wohnsitz verzogen, weit, weit weg. Der kleine Thomas blieb während der Umzugstage bei der guten Tante »Kunjä«, und mit ihm natürlich Hoppelpoppel – wie hätte Tom sonst bei Tante Kunjä schlafen können? Nach einer Weile war es dann soweit: Tante Kunjä fuhr mit Tom und dem Hund nach dem neuen Häuserchen. Auf dem Bahnhof erwartete sie der Vater, und der kleine Tom war so selig und verlegen über dies Wiedersehen, dass er schnurstracks seinen Kopf durch des Vaters Beine steckte und so den abfahrenden Zug betrachtete.

Dann gingen die drei Hand in Hand durch den Wald zur Mummi ins neue Häuserchen, und da kam plötzlich ein Augenblick, da Tante Kunjä angedonnert stehenblieb:

»O Gott, habe ich nun doch den Hoppelpoppel in der Bahn liegengelassen!«
Der Vater machte rasch eine Kopfbewegung und sagte: »Still! Still! Hier hat der ›Herr‹ soviel neue Eindrücke, dass er ›ihn‹ einfach vergisst.«
Tom sagte noch gar nichts. Er marschierte stramm auf seinen Beinchen zwischen den beiden Großen und sah die herrlich hohen Bäume mit den Piekse-nadeln an. Dann kam ein Zwinger mit einem Hund, und nun stand die Mummi unten auf einer Treppe und hielt die Arme weit auf. Sie gingen durch eine große Tür auf einen weiten Balkon, und plötzlich war da unten ein langes, langes Wasser, und ein Dampfer kam um die Waldecke und ein Kahn, zwei Kähne, viele Kähne …
Es wurde Abend, und der kleine Junge musste ins Bett. Er war müde und selig aufgeregt, aber als ihn die Mutter über die Bettleiter hob, sagte er: »Hoppelpoppel!«
Der Vater sagte ernst: »Hoppelpoppel fährt mit der Puffbahn, Thomas. Hoppelpoppel kommt morgen.«
Das Kind sah seine Eltern fragend an, erst sagte es nichts, als aber dann das Licht ausgemacht wurde, bat es wieder, dringend: »Hoppelpoppel!«
»Thomas muss jetzt schlafen«, sagte die Mutter streng und machte die Tür von außen zu. Die Eltern standen atemlos und lauschten. Nein, kein

Gebrüll, kein Weinen, sondern Stille. – »Er wird sich beruhigen«, sagte Mummi. »Aber besser ist doch, du gehst morgen zur Bahn und machst eine Verlustanzeige.«

»Schön«, sagte der Mann. »Obgleich es keinen Zweck hat. Denn der Zug fährt weiter nach Polen, und die werden uns grade einen Hoppelpoppel zurückschicken!«

Am nächsten Morgen machte der Vater seine Verlustanzeige, dann kam der Nachmittagsschlaf – aber nein, es kam kein Nachmittagsschlaf.

»Hoppelpoppel!«

»Hoppelpoppel kommt bald.«

»Nun! Gleich!!!«

»Thomas muss schlafen!«

Gebrüll, Wut, Trostlosigkeit, Jammer, nur kein Schlaf. Und am Abend dasselbe. Das neue Häuserchen und das viele Wasser und der Garten und der Hund im Zwinger und die vielen Dampfer – alles nichts! Hoppelpoppel, lieber Hoppelpoppel – wo bist du? Hoppelpoppel, ein alberner, schwarzer Stoffhund, war eine finstere Wolke am Himmel, nach drei Tagen überhing sie alles!

»Also ich fahre morgen nach Berlin und kaufe einen neuen Hoppelpoppel«, sagte der Vater zur Mummi.

»Vielleicht kriegst du solch einen gar nicht?«

»Soll das, bitte, hier so weitergehen?!«
Der Vater fuhr also, und schließlich fand er auch seinen Stoffhund, er fand genau den Hoppelpoppel. Er war lange umhergelaufen, er hatte viel Fahrgeld ausgegeben, aber: Heute nacht wird Tom endlich wieder ruhig schlafen.
Der Vater war so glücklich über den kleinen Hund, am liebsten hätte er aller Welt Gutes getan. Da war im Abteil ein Kind, es war natürlich kein Kind wie der Thomas, nein, sondern ein dunkles, blasses Kind, es war ein meckriges Kind, es war ein schwieriges, störendes Kind, aber es war ein Kind... Es saßen noch zwei Herren im Abteil, das hielt den Vater nicht ab, er machte Kuckuck mit dem Kind, er lenkte es ab, er half der Mutter, so gut er konnte, aber es verschlug nichts, es blieb ein schwieriges Kind.
Der Vater nahm aus dem Netz das kleine braune Paket, das Kind sah zu. Er schnürte langsam das Paket auf, das Kind sah genau hin.
Was da wohl drin ist?
Er faltete das Papier auf, ließ ein bisschen sehen, mehr.
»Hoppelpoppel«, sagte der Vater ernst.
»Wauwau«, antwortete das Kind selig.
Es wurde nun doch eine sehr gute Bahnfahrt. Siehe, der dicke brummige Herr in der Ecke war

ein rechter Großvater, er zog den Hoppelpoppel auf der leeren Bank zu sich hin.
Hoppelpoppel hoppelte. Der Vater zog ihn am Schwanz, zurück. Das Kind jauchzte.
Manchmal ging eine kleine Sorgenwolke über des Vaters Herz. »Wie weit fahren Sie?« fragte er die Mutter des Kindes.
»Bis Neu-Bentschen. Und Sie?«
»Oh, ich muss viel früher raus. Ihr Junge wird ja den Hund bis dahin überhaben.«
»Das weiß ich nicht«, sagte die Frau. »Wenn er was liebt, dann liebt er es auch richtig.«
»Na, eine Weile fahren wir ja auch noch«, sagte der Vater nachdenklich und ließ den Hund bellen.
Der Vater kramte das braune Papier wieder vor und den Bindfaden. »Nun pass auf, jetzt geht Hoppelpoppel schlafen.«
Das Kind sah aufmerksam zu, aber dann, als der Hund im Papier verschwand, fing es an zu weinen. »Hoppäpoppä«, sagte es klagend.
Alle redeten auf das Kind ein, das Kind weinte stärker, der Vater sagte: »Ich brauche ihn ja schließlich nicht eingepackt mitzunehmen, er kann ihn ja noch den Augenblick halten … «
Das Kind nahm den Hoppelpoppel in den Arm, es lächelte, es lächelte – lieber Himmel!, es war doch ein sehr ähnliches Kind…

Der Zug fuhr langsamer, der Zug hielt.
»Nun gib dem Onkel den Hoppelpoppel.«
Das Kind hielt den Hund fest.
»Willst du wohl artig sein, gibst du!«
»Aussteigen!«
»Du sollst den Hund loslassen!«
»Gib mir doch den Wauwau, bitte, bitte! Ich habe auch einen kleinen Jungen …«
»Sie wollen noch raus? Bitte, beeilen!« Alles ging durcheinander, das Kind weinte schmerzlich, der Schaffner schimpfte. Eine Hand (es war die Hand der Mutter) riss an der klammernden Kinderhand, das Weinen wurde lauter. Der Vater stand draußen mit seinem Hoppelpoppel, er dachte verwirrt: Wenn er was liebt, dann liebt er es auch richtig… Der Zug fuhr an, der Vater riss die Tür wieder auf, warf den Hund ins Abteil. Der Zug fuhr schneller, am Fenster waren Mutter und Kind zu sehen, das Kind hielt den Hoppelpoppel …
Der Mann ging langsam durch den dunklen Wald nach Haus, er hatte es nicht eilig. Wenn er zu Haus ankommen würde, würde sein Junge grade ins Bett gebracht werden, er würde sehnsüchtig betteln: Hoppelpoppel! Der Mann bereute nicht, der Mann schalt sich nicht, er war nur traurig. Irgend etwas war nicht in Ordnung auf dieser Welt, irgend etwas stimmte nicht: Dem einen geben, dass der andere weint?

Der Mann schloss die Tür auf, oben krähte der Tom. Der Mann ging langsam und leise die Treppe hinauf, er hing leise den Mantel fort, er zog seine Hausschuhe an … Schließlich musste er doch die Tür aufmachen …
Da aß sein kleiner Sohn am Tischchen den Haferbrei, und auf dem Tischchen stand der Hoppelpoppel! Der Hoppelpoppel mit einem langen, langen Zettel am Hals.
»Sieh nur, Mann«, sagte die Mummi.
Auf dem Zettel standen viele bahnamtliche Vermerke, aber da stand auch: »Zbaszyn (Bentschen). Kleine schwazze Hund, särr biese. Beißt …«
»Kleine schwazze Hund, särr biese …«, sagte der Vater langsam.
Komisch: plötzlich war die Welt wieder in Ordnung.

Hans Fallada

Hanspeters Weihnachtslied

Bei Hanspeter Grimm und seiner Frau wurde Weihnacht gefeiert. Mutter und Geschwister saßen um den großen Tisch, und in der Ecke stand der brennende Weihnachtsbaum. Das ganze Zimmer duftete nach Weihnachten, und als Hanspeters Frau ein Weihnachtslied anstimmte, sangen alle mit. Draußen fiel der Schnee. Ganz leise stiebte er ein wenig an die Fenster, als wollte er sagen: Ich muss doch da sein, damit es weiße Weihnachten sind, aber ich meine es nicht bös. Nachher will ich wieder aufhören, und dann sage ich den Sternen Bescheid, dass sie auf weihnachtliche Erde hinabscheinen.

Doch Hanspeters Frau zog die Fenstervorhänge zusammen, rief in die Küche, dass der Punsch gebracht werden sollte, und dann setzte sie sich wieder neben ihren Mann.

»Nun wollen wir uns ein paar Weihnachtsgeschichten erzählen!« sagte sie.

Da begannen die jungen Leute zu berichten. Jeder hatte schon Weihnachten etwas erlebt, das er besonders fand, und die Geschichten hörten sich recht gut an; aber im ganzen waren sie doch ein wenig langweilig, wenigsten fand dies die alte Frau, die

still in der Sofaecke gesessen hatte und sich nun an Hanspeter wandte.
»Erzähl mal deine Weihnachtsgeschichte!« meinte sie.
Ihr Sohn schüttelte den Kopf. »Sie ist auch nicht besonders, Mutter. Nur eine Dummejungengeschichte.«
»So dumm ist sie gar nicht«, erwiderte seine Mutter, »erzähl sie nur!«
Als dann auch die andern um die Geschichte baten, und noch zwei Freunde dazukamen, die eingeladen waren, den Weihnachtsbaum zu sehen, und sich neben seine knisternden Kerzen setzten, da warf Hanspeter einen fragenden Blick auf seine Frau, die ihm freundlich zunickte. Also begann Hanspeter zu erzählen.

Ja, Kinder, wenn ihr jetzt gemütlich Weihnacht bei mir feiert und ich mein gutes Auskommen in Altenkirchen habe, vier Kühe im Stall, und dann die gute Bäckerei, dann denkt ihr wohl, dass ich mit einem silbernen Löffel im Mund geboren bin. Aber da fragt nur Mutter: es ist uns tüchtig knapp gegangen, als Vater so schnell starb und sie ganz allein mit den fünf Kindern saß. Damals ist sie zum Arbeiten ausgegangen, und noch bevor ich konfirmiert war, musste ich schon beim Bauern helfen und mit dem Milchwagen durch die Dörfer fahren. Ich tat's nicht ungern, und manchmal war es ganz nett, in den Sonnenschein ganz früh morgens hinauszufahren, aber meistens war's nicht leicht, so früh aus den Federn zu müssen und bei jedem Wetter von einem Haus zum andern zu kutschieren. Ich hatte auch nur einen Anzug, und der wurde so schlecht, dass ich mich freute, als Ostern kam und der Dorfschneider mir einen neuen machte. Halb hatte ich ihn mir verdient; die andere Hälfte blieb Mutter schuldig, ich sollte sie allmählich abbezahlen. Ich wurde nämlich konfirmiert, und nun kam ich in die große Gutsmeierei, um die Kühe zu melken. Darauf freute ich mich gewaltig, und dann noch mehr über meinen neuen Anzug. Natürlich trug ich ihn nur sonntags, aber dann kam ich mir sehr fein vor. Er war aus blauem Düffel und hatte große blanke Knöpfe. Als ich mir von meinem ersten Lohn ein Paar Stiefel kaufte und meine Mutter mir ein selbst gestricktes Paar Strümpfe schenkte, da wollten meine kleineren Geschwister immer dabei sein, wenn ich mich sonntags fein machte – und ich kaufte mir einen kleinen Spiegel, den ich auf die Erden stellte, damit ich mich ganz besehen konnte.

Ich kam mir wirklich großartig vor, und den ganzen Sommer hatte ich Spaß an meinen guten Sachen. Schön ist es, sich selbst was zu verdienen: das wisst ihr alle, und wenn ich meinen Wochenlohn an Mutter brachte, dann lobte sie mich immer und sagte: »Hanspeter, du machst mir Freude!« Endlich bildete ich mir denn ordentlich was ein und glaubte, ich wäre ein Hauptkerl und niemand wäre so klug wie ich.

Das ging bis in den November, und ich dachte schon darüber nach, was ich Mutter zu Weihnachten schenken wollte und was ich wohl von der Herrschaft kriegen würde, als der lange Franz nach Altenkirchen kam. Der hatte auch eine Stelle in der Meierei und fragte mich gleich, als er mich zum ersten Mal sah, ob wir nicht zusammen nach Hamburg gehen wollten. Ich war noch nie in Hamburg gewesen, obgleich es mit dem Omnibus nur zwei Stunden zu fahren war; aber meine Mutter sagte, ich sollte nicht allein gehen, und sie hatte keine Zeit mitzukommen.

Der lange Franz konnte es nicht begreifen, dass ich noch nie in Hamburg gewesen war.

»Du bist ja ein Mondkalb!« sagte er. »Liegt dir das feine Hamburg vor der Nase – und du kennst es nicht! Und um diese Zeit fängt doch der Dom an!«

Vom Dom hatte ich natürlich gehört. Das war ein großer Jahrmarkt, und meine Mutter meinte, da könnte man in einer Sekunde sein Geld loswerden. Als ich dies sagte, lachte Franz noch mehr.

»O was ein Muttersohn! Glaubst alles, was die Frauensleute sagen, und das darf man doch nicht. Der Hamburger Dom ist mehr als großartig, und wenn du noch kein Schwein gesehen hast, das Klavier spielen kann, und 'ne Gans, die sagt, wie alt du bist, und den Flohzirkus, wo die Flöhe Polka tanzen, dann tust du mir leid!«

Franz wusste was zu erzählen! Wie schön es in Hamburg war, wie himmlisch auf dem Hamburger Dom, und ich konnte natürlich nicht genug davon hören.

»Mutter«, sagte ich am nächsten Sonnabend, »ich wollt gern morgen nach dem Hamburger Dom!«

Ich brachte ihr nämlich meinen Wochenlohn und wollte zwei Mark zurückbehalten.

Aber sie nahm mir das Geld wieder aus der Hand. »Hanspeter, wart bis zum andern Jahr! Der Hamburger Dom läuft nicht weg, und dann kannst mit mehr Geld hin. Dein Anzug ist noch nicht ganz bezahlt, und deine Stiefel haben neue Sohlen gekriegt. Hamburg läuft nicht weg!«

Aber ich glaubte, dass Hamburg wegliefe, ging brummig zu Bett und zog am andern Morgen verdrießlich meinen neuen Anzug und die frisch besohlten Stiefel an. Franz hatte gesagt, dass er ganz früh nach Hamburg mit dem Omnibus fahren wollte, und ich ärgerte mich, dass ich nicht mitdurfte.

Den Omnibus abfahren sehen wollte ich aber jedenfalls, und lief zum Dorfkrug, wo er stand. Er war schon ganz voll: alle Menschen wollten entschieden nach dem Hamburger Dom, und Franz saß zwischen zwei jungen Mädchen und erzählte ihnen so viel, dass er mich nicht sah.
Langsam rappelte der alte Kasten davon, und dann fuhr noch ein Leiterwagen vor für die, die im Omnibus keinen Platz gefunden hatten.
Ich steh, seh die Menschen einsteigen, ärgere mich, dass ich nicht mitkann – und sehe mit einemmal mitten auf dem Weg eine Geldtasche liegen. Ich nehm sie auf, seh nach, was drin ist, und dann sitz ich auf dem Leiterwagen und will auch nach Hamburg!
(Hanspeter hielt inne, und seine Stirn war rot geworden. Aber niemand sagte ein Wort, und so sprach er denn bald weiter.)
Da waren zwanzig Mark in Gold im Beutel, und dann noch so viel Silber, dass ich den Kutscher bezahlen konnte. Ach, wie langsam fuhr der Leiterwagen, und wie kalt wurde es! Es war noch kein rechtes Weihnachtswetter, obgleich es der erste Sonntag im Dezember war; aber der Wind wehte scharf, und im Wagen lag kein Stroh. Da wurden alle ganz verklahmt, und wenn die Frauen und Mädchen zuerst vom Hamburger Dom gesprochen

und gesagt hatten, was sie sich kaufen und was sie alles besehen wollten, so fingen sie allmählich an zu frieren und wollten irgendwo einkehren, um was Warmes zu trinken. Doch das ging nicht, und endlich hielt der Wagen still, und wir waren auf dem Schweinemarkt in Hamburg. Es liefen dort aber keine Schweine herum; überall standen großmächtige Häuser, und wie ich auf dem Pflaster stand, da taumelte ich etwas, weil ich so verfroren war. Aber ich freute mich doch schrecklich, in Hamburg zu sein, und sah mich um, wo wohl der Hamburger Dom wäre. Ich konnte ihn nicht entdecken, und wie ich mich noch umsehe und mich wundere über die vielen Menschen, und dass keiner nach mir hinsieht – und wie ich gerad jemand fragen will, fasst mich einer am Arm.

»Gun Tag, Hein!«

Ich seh mich um. Da steht ein junger Mensch, den ich nicht kenne. Er hat einen schlechten Rock an und sieht blass aus. Aber ich freu mich doch, dass er mit mir spricht.

»Ich heiße Hanspeter!« sage ich, und er lacht.

»Ich mein auch Hanspeter. Willst du nach dem Dom?«

»Ja«, sag ich.

»Hast denn auch Geld?«

»Gewiss«, erwidere ich trotzig, und er hakt mich unter.

»Dann komm nur, Hanspeter, ich will dich wohl hinbringen. Ich wollt nur erst etwas Warmes trinken, weil es höllisch kalt ist. Willst du nicht auch was haben?«

Natürlich wollte ich das. Ich war kalt und hungrig, und dann wollte ich auch vergessen, dass mir das gefundene Geld nicht gehörte.

Da sind wir denn zusammen losgezogen. Mein neuer Freund hieß Albert, und er sagte, dass er letztes Jahr in Altenkirchen gewesen wäre und meine Mutter auch kennte. Und er erzählte vom Wachsfigurenkabinett in Sankt Pauli, wo alle Mörder zu sehen waren, und von einem Neger, der Feuer fraß, und von noch viel mehr, und dann saßen wir zusammen in einer Wirtschaft und tranken Punsch. Ich hatte noch niemals Punsch getrunken, und er schmeckte mir wunderschön. Das war wie Feuer in mir, und ich wurde lustig und erzählte von zu Haus und von meiner Stelle, und dass ich noch nie in Hamburg gewesen wäre. Und Albert sagte, dass ich ein famoser Kerl wäre und immer bei ihm bleiben sollte. Dann tranken wir Brüderschaft – und was weiter war, ich weiß es nicht mehr.

Als ich wieder zur Besinnung kam, da lag ich in einem Bett, und alles war stockfinster um mich her. Schmerzen hatte ich im Kopf, dass ich meinte, er müsste kaputtgehen, und übel war mir, als schau-

kelte ich auf dem Wasser. Da schlief ich denn endlich wieder ein, und wie ich nun wach wurde, steht eine alte Frau vor meinem Bett und sagt:
»Aufstehn, Hanspeter! Du musst jetzt arbeiten!«
»Wer sind Sie?« fragte ich ganz verdöst, und sie lacht.
»Ich bin deine Herrschaft und heiß Frau Brand. Weißt du nicht mehr, dass du dich bei mir vermietet hast? Du sollst meinen Keller rein machen und mein Essen kochen!«
»Sie sind wohl verrückt!« rufe ich. Dabei will ich aus dem Bett springen und nach meinem Anzug greifen. Aber da liegt kein Anzug, und meine Stiefel kann ich auch nicht sehen.
Die alte Frau sieht mich boshaft an. »Ja, Hanspeter, du musst schon warten, bis ich dir was hole, damit du anständig aussiehst. Du hast nur ein Hemd an, mein Junge – in solchem Kostüm kann man in Hamburg nicht rumlaufen. Nicht einmal im Zimmer.«
Sie hatte Recht: im Hemd konnte ich nicht herumlaufen, und etwas zum Anziehen war nicht zu finden. Ich weiß nicht mehr, wie laut ich geschrien und geheult hab. Mit einemmal stand der Freund von gestern vor mir, und er trug meinen guten Anzug und meine neu besohlten Stiefel. Ich wollte mich auf ihn stürzen, aber da hielt er mir eine Pistole vors Gesicht.

»Wenn du dich muckst, dann schieße ich!« drohte er, und seine Augen funkelten zornig.
Da bin ich still geworden. Denn erstmal wollte ich mich nicht totschießen lassen, und dann hatte ich solche Schwere in den Gliedern, dass ich meinte, todkrank zu werden. Es war wohl Gift oder was ähnliches in dem Punsch gewesen, den mir Albert gegeben hatte; und ich fühlte mich schwach wie ein Kranker. Sie warfen mir einen alten roten Weiberrock hin und eine schmutzige Nachtjacke, und dann musste ich aufstehen und für Frau Brand und ihren Albert Kaffee machen. Dabei lachten sie über mich, und Albert machte nach, wie dumm ich nach Hamburg gekommen wäre, und dass er wollte, noch mehr Schafsköpfe wie ich führen mit dem Omnibus hierher, um den Dom zu sehen. Er hatte die Macht über mich. Ich war schwach und krank, und wenn ich mir auch sonst das Weinen abgewöhnt hatte, so saßen mir die Augen jetzt voller Tränen. Darüber lachte Albert noch mehr, nannte mich eine Heulliese und stieß mich mit meinen eigenen Stiefeln.
Ich war wie betäubt; ich machte den Keller rein, ich schälte Kartoffeln, ich musste alles tun, was Frau Brand und ihr netter Sohn befahlen, und ich musste mich stoßen und mir befehlen lassen. Heraus aus dem Keller konnte ich nicht. Wo ich war, da wurde

die Tür abgeschlossen, und ich wusste ja auch nicht Bescheid in Hamburg. Wenn ich weglief, griff mich die Polizei natürlich gleich auf, und wenn ich sagte, dass ich zwanzig Mark gefunden und nicht abgeliefert hatte, dann steckte die mich wohl ins Loch. Ja, das war grässlich, Kinder, und wenn ich jetzt daran denke, dann wird mir noch immer komisch zumute.

(Hanspeter stieß einen Seufzer aus und sah lange Zeit vor sich hin. Bis seine Frau ihn anlächelte und er weitererzählte.)

Ich bin drei oder vier Tage bei Albert und seiner Mutter gewesen, bis ich mich wieder ordentlich besann. Ich merkte wohl: das waren Verbrecher, denen ich in die Hände gefallen war, und Albert sagte schon einmal, wenn ich artig wäre, dann könnte ich ihm bei einem feinen Geschäft helfen. Ich konnte mir denken, was dies für ein Geschäft war. Ich sollte mit ihm stehlen und betrügen. Aber ich wollte nicht – ich wollte wieder nach Altenkirchen, und ich dachte an meine Mutter, wie sie wohl in Angst um mich war, und was mein Herr sagte, dass ich aus dem Dienst gelaufen war. Aber im roten Unterrock konnte ich nicht auf die Straße, und ich hatte noch immer Furcht vor der Polizei. Albert sagte, das wären alles schlechte Menschen, und wenn sie mich kriegten, würde ich viele Wochen im Gefängnis sitzen müssen. Grade, als ob er gut gewesen wäre, der jeden Tag ausging, um die Menschen zu begaunern! Und wenn er mit leeren Händen nach Hause kam, dann schlug er seine Mutter. Sie war eine alte gräuliche Person, aber als sie einmal laut weinte, da tat sie mir leid, und beinahe wäre ich auf Albert losgegangen, aber ich besann mich noch.

Ich wollte nicht zeigen, dass das Gift wieder aus meinem Körper war und dass ich darüber nachdachte auszukneifen.

Die Gedanken kamen mir mächtig, als ich an einem Nachmittag allein im Keller war. Die alte Brand war ausgegangen und ihr Sohn auch. Natürlich hatten sie mich eingeschlossen, und die Fenster hatten eiserne Ränder – aus ihnen konnte ich nicht steigen. Aber ich wollte alles versuchen: ich wollte weg. Das Leben konnte ich nicht mehr aushalten, und wenn die Polizei mich erwischte, dann mochte sie es tun. Ich war ja doch im Gefängnis, und vielleicht war das wirkliche Gefängnis besser als dieses hier.

Ich saß in der Küche und sollte den Herd reinmachen. Das war ein stickiger Raum und so voll von Sachen gepackt, dass man nicht ans Fenster kommen konnte, das tief unter der Erde lag. Aber ich schob einen großen Schrank zur Seite, und dann

versuchte ich die Scheibe, die dahinter lag, einzuschlagen, Gerade, als ich den Arm mit der Kohlenschaufel hab, da hörte ich's singen: »Stille Nacht, heilige Nacht, alles schläft, einsam wacht!«
Das Lied kannte ich auch. Ich hatte es doch vorige Weihnacht mit in der Kirche gesungen, und der Lehrer hatte mich gelobt, weil ich's gut machte. Und nachher hatte ich's der Mutter vorgesungen, und sie hatte sich die Augen gewischt, wie sie überhaupt Weihnachten leicht traurig war, weil sie an meinen verstorbenen Vater dachte. Und nun weinte sie wohl auch, weil ihr Hanspeter weggelaufen war und sie nicht wusste, was er mit sich angefangen hatte.
Einen Augenblick dachte ich, mein Herz würde entzweigehen, aber dann sah ich ein, dass mit Heulen nichts zu wollen war. Ich wischte mir lieber die schmutzige Fensterscheibe ab und versuchte hinauszusehen. Halbdunkel war's schon, aber ich sah, dass das Fenster auf einen Hof ging. Grad gegenüber lagen Hinterhäuser; zu ebener Erde stand ein Fenster offen, und von dorther kam der Gesang. Ich dachte, wer so singen kann, der hilft dem armen Hanspeter, dass er wieder nach Hause und zu seiner Mutter kommt. ich vergaß, dass ich noch immer im Weiberrock ging und nur ein Paar alte Strohschuhe an den Füßen hatte; ich schlug die Scheibe

ein, bog die eisernen Stangen des Kellerfensters auseinander, drückte mich durch und lief nach dem offenen Fenster. Ich sah in eine saubere Stube, in der ein kleines Mädchen ganz allein saß und eifrig strickte. Dabei sang sie ihr Weihnachtslied, und als ich plötzlich zu ihr ins Zimmer sprang, da erschrak sie nicht, sondern betrachtete mich nur erstaunt.
»Was bist du für ein'?« fragte sie. »Bist 'ne Tante oder ein Onkel?«
Denn ich sah wohl tüchtig verrückt aus mit meiner Verkleidung und meinem Jungenskopf. Aber ich hörte nicht auf ihre Frage.
»Kannst mir 'ne Hose geben und einen Rock? Ich geb es wieder, wenn ich kann!«
Nun sah sie mich noch einmal an.
»Mutter ist zur Arbeit und Bruder Jochen auch, und ich soll auf alles aufpassen. Und ich sing ein büschen, weil ich sonst bange bin, und das Fenster hab ich offen gemacht, weil da ein Sperling war, der so gern rein wollte. Aber er ist doch nicht rein gekommen.«
Ich hörte nicht auf sie.
»Kannst mir nicht Rock und Hose geben?«
Mehr konnte ich nicht denken, ich musste doch aus dem Unterrock heraus. Und vielleicht habe ich ein böses Gesicht gemacht, denn die Kleine ist mit einmal aufgestanden und an einen Schrank gegangen.

»Mutter hat gesagt, wenn die Diebens kämen, dann sollt ich ihnen man alles geben, weil ich mich noch nicht wehren kann. Hier, lieber Dieb, bedienen Sie sich!«
Da hing ein guter Anzug, und ich weiß nicht, wie ich hineingekommen bin. Und ich hab nicht danke gesagt und adieu, und bin von dem Zimmer auf die Straße und immer weiter gelaufen. Und wie ich aus Hamburg heraus und wieder nach Altenkirchen gekommen bin, das kann ich heutigentags nicht mehr sagen. Aber gegen Morgen am andern Tage war ich vor Mutters Haus, und als ich leise an die Tür klopfte und sie mir aufschloss, da hab ich gehofft, sie würde mir eine Ohrfeige geben und mich gehörig schelten. Aber sie sagte kein Wort und war ganz mager vor Kummer geworden, und ich hätte ihr am liebsten einen Kuss gegeben und sie um Verzeihung gebeten, aber dann schämte ich mich so, dass ich's nicht konnte.
Das Nachhausekommen war schrecklich. Die Leute in Altenkirchen fragten: »Hanspeter, bist du wieder da? Jung, der Hamburger Dom ist dir schlecht bekommen!« Und das war auch so. Denn ich war abgefallen, hatte einen bösen Husten und lief noch immer in Strohschuhen, und in der Meierei wollten sie mich zuerst nicht wiedernehmen, weil ich fortgelaufen war; und als ich so jämmerlich bat, da

sagte der Herr gleich, dass er mir kein Weihnachtsgeschenk machen könnte. Dann hörte ich auch, dass ein armes Mädchen ihren mühsam gesparten Lohn auf der Straße verloren habe, und die Leute schalten über den Spitzbuben, der Geld fand und es nicht ablieferte.

Zum Weihnachtsabend hatte Mutter einen kleinen Tannenbaum angezündet, und die kleineren Geschwister standen darunter und freuten sich. Mutter aber stand ganz still und weinte.

Die Kinder sangen: »Stille Nacht, heilige Nacht!« Und ich sah ein kleines Mädchen allein in der Stube sitzen, und sie nannte mich »lieber Dieb!« Ich war der Dieb gewesen. Wenn sie an mich dachte und von mir sprach, dann sagte sie natürlich »der Dieb!« An diesem Abend konnte ich keinen Weihnachtsbaum sehen und kein Weihnachtslied hören. Aber als die Kleinen zu Bett gegangen waren und Mutter vor der Bibel saß, da kam ich zu ihr und gestand ihr, wie alles gewesen war. Und versprach, dass ich alles wieder gutmachen wollte.

Da wurde Mutters Gesicht freundlich, und wenn sie auch traurig war, dass ich das Geld genommen und nachher mir den Anzug erzwungen hatte, so meinte sie, wenn ich mir Mühe gäbe, so könnte ich alles wiedererstatten. So also habe ich das neue Jahr mit guten Vorsätzen angefangen, und wenn auch sonst der Weg zur Hölle damit gepflastert ist, so habe ich mein Bestes getan, sie auszuführen. Das ist nicht immer ganz leicht gewesen, denn was man in einer Stunde Böses getan hat, dazu braucht's oft Jahre, bis alles wieder gut ist, und manchmal gelingt's überhaupt nicht.

Aber ich habe ordentlich gearbeitet, um Geld zu verdienen, und nach einigen Monaten kriegte das arme Mädchen, das ihren Lohn verloren hatte, das Geld mit Zinsen von einem Unbekannten wiedergeschickt, und dann bezahlte ich dem Schneider meinen Anzug, mit dem Albert umherjunkerierte, und ließ mir einen anderen machen. Zwar war er lange nicht so fein wie der erste, und im Spiegel wollte ich mich überhaupt nicht mehr besehen, weil ich das Bild vom »lieben Dieb« nicht mehr mochte.

Und dann bin ich einmal gegen Weihnachten mit meiner Mutter nach Hamburg gefahren, und wir haben versucht, das Haus ausfindig zu machen, in dem Albert und seine Mutter mich gefangenhielten. Denn wenn ich nur wusste, wo ich im Keller gesteckt hatte, dann wollte ich auch schon herausbekommen, wo das kleine Mädchen wohnte, dem ich den Anzug vor der Nase weggenommen hatte. Aber wir konnten Straße und Keller nicht finden.

Und dann haben wir eine Kusine von Mutter besucht, die einen kleinen Gemüseladen hatte und bei der wir Kaffee tranken. Es war eine redselige Frau, und sie und Mutter hatten sich so viel zu erzählen, dass ich schweigend dabeisaß und nicht recht wusste, was ich anfangen sollte. Bis ich mit einemmal eine Stimme singen höre: »Stille Nacht, heilige Nacht!« Da bin ich in die Höhe gefahren, dass mich Tante ganz verwundert ansah.

»Magst das Lied nicht hören, klein Jung?« fragte sie. »Wir haben neue Mieter gekriegt, und das kleine Mädchen übt ihre Weihnachtslieder. Es sind überhaupt sehr nette Leute: eine Mutter und zwei Kinder. Sie wohnten früher in der Marthastraße, aber da hatten sie solch schreckliches Abenteuer mit einem Dieb. Der kam am hellen Tage zu dem kleinen Mädchen, als sie allein war, und nahm einen Anzug von ihrem Bruder aus dem Schrank. Einen Frauenrock und eine Nachtjacke hatte er dagelassen, und das kleine Mädchen, Anna heißt sie, sagte, sie hätte gar keine Angst vor ihm gehabt. Aber ihre Mutter und ihr Bruder haben doch die Wohnung gekündigt. Es war eine zu schreckliche Nachbarschaft.«

Und die Tante erzählte weiter, dass eine Frau und ihr Sohn in der Nähe gewohnt hätten, die jetzt beide im Gefängnis wären. Der Sohn hatte fremde junge Leute an sich gelockt, sie betrunken gemacht und dann zu seiner Mutter gebracht, die sie eingesperrt und schlecht behandelt hätte, bis sie ebenso schlecht wurden wie ihr Sohn. Die Tante erzählte lang und breit von der Geschichte, und Mutter hörte schweigend zu. Mir aber wollte kein Kaffee mehr schmecken, und ich freute mich, als wir bald aufstanden und auf die Straße gingen.

Tante ging wieder in ihren Laden, in dem viel zu tun war, und wir blieben stehen und wussten nicht recht, was wir tun sollten.

Ich merkte, dass es Mutter schwer wurde, zu den Leuten zu gehen, denen ihr Sohn etwas gestohlen hatte, und ich wäre am liebsten weit weggelaufen. Dann aber hörte ich wieder das Weihnachtslied singen, und ich wusste, dass bald Weihnachten war und dass es sich ziemte, das Fest zu feiern, wenn das Gewissen ruhig geworden war. So also fasste ich mir ein Herz und zog an der Glocke von der Wohnung, aus der der Gesang kam. Als nun ein kleines Mädchen mir öffnete, da trat ich schnell auf den Korridor, freute mich, dass er dunkel war, und sagte hastig und leise:

»Hier sind fünfzig Mark! Ich wollte den Anzug bezahlen, den ich voriges Jahr dir weggenommen hab. Ich war in großer Not, und ich danke dir noch sehr, dass du mir geholfen hast, und ich werde niemals wieder ein Dieb werden, darauf kannst du dich verlassen!«

Eilig wollte ich wieder weglaufen, da fasste mich eine kräftige Hand.
»Bleib mal ein büschen hier, mein Jung, ich will dich genau ansehen!«
Doch das kleine Mädchen rief laut: »Jochen, tu ihm nichts! Ich hab es immer gesagt, das war kein böser Dieb – er konnte doch nicht in Unterrock auf die Straße laufen!«
Aber Jochen hatte mich gepackt und schüttelte mich derb, und wenn Mutter nicht gekommen wäre und alles erklärt hätte – ich würde wohl noch eine Tracht Prügel besehen haben. Und eigentlich hatte ich sie auch verdient. Als aber Jochen, der ein großer Mann war, Mutter sah und ihre bittende Stimme hörte, da ließ er mich los, und die fünfzig Mark nahm er gern, weil er natürlich zum Fest Geld gebrauchen konnte. Er merkte auch, dass es mir ernst mit meiner Reue war, und schließlich wäre er selbst auch ungern mit einem Frauenrock gegangen. Und Albert kannte er von Ansehen und wusste, dass er wegen vieler Missetaten im Gefängnis saß und, wenn er freikam, wahrscheinlich gleich wieder hineinkommen würde. So also hat er uns endlich eingeladen, näher zu treten. Und als seine Mutter nach Hause kam, da saßen wir alle um den Tisch, aßen gebratene Äpfel und sangen dabei: »Stille Nacht, heilige Nacht!«

Und wenn die gebratenen Äpfel mir auch nicht besonders schmeckten, denn ich kam mir immer noch wie ein Lumpenhund vor, so sang ich das Lied von Anfang bis Ende, und jedes Mal, wenn Weihnachten kommt, freue ich mich, es wieder und wieder zu hören.

Hanspeter schwieg mt einem tiefen Atemzug und wischte sich die Stirn.

Er war heiß bei der Geschichte geworden und sah in die Lichter des Tannenbaums, die ein gut Stück niedergebrannt waren. Der eine von den Freunden stand auf, putzte an den Lichtern und sah dann auf Hanspeters Frau.

»Und wie geht die Geschichte weiter?«

Hanspeter lachte.

»Nun, willst du wissen, wie es gekommen ist, dass die kleine Anna meine Frau und ihr Bruder Jochen mein bester Freund geworden ist? Aber das ist eigentlich keine Weihnachtsgeschichte, wenn sie auch Weihnachten begonnen hat. Zwölf Jahre habe ich noch schaffen und arbeiten müssen, ehe ich mein eigenes Haus einrichten konnte. Aber jedermann wird begreifen, dass das Weihnachtslied mir in der größten Dunkelheit geholfen und vielleicht verhindert hat, dass ich schlecht wurde wie Albert. Denn wenn man einmal auf dem schiefen Wege ist, kommt man nicht so leicht wieder auf einen geraden. Des-

halb freue ich mich immer, wenn wir das Weihnachtslied singen, meine Mutter neben mir sitzt und nicht mehr böse auf ihren Hanspeter ist. Nicht wahr, Mutter?«
Er fasste die Hand der alten Frau und streichelte sie leise.
Dazu knisterten die Weihnachtslichte. Aber draußen war es klar geworden, und die Sterne begannen zu glitzern.

Charlotte Niese

Nussknacker

Nussknacker, du machst ein grimmig Gesicht –
Ich aber, ich fürchte vor dir mich nicht:
Ich weiß, du meinst es gut mit mir,
Drum bring ich meine Nüsse dir.
Ich weiß, du bist ein Meister im Knacken:
Du kannst mit deinen dicken Backen
Gar hübsch die harten Nüsse packen
Und weißt sie vortrefflich aufzuknacken.
Nussknacker, drum bitt ich dich, bitt ich dich,
Hast bessere Zähn als ich, Zähn als ich.
O knacke nur, knacke nur immerzu!
Ich will dir zu Ehren
Die Kerne verzehren.
O knacke nur, knack knack knack! immerzu!
Ei, welch ein braver Kerl bist du!

Heinrich Hoffmann von Fallersleben

Nussknacker und Mausekönig

Der Weihnachtsabend

Am vierundzwanzigsten Dezember durften die Kinder des Medizinalrats Stahlbaum den ganzen Tag über durchaus nicht in die Mittelstube hinein, viel weniger in das daranstoßende Prunkzimmer. In einem Winkel des Hinterstübchens zusammengekauert, saßen Fritz und Marie, die tiefe Abenddämmerung war eingebrochen, und es wurde ihnen recht schaurig zumute, als man, wie es gewöhnlich an dem Tage geschah, kein Licht hereinbrachte. Fritz entdeckte ganz insgeheim wispernd der jüngeren Schwester (sie war eben erst sieben Jahre alt geworden), wie er schon seit frühmorgens es habe in den verschlossenen Stuben rauschen und rasseln und leise pochen hören. Auch sei nicht längst ein kleiner dunkler Mann mit einem großen Kasten unter dem Arm über den Flur geschlichen, er wisse aber wohl, dass es niemand anders gewesen sei als Pate Drosselmeier. Da schlug Marie die kleinen Händchen vor Freude zusammen und rief: »Ach, was wird nur Pate Drosselmeier für uns Schönes gemacht haben.« Der Obergerichtsrat war kein hübscher Mann, nur klein und mager, hatte viele

Runzeln im Gesicht, statt des rechten Auges ein großes schwarzes Pflaster und auch gar keine Haare, weshalb er eine sehr schöne weiße Perücke trug, die war aber von Glas und ein künstliches Stück Arbeit. Überhaupt war der Pate selbst auch ein sehr künstlicher Mann, der sich sogar auf Uhren verstand und selbst welche machen konnte. Wenn daher eine von den schönen Uhren in Stahlbaums Hause krank war und nicht singen konnte, dann kam Pate Drosselmeier, nahm die Glasperücke ab, zog sein gelbes Röckchen aus, band eine blaue Schürze um und stach mit spitzigen Instrumenten in die Uhr hinein, so dass es der kleinen Marie ordentlich wehe tat, aber es verursachte der Uhr gar keinen Schaden, sondern sie wurde vielmehr wieder lebendig und fing gleich an, recht lustig zu schnurren, zu schlagen und zu singen, worüber denn alles große Freude hatte. Immer trug er, wenn er kam, was Hübsches für die Kinder in der Tasche, bald ein Männlein, das die Augen verdrehte und Komplimente machte, welches komisch anzusehen war, bald eine Dose, aus der ein Vögelchen heraushüpfte, bald was anderes. Aber zu Weihnachten, da hatte er immer ein schönes künstliches Werk verfertigt, das ihn viel Mühe gekostet, weshalb es auch, nachdem es einbeschert worden, sehr sorglich von den Eltern aufbewahrt wurde. – »Ach, was wird nur Pate Drosselmeier für uns Schönes gemacht haben«, rief nun Marie; Fritz meinte aber, es könnte wohl diesmal nichts anders sein als eine Festung, in der allerlei sehr hübsche Soldaten auf und ab marschierten und exerzierten, und dann müssten andere Soldaten kommen, die in die Festung hinein wollten, aber nun schössen die Soldaten von innen heraus mit Kanonen, dass es tüchtig brauste und knallte. »Nein, nein«, unterbrach Marie den Fritz: »Pate Drosselmeier hat mir von einem schönen Garten erzählt, darin ist ein großer See, auf dem schwimmen sehr herrliche Schwäne mit goldnen Halsbändern herum und singen die hübschesten Lieder. Dann kommt ein kleines Mädchen aus dem Garten an den See und lockt die Schwäne heran und füttert sie mit süßem Marzipan.« – »Schwäne fressen keinen Marzipan«, fiel Fritz etwas rauh ein, »und einen ganzen Garten kann Pate Drosselmeier auch nicht machen. Eigentlich haben wir wenig von seinen Spielsachen; es wird uns ja alles gleich wieder weggenommen, da ist mir denn doch das viel lieber, was uns Papa und Mama einbescheren, wir behalten es fein und können damit machen, was wir wollen.« Nun rieten die Kinder hin und her, was es wohl dieses Mal wieder geben könne. Marie meinte, dass Mamsell Trudchen (ihre große Puppe) sich sehr verändere, denn ungeschickter als jemals fiele sie jeden Augenblick auf den Fußboden, welches ohne garstige Zeichen im Gesicht nicht abginge, und dann sei an Reinlichkeit in der Kleidung gar nicht mehr zu denken. Alles tüchtige Ausschelten helfe nichts. Auch habe Mama gelächelt, als sie sich über Gretchens kleinen Sonnenschirm so gefreut hatte. Fritz versicherte dagegen, ein tüchtiger Fuchs fehle seinem Marstall durchaus, so wie seinen Truppen gänzlich an Kavallerie, das sei dem Papa recht gut bekannt. – So wussten die Kinder wohl, dass die Eltern ihnen allerlei schöne Gaben eingekauft hatten, die sie nun aufstellen, es war ihnen aber auch gewiss, dass dabei der liebe heilige Christ mit gar freundlichen frommen Kindesaugen hineinleuchtete und dass, wie von segensreicher Hand berührt, jede Weihnachtsgabe herrliche Lust bereite wie keine andere. Daran erinnerte die Kinder, die immerfort von den zu erwartenden Geschenken wisperten, ihre ältere Schwester Luise, hinzufügend, dass es nun aber auch der heilige Christ sei, der durch die Hand der lieben Eltern den Kindern immer das beschere, was ihnen wahre Freude und Lust bereiten könne, das wisse er viel besser als die Kinder selbst, die müssten daher nicht allerlei wünschen und hoffen, sondern still und fromm erwarten, was ihnen beschert worden. Die kleine Marie wurde ganz nach-

denklich, aber Fritz murmelte vor sich hin: »Einen Fuchs und Husaren hätt' ich nun einmal gern.«
Es war ganz finster geworden. Fritz und Marie, fest aneinandergerückt, wagten kein Wort mehr zu reden, es war ihnen, als rausche es mit linden Flügeln um sie her und als ließe sich eine ganz ferne, aber sehr herrliche Musik vernehmen. Ein heller Schein streifte an der Wand hin, da wussten die Kinder, dass nun das Christkind auf glänzenden Wolken fortgeflogen war zu anderen glücklichen Kindern. In dem Augenblick ging es mit silberhellem Ton: Klingling, klingling. Die Türen sprangen auf, und solch ein Glanz strahlte aus dem großen Zimmer hinein, dass die Kinder mit lautem Ausruf: »Ach! – Ach!«, wie erstarrt auf der Schwelle stehenblieben. Aber Papa und Mama traten in die Türe, fassten die Kinder bei der Hand und sprachen: »Kommt doch nur, kommt doch nur, ihr lieben Kinder, und seht, was euch der heilige Christ beschert hat.«

Die Gaben

Ich wende mich an dich selbst, sehr geneigter Leser oder Zuhörer Fritz – Theodor – Ernst – oder wie du sonst heißen magst und bitte dich, dass du dir deinen letzten mit schönen bunten Gaben reich geschmückten Weihnachtstisch recht lebhaft vor Augen bringen mögest, dann wirst du es dir wohl auch denken können, wie die Kinder mit glänzenden Augen ganz verstummt stehenblieben, wie erst nach einer Weile Marie mit einem tiefen Seufzer rief: »Ach, wie schön – ach, wie schön«, und Fritz einige Luftsprünge versuchte, die ihm überaus wohl gerieten. Aber die Kinder mussten auch das ganze Jahr über besonders artig und fromm gewesen sein, denn nie war ihnen so viel Schönes, Herrliches einbeschert worden als dieses Mal. Der große Tannenbaum in der Mitte trug viele goldene und silberne Äpfel, und wie Knospen und Blüten keimten Zuckermandeln und bunte Bonbons, und was es sonst noch für schönes Naschwerk gibt, aus allen Ästen. Als das Schönste an dem Wunderbaum musste wohl gerühmt werden, dass in seinen Zweigen hundert kleine Lichter wie Sternlein funkelten und er selbst, in sich hinein- und herausleuchtend, die Kinder freundlich einlud, seine Blüten und Früchte zu pflücken. Um den Baum umher glänzte alles sehr bunt und herrlich – was es da alles für schöne Sachen gab – ja, wer das zu beschreiben vermöchte! Marie erblickte die zierlichsten Puppen, allerlei saubere kleine Gerätschaften und, was vor allem schön anzusehen war, ein seidenes Kleidchen, mit bunten Bändern zierlich geschmückt, hing an einem Gestell so der kleinen Marie vor Augen, dass sie es von allen Seiten betrachten konnte, und das tat sie denn auch, indem sie einmal über das andere ausrief: »Ach das schöne, ach das liebe – liebe Kleidchen! Und das werde ich – ganz gewiss – das werde ich wirklich anziehen dürfen!« – Fritz hatte indessen schon drei- oder viermal um den Tisch herum galoppierend und trabend den neuen Fuchs versucht, den er in der Tat am Tische angezäumt gefunden.

Wieder absteigend, meinte er, es sei eine wilde Bestie, das täte aber nichts, er wolle ihn schon kriegen, und musterte die neue Schwadron Husaren, die sehr prächtig in Rot und Gold gekleidet waren, lauter silberne Waffen trugen und auf solchen weißglänzenden Pferden ritten, dass man beinahe hätte glauben sollen, auch diese seien von purem Silber. Eben wollten die Kinder, etwas ruhiger geworden, über die Bilderbücher her, die aufgeschlagen waren, dass man allerlei sehr schöne Blumen und bunte Menschen, ja auch allerliebste spielende Kinder, so natürlich gemalt, als lebten und sprächen sie wirklich, gleich anschauen konnte. – Ja! Eben wollten die Kinder über diese wunderbaren Bücher her, als nochmals geklingelt wurde. Sie wussten, dass nun der Pate Drosselmeier einbescheren würde, und liefen nach dem an der Wand stehenden Tisch.

Schnell wurde der Schirm, hinter dem er so lange versteckt gewesen, weggenommen. Was erblickten da die Kinder! – Auf einem grünen, mit bunten Blumen geschmückten Rasenplatz stand ein sehr herrliches Schloss mit vielen Spiegelfenstern und goldnen Türmen. Ein Glockenspiel ließ sich hören, Türen und Fenster gingen auf, und man sah, wie sehr kleine, aber zierliche Herren und Damen mit Federhüten und langen Schleppkleidern in den Sälen herumspazierten. In dem Mittelsaal, der ganz in Feuer zu stehen schien – so viele Lichterchen brannten an silbernen Kronleuchtern – tanzten Kinder in kurzen Wämschen und Röckchen nach dem Glockenspiel. Ein Herr in einem smaragdenen Mantel sah durch ein Fenster, winkte heraus und verschwand wieder, so wie auch Pate Drosselmeier selbst, aber kaum viel höher als Papas Daumen, zuweilen unten an der Tür des Schlosses stand und wieder hineinging. Fritz hatte mit auf den Tisch gestemmten Armen das schöne Schloss und die tanzenden und spazierenden Figürchen angesehen, dann sprach er: »Pate Drosselmeier! Lass mich mal hineingehen in dein Schloss!« – Der Obergerichtsrat bedeutete ihm, dass das nun ganz und gar nicht anginge. Er hatte auch recht, denn es war töricht von Fritzen, dass er in ein Schloss gehen wollte, welches überhaupt mitsamt seinen goldenen Türmchen nicht so hoch war als er selbst. Fritz sah das auch ein. Nach einer Weile, als immerfort auf dieselbe Weise die Herren und Damen hin und her spazierten, die Kinder tanzten, der smaragdne Mann zu demselben Fenster heraussah, Pate Drosselmeier vor die Türe trat, da rief Fritz ungeduldig: »Pate Drosselmeier, nun komm mal zu der anderen Tür da drüben heraus.« – »Das geht nicht, liebes Fritzchen«, erwiderte der Obergerichtsrat. »Nun, so lass mal«, sprach Fritz weiter, »lass mal den grünen Mann, der so oft herausguckt, mit den anderen herumspazieren.« – »Das geht auch nicht«, erwiderte der Obergerichtsrat aufs neue. »So sollen die Kinder herunterkommen«, rief Fritz, »ich will sie näher besehen.« – »Ei, das geht alles nicht«, sprach der Obergerichtsrat verdrießlich, »wie die Mechanik nun einmal gemacht ist, muss sie bleiben.« – »So-o?«, fragte Fritz mit gedehntem Ton, »das geht alles nicht? Hör mal, Pate Drosselmeier, wenn deine kleinen geputzten Dinger in dem Schlosse nicht mehr können als immer dasselbe, da taugen sie nicht viel, und ich frage nicht sonderlich nach ihnen. – Nein, da lob' ich mir meine Husaren, die müssen manövrieren vorwärts, rückwärts, wie ich's haben will, und sind in kein Haus eingesperrt.« Und damit sprang er fort an den Weihnachtstisch und ließ seine Eskatron auf den silbernen Pferden hin und her trottieren und schwenken und einhauen und feuern nach Herzenslust. Auch Marie hatte sich sachte fortgeschlichen, denn auch sie wurde des Herumgehens und Tanzens der Püppchen im Schlosse bald überdrüssig und mochte es, da sie sehr artig und gut war, nur nicht so merken lassen wie Bruder Fritz. Der Obergerichtsrat Drosselmeier sprach ziemlich verdrießlich zu den Eltern: »Für unverständige Kinder ist solch künstliches Werk nicht, ich will nur mein Schloss wieder einpacken.« Doch die Mutter trat hinzu und ließ sich den innern Bau und das wunderbare, sehr künstliche Räderwerk zeigen, wodurch die kleinen Püppchen in Bewegung gesetzt wurden. Der Rat nahm alles auseinander und setzte es wieder zusammen. Dabei war er wieder ganz heiter geworden und schenkte den Kindern noch einige schöne braune Männer und Frauen mit goldenen Gesichtern, Händen und Beinen. Sie rochen so süß und angenehm wie Pfefferkuchen, worüber Fritz und Marie sich sehr erfreuten. Schwester Luise hatte, wie es die Mutter gewollt, das schöne Kleid angezogen, welches ihr einbeschert worden, und sah wunderhübsch aus, aber Marie meinte, als sie auch ihr Kleid anziehen sollte, sie möchte es lieber noch ein bisschen so ansehen. Man erlaubte es ihr gern.

E. T. A. Hoffmann (gekürzt)

Verkündigung über die Hirten

Seht auf, ihr Männer dort am Feuer,
die ihr den grenzenlosen Himmel kennt,
Sterndeuter, hierher! Seht, ich bin ein neuer
steigender Stern. Mein ganzes Wesen brennt
und strahlt so stark und ist so ungeheuer
voll Licht, dass mir das tiefe Firmament
nicht mehr genügt. Lasst meinen Glanz hinein
in euer Dasein: Oh, die dunklen Blicke
die dunklen Herzen, nächtige Geschicke
die euch erfüllen. Hirten, wie allein
bin ich in euch. Auf einmal wird mir Raum.
Stauntet ihr nicht: der große Brotfruchtbaum
warf einen Schatten. Ja, das kam von mir
Ihr Unerschrockenen, o wusstet ihr,
wie jetzt auf eurem schauenden Gesichte
die Zukunft scheint. In diesem starken Lichte
wird viel geschehen. Euch vertrau ich's, denn
ihr seid verschwiegen; euch Gradgläubigen
redet hier alles Glut und Regen spricht,
der Vogel Zug, der Wind und was ihr seid,
keins überwiegt und wächst zu Eitelkeit
sich mästend an. Ihr haltet nicht
die Dinge auf im Zwischenraum der Brust
um sie zu quälen. So wie seine Lust

durch einen Engel strömt, so treibt durch euch
das Irdische. Und wenn ein Dorngesträuch
aufflammte plötzlich, dürfte noch aus ihm
der Ewige euch rufen. Cherubim,
wenn sie geruhten neben eurer Herde
einherzuschreiten, wunderten euch nicht
ihr stürztet euch auf euer Angesicht,
beteten an und nenntet dies die Erde.

Doch dieses war. Nun soll ein Neues sein,
von dem der Erdkreis ringender sich weitet.
Was ist ein Dornicht uns. Gott fühlt sich ein
in einer Jungfrau Schooß. Ich bin der Schein
von ihrer Innigkeit, der euch geleitet.

Rainer Maria Rilke

In Dankbarkeit bewahren

Mögest du in deinem Herzen
das vergangene Jahr
in Dankbarkeit bewahren.

Mit jedem Jahr wachsen die Gaben,
die Gott dir schenkte,
um alle, die du liebst,
mit Freude zu erfüllen.

In jeder Stunde,
Freude und Leid,
lächelt der Menschgewordene
dir zu –
bleib du in seiner Nähe.

Irischer Segenswunsch

Der Bettler

Begegnung am ersten Tag des Jahres

Ich ging die Straße hinunter, als mich ein dürftiger, gebrechlicher Greis anhielt.
Entzündete, tränende Augen, fahlblaue Lippen, zerfetzte Lumpen, unsaubere Schwären. Oh, wie entsetzlich hatte die Not dieses unglückliche Geschöpf verunstaltet!
Er streckte mir seine gerötete, verschwollene, schmutzige Hand entgegen. Dabei stöhnte er, bat um Hilfe.
Ich begann, alle meine Taschen zu durchsuchen. Aber weder Geldbeutel noch Uhr, nicht einmal ein Taschentuch war da. Ich hatte nichts mitgenommen, da ich nur etwas Luft schnappen wollte.
Der Bettler aber wartete noch immer. Seine vorgestreckte Hand bebte und zitterte vor Schwäche. Verwirrt und verlegen ergriff ich diese schmutzige, zitternde Hand und drückte sie: »Zürne mir nicht, Bruder – ich habe gar nichts bei mir.«
Der Bettler richtete seine entzündeten Augen auf mich. Ein schwaches Lächeln kam auf seine fahlen Lippen. Und dann drückte auch er meine erkalteten Finger.

»Lass es gut sein, Bruder«, sagte er leise, »auch dafür bin ich dir dankbar, denn auch das ist eine Gabe, mein Bruder.«
Da fühlte ich, dass auch ich von meinem Bruder eine Gabe empfangen hatte, an diesem ersten Tag des neuen Jahres.

Iwan Turgenjew

Neujahrssegen

Freundlich hast du mich
aus dem Dunkel der Nacht
zum Licht des neuen Tages geführt.
Lob sei dir, guter Gott!
Segne diesen Tag und
alle meine Tage,
die ich unterwegs bin zu dir.
Auf schmalen Straßen
komme ich zu deiner
bergenden Burg.
Schütze mich auf dem Meer
und auf dem Land,
wie du Brendan geschützt hast
und Bran.

Irischer Segenswunsch

Neujahr

Ein neues Jahr nimmt seinen Lauf.
Die junge Sonne steigt herauf.
Bald schmilzt der Schnee, bald taut das Eis.
Bald schwillt die Knospe schon am Reis.

Bald werden die Wiesen voll Blumen sein,
die Äcker voll Korn, die Hügel voll Wein.

Und Gott, der ewig mit uns war,
behüt' uns auch im neuen Jahr!

Volksgut

Zum neuen Jahr

Ein bisschen mehr Freude und weniger Streit,
ein bisschen mehr Güte und weniger Neid,
ein bisschen mehr Liebe und weniger Hass,
ein bisschen mehr Wahrheit, das wär' doch was!

Statt soviel Unrast ein bisschen Ruh',
statt immer nur ich ein bisschen mehr du,
statt Angst und Hemmung ein bisschen mehr Mut
und Kraft zum Handeln, das wäre gut.

Kein Trübsal und Dunkel, ein bisschen mehr Licht,
kein quälend Verlangen, ein froher Verzicht,
und viel mehr Blumen, solange es geht,
nicht erst auf Gräbern, denn da blüh'n sie zu spät. –

Peter Rosegger

Zwölf mit der Post

Es war klirrender Frost, sternenklare Luft, windstill. »Bums!« wurde ein Topf an die Tür geworfen, »Paff!« schoss man das neue Jahr ein; es war Silvesterabend; nun schlug die Uhr zwölf.

»Trateratra!« kam die Post. Die große Postkutsche hielt draußen vor dem Stadttor, sie brachte zwölf Personen, mehr konnte sie nicht aufnehmen, alle Plätze waren besetzt.

»Hurra! Hurra!« wurde in den Häusern gesungen, wo die Leute Silvester feierten und sich gerade mit den gefüllten Gläsern erhoben hatten und auf das neue Jahr tranken.

»Gesundheit und Glück im neuen Jahr!« sangen sie. »Ein Frauchen! Viel Geld! Schluss mit allem Ärger!« Ja, das wünschte man sich gegenseitig, und darauf wurde angestoßen, und vor dem Stadttor hielt die Post mit den fremden Gästen, den zwölf Reisenden.

Was für Personen waren das? Sie hatten Pässe und Reisegepäck mit, ja, Geschenke für dich und mich und alle Menschen in der Stadt. Wer waren die Fremden? Was wollten sie, und was brachten sie?

»Guten Morgen!« sagten sie zu der Schildwache am Tor.

»Guten Morgen«, sagte die Schildwache, denn es hatte ja zwölf geschlagen.
»Ihr Name? Ihr Beruf?« frage die Schildwache den, der zuerst ausstieg.
»Sehen Sie im Pass nach«, antwortete der Mann. »Ich bin ich!« Er war denn auch ein ganzer Kerl, bekleidet mit Bärenpelz und Kufenstiefeln. »Ich bin der Mann, auf den sehr viele ihre Hoffnungen setzen. Komm morgen, dann erhältst du ein Neujahrsgeschenk! Ich werfe mit Groschen und Talern um mich, mache Geschenke, ja, ich gebe Bälle, im ganzen einunddreißig Bälle, mehr Nächte habe ich nicht zu vergeben. Meine Schiffe sind eingefroren, aber in meinem Kontor ist es warm. Ich bin Großkaufmann und heiße Januar. Ich habe nur Rechnungen bei mir.«
Dann kam der nächste, ein Spaßmacher, er war Direktor der Lustspiele, der Maskeraden und aller Vergnügungen, die es gibt. Sein Gepäck bestand aus einem großen Fass.
»Aus dem Fass wollen wir in der Fastnachtszeit mehr als einen Kater holen«, sagte er. »Ich will andere und mich selbst belustigen, denn ich habe von allen in der Familie die kürzeste Lebensdauer; ich werde nur achtundzwanzig! Ja, vielleicht schaltet man mir noch einen Tag ein, aber das ist gleichviel. Hurra!«

»Sie dürfen nicht so laut schreien«, sagte die Schildwache.
»Aber freilich darf ich das«, sagte der Mann, »ich bin Prinz Karneval und reise unter dem Namen Februarius.«
Nun kam der dritte; er sah aus wie das reine Fasten, doch er trug den Kopf hoch, denn er war verwandt mit den Rittern ohne Furcht und Tadel und war Wetterprophet; aber das ist kein fettes Amt, darum lobte er die Fastenzeit. Sein Schmuck war ein Veilchensträußchen im Knopfloch, aber es waren sehr kleine Veilchen.
»März, vorwärts!« rief der vierte und schubste den dritten. »Vorwärts, März! Hinein in die Wachstube, hier gibt es Punsch, ich rieche ihn!« Aber das stimmte nicht, er wollte ihn in den April schicken, damit begann der vierte Bursche. Er sah leichtsinnig aus; er arbeitete sicher nicht viel, sondern machte viele Feiertage. »Auf und ab mit der Laune!« sagte er. »Regen und Sonnenschein ziehen aus und ziehen ein! Ich bin auch Umzugskommissar, ich bin Leichenbitter, ich kann sowohl lachen als auch weinen. Ich habe Sommersachen im Koffer, aber es wäre töricht, sie anzuziehen. Hier bin ich! In vollem Staat gehe ich in Seidenstrümpfen und mit einem Muff.«
Jetzt stieg eine Dame aus dem Wagen.

»Fräulein Mai«, sagte sie. Sie trug ein Sommerkleid aus buchenblattgrüner Seide und hatte Anemonen im Haar, und sie duftete derartig nach Waldmeister, dass die Schildwache niesen musste. »Gott segne Sie!« sagte sie, das war ihr Gruß. Sie war niedlich! Und Sängerin war sie, nicht im Theater, sondern im Wald, nicht in Zelten, nein, in den frischen grünen Wald ging sie und sang zu ihrem eigenen Vergnügen; sie hatte in ihrem Nähbeutel Christian Winthers »Holzschnitte«, denn sie sind wie der Buchenwald selbst, und »Kleine Verse von Richardt«, die wie Waldmeister sind.

»Jetzt kommt die Frau, die junge Frau!« wurde im Wagen gerufen, und da kam die Frau, jung und fein, stolz und lieblich. Man sah sofort, dass sie dazu geboren war, den Tag der Siebenschläfer einzuhalten. Am längsten Tag des Jahres gab sie Gesellschaft, damit man Zeit hatte, die vielen Gerichte zu verspeisen; sie konnte es sich zwar leisten, im eigenen Wagen zu fahren, aber sie kam doch lieber mit der Post wie die andern, um zu beweisen, dass sie nicht hochmütig war; allein reiste sie auch nicht, ihr jüngerer Bruder Julius begleitete sie.

Er war wohlgenährt, sommerlich gekleidet und trug einen Panamahut. Er hatte nur ganz wenig Gepäck, das war zu beschwerlich in der Hitze. Er hatte bloß Badekappe und Schwimmhose; das ist nicht viel.

Nun kam die Mutter, Madame August, Obsthändlerin tonnenweise, Landwirtin in großer Krinoline; sie war dick und erhitzt, beteiligte sich an allem, ging selbst mit dem Bierkrug zu den Arbeitern aufs Feld hinaus. »Im Schweiße seines Angesichts soll man sein Brot essen«, sagte sie, »das steht in der Bibel; danach kann man Erntefeste feiern!« Sie war Frau und Mutter.

Danach stieg wieder ein Mann aus, von Beruf Maler, ein Meister der Farbe, das bekam der Wald zu wissen; das Laub musste die Farbe wechseln, aber schön, wenn er es so haben wollte; rot, gelb und braun sah der Wald bald aus. Der Meister pfiff wie der Star, war ein flinker Arbeiter und hängte die braungrüne Hopfenranke um seinen Bierkrug, das schmückte, und für Schmuck hatte er offene Augen. Hier stand er nun mit seinem Farbentopf, das war sein ganzes Gepäck.

Hierauf folgte der Gutsbesitzer, der an den Saatmonat dachte, ans Pflügen und an die Behandlung des Bodens, ja, auch ein wenig ans Jagdvergnügen; er hatte Hund und Gewehr, er hatte Nüsse in der Tasche, knickknack! Schrecklich viel Gepäck führte er mit, sogar einen englischen Pflug; er sprach von der Landwirtschaft, aber vor Husten und Keuchen konnte man nicht viel verstehen, hinter ihm kam nämlich November.

Er hatte Schnupfen, heftigen Schnupfen, so dass er ein Laken und kein Taschentuch benützte. Dennoch müsse er die Mägde zum neuen Dienst begleiten, sagte er, aber die Erkältung würde wohl vergehen, wenn das Holzhacken anfinge, und das wollte er tun, denn er war Sägemeister der Holzfäller. Die Abende verbrachte er mit dem Schnitzen von Schneeschuhen; er wusste, dass man dieses vergnügliche Schuhwerk in wenigen Wochen brauchen würde.

Nun kam als letzte das alte Mütterchen mit dem Kohlenbrenner; sie fror, aber ihre Augen strahlten wie zwei klare Sterne. Sie trug einen Blumentopf mit einem Tannenbäumchen. »Das will ich hegen und pflegen, damit es bis Weihnachten groß wird, vom Fußboden bis zur Decke soll der Baum reichen mit brennenden Kerzen, vergoldeten Nüssen und ausgeschnittenen Figuren. Der Kohlenbrenner wärmt wie ein Kachelofen, ich nehme das Märchenbuch aus der Tasche und lese vor, so dass alle Kinder im Zimmer still werden, doch die Püppchen am Baum werden lebendig, und der kleine Wachsengel zuoberst an der Spitze schüttelt die Flittergoldflügel, fliegt von der grünen Spitze und küsst klein und groß im Zimmer, ja, auch die armen Kinder, die draußen stehen und Weihnachtslieder vom Stern über Betlehem singen.«

»Und jetzt kann die Kutsche abfahren«, sagte die Schildwache. »Nun haben wir das Dutzend. Lasst einen neuen Reisewagen kommen!«
»Zuerst sollen die Zwölf eintreten!« sagte der Hauptmann, der Wache hatte. »Einer nach dem andern! Die Pässe behalte ich; sie gelten für jeden einen Monat lang. Wenn der Monat um ist, werde ich jedem darauf bescheinigen, wie er sich benommen hat. Bitte sehr, Herr Januar, kommen Sie herein.«
Und so ging er hinein.
Wenn ein Jahr um ist, werde ich dir sagen, was die Zwölf dir, mir und uns allen gebracht haben. Noch weiß ich es nicht, und sie wissen es wohl selbst nicht, denn wir leben in einer wunderlichen Zeit.

Hans Christian Andersen

Mit einem Taschenkalender

An tausend Wünsche, federleicht,
Wird sich kein Gott noch Engel kehren,
Ja, wenn es so viel Flüche wären,
Dem Teufel wären sie zu seicht.
Doch wenn ein Freund in Lieb´ und Treu´
Dem andern den Kalender segnet,
So steht ein guter Geist dabei:
Du denkst an mich, was Liebes dir begegnet,
Ob dir's auch ohne das beschieden sei.

Eduard Mörike

Was würden Sie tun, wenn Sie das neue Jahr regieren könnten?

Ich würde vor Aufregung wahrscheinlich
die ersten Nächte schlaflos verbringen
und darauf tagelang ängstlich und kleinlich
ganz dumme, selbstsüchtige Pläne schwingen.

Dann – hoffentlich – aber laut lachen
und endlich den lieben Gott abends leise
bitten, doch wieder nach seiner Weise
das neue Jahr göttlich selber zu machen.

Joachim Ringelnatz

Segen für ein ganzes Jahr

Segne das Jahr, mein Gott.
Meine Hände mögen segnen,
was sie berühren.
Meine Ohren mögen segnen,
was sie hören.
Meine Augen mögen segnen,
was ihnen begegnet.
Mein Mund möge segnen
mit jedem Wort.
Lass mich nicht aus deinen Augen,
mein Gott, aus deinen Händen,
aus deinem Ohr, aus deinem Herzen
an diesem Tag und alle Tage.

Irischer Segenswunsch

Die Anbetung der Heiligen Drei Könige

Als nun ihr Zug in das Tal hinter der Krippenhöhle bei dem Grabe Marahas gelangt war, stiegen sie von ihren Tieren, und ihre Leute packten vieles ab und schlugen ein großes Zelt auf, das sie bei sich führten, und trafen andere Einrichtungen zu einem Lagerplatz mit Hilfe einiger Hirten, welche ihnen die Stellen anwiesen.

Es war schon ein Teil des Lagers geordnet, als die Könige den Stern hell und klar über dem Krippenhügel erscheinen und den aus ihm strömenden Lichterguss senkrecht darauf niedersteigen sahen. Er schien, sich vergrößernd, zu nahen, und wuchs zu einer Lichtmasse, dass er mir wie ein Leintuch groß schien. Ich sah aber, wie sie anfangs sehr verwundert schauten. Es war schon düster, sie sahen kein Haus, sondern nur die Form eines Hügels, gleich einem Walle; plötzlich aber ergriff sie eine große Freude, denn sie sahen in dem Glanze die leuchtende Gestalt eines Kindes, wie sie dieselbe früher in dem Sterne gesehen hatten. Da entblößten sie alle ihre Häupter und bezeugten ihre Verehrung, und die drei Könige schritten zu dem Hügel und fanden die Tür der Höhle. Mensor öffnete die Türe

und sah die Höhle voll von himmlischem Lichte und im Hintergrund die Jungfrau mit dem Kinde gerade so sitzen, wie sie dieselbe in ihren Geschichten gesehen hatten.
Sogleich trat er zurück und sagte dies seinen Gefährten; indes trat Joseph mit einem alten Hirten ihnen aus der Höhle entgegen, und sie sagten ihm einfältig, wie sie kämen, den neugeborenen König der Juden, dessen Stern sie gesehen, anzubeten und ihm Geschenke zu bringen. Joseph hieß sie freundlich willkommen, und der alte Hirte begleitete sie zu ihrer Schar und war ihnen bei ihren Einrichtungen behilflich; es räumten ihnen einige dort befindliche Hirten Schuppen ein.
Sie selbst rüsteten sich zu der feierlichen Handlung, die sie vorhatten. Ich sah sie große weiße Mäntel, welche eine lange Schleppe hatten, umlegen, sie waren gelblich schimmernd wie von roher Seide, und ungemein fein und leicht wehten sie um sie her. Es waren dies immer ihre Mäntel bei religiösen Feierlichkeiten. Sie hatten alle drei um die Mitte ihres Leibes an ihren Gürteln allerlei Beutel und goldene Büchsen, gleich Zuckerdosen mit Knöpfen darauf, an Kettchen hängen, und gingen deshalb breit in ihren Mänteln einher. Jedem der Könige folgten die vier Begleiter aus seiner Familie. Außer diesen waren einige Diener Mensors dabei, welche

eine kleine Tafel gleich einem Präsentierteller und einen Teppich mit Quasten und einige andere leichte Zeugbahnen trugen.
Als sie dem heiligen Joseph in schöner Ordnung unter das Dach vor der Türe der Krippe gefolgt waren, bedeckten sie die Tafel mit dem Quastenteppich, und ein jeder der drei Könige stellte einige der drei goldenen Büchsen und Gefäße darauf, die er von seinem Gürtel löste, und dieses waren ihre gemeinschaftlichen Geschenke. Mensor und alle anderen lösten die Sandalen von ihren Füßen. Joseph öffnete die Tür der Höhle. Zwei Jünglinge von Mensors Gefolge gingen vor diesem her und breiteten eine Zeugbahn vor seinen Schritten auf den Boden der Höhle und gingen zurück, ihm folgten dicht zwei andere mit der Tafel der Geschenke, die er ihnen, vor der heiligen Jungfrau angekommen, abnahm und, auf ein Knie niederfallend, zu ihren Füßen auf ein niederes Gestell ehrerbietig hinsetzte. Die Träger gingen zurück. Hinter Mensor standen die vier Begleiter aus seiner Familie demütig vorgebeugt. Seir und Theokeno standen mit den Ihrigen zurück im Eingang bis unter dem Dach vor der Türe. Als sie eintraten, waren sie alle ganz trunken von Andacht und Rührung und wie durchleuchtet von dem Lichte, welches den Raum erfüllte, und doch war kein anderes Licht zugegen als

das Licht der Welt. Maria lag mehr, auf einen Arm gestützt, als sie saß auf einem Teppich zur Linken des Jesuskindes, welches dem Eingang gegenüber auf der Stelle der Geburt in einer mit einem Teppich bedeckten Mulde lag, die auf einem Gestelle etwas erhöht stand. Im Augenblick des Eintritts aber richtete sich die heilige Jungfrau in sitzende Stellung auf und nahm das Jesuskind in ihren weiten Schleier vor sich auf den Schoß. Als Mensor kniete und, die Geschenke niedersetzend, rührende Worte der Huldigung sprach, indem er das unbedeckte Haupt demütig beugte und die Hände vor der Brust kreuzte, hatte Maria dem Kinde, welches rot und weiß darüber eingewickelt war, den Oberleib entblößt, und es sah lieblich schimmernd zwischen ihrem Schleier hervor. Sie stützte ihm mit der einen Hand das Köpfchen und hatte es mit der anderen umfasst. Es hatte seine Händchen vor der Brust, als bete es, und leuchtete vor Freundlichkeit, und manchmal griff es auch lieblich um sich her.
O wie selig still beten die lieben Männer aus dem Morgenlande an! Da ich dieses sah, sprach ich zu mir selbst: O wie sind diese Herzen so klar und ungetrübt, voll Güte und Unschuld wie fromme Kinderherzen. Nichts Heftiges ist in ihnen, und doch sind sie ganz Feuer und Liebe! Ich bin tot, ich bin ein Geist, sonst könnte ich das nicht sehen, denn

dieses ist doch nicht jetzt und ist dennoch jetzt. Das ist aber nicht in der Zeit, in Gott ist keine Zeit, in Gott ist alles gegenwärtig, ich bin tot, ich bin ein Geist. Als ich so seltsam dachte, hörte ich zu mir sprechen: »Was kümmert dich das, sieh und lobe den Herrn, der ewig ist, und alles ist in ihm.«

Ich sah aber nun, dass Mensor aus einem Beutel, der an seinem Gürtel hing, eine Hand voll fingerlanger, dicker, schwerer Stäbchen, oben spitz und in der Mitte goldfarbig gekörnt und blinkend, hervorzog und der heiligen Jungfrau als seine Gabe demütig neben das Jesuskind auf den Schoß legte. Sie nahm das Gold liebevoll dankend an und bedeckte es mit einem Zipfel ihres Mantels. Mensor gab diese gewachsenen Goldstängchen, weil er voll Treue und Liebe war und mit unerschütterlicher, angestrengter Andacht nach der heiligen Wahrheit forschte.

Nun aber zog sich Mensor mit seinen vier Begleitern zurück, und Seir, der Braune, trat mit den Seinigen heran und ließ sich auf beide Knie mit großer Demut nieder und bot mit rührenden Worten sein Geschenk dar, indem er ein goldenes Weihrauchschiffchen voll kleiner grünlicher Harzkörner auf die Tafel vor das Jesuskind niedersetzte. Er gab den Weihrauch, denn er war der, welcher sich willig und ehrerbietig anschmiegte und liebreich dem Willen

Gottes folgte. Er kniete lange in großer Innigkeit da, ehe er sich zurückbegab.
Nach ihm nahte Theokeno, der weiße und älteste, er war sehr alt und dick und vermochte nicht niederzuknien; aber er stand tief gebeugt und stellte ein goldenes Gefäß mit einem feinen grünen Kraut auf die Tafel nieder. Es schien noch auf der Wurzel zu wachsen, es war ein ganz feines, grünes, aufrecht stehendes Bäumchen mit krausem Büschchen, worauf feine weiße Blümchen prangten. Es war Myrrhe. Er opferte Myrrhe, weil sie auf Abtötung und überwundene Leidenschaft deutet; denn dieser gute Mann hatte ungemeine Anfechtungen zum Götzendienst, zur Vielweiberei und Heftigkeit bekämpft. Er blieb sehr lange in großer Rührung mit seinen Begleitern vor dem Jesuskinde stehen, so dass mir um die anderen Diener vor der Krippe leid ward, dass sie so lange harren mussten, das Kindlein zu sehen.
Die Anreden der Könige und aller Nachfolgenden waren ungemein rührend und kindlich; indem sie sich niederließen und die Geschenke darreichten, sagten sie ungefähr: »Wir haben seinen Stern gesehen und dass er der König über alle Könige ist, und kommen, ihn anzubeten und ihm mit Geschenken zu huldigen ...« Sie waren ganz wie entzückt und empfahlen dem Jesuskinde in einem kindlichen

liebtrunkenen Gebet sich, die Ihrigen, ihr Land und ihre Leute, ihr Hab und Gut und alles, was ihnen auf Erden wertvoll war; der neugeborene König möge doch ihre Herzen, ihre Seelen und all ihr Denken und Tun hinnehmen; er solle sie erleuchten, ihnen alle Tugend und der Erde Glück, Frieden und Liebe schenken. Dabei glühten sie in Demut und Liebe, und die Freudentränen rollten ihnen über Wangen und Bart. Sie waren ganz selig, sie glaubten, in dem Sterne nun selbst angekommen zu sein, nach welchem ihre Vorfahren seit Jahrtausenden mit so treuer Sehnsucht seufzend geschaut hatten. Alle Freude der nach vielen Jahrhunderten erfüllten Verheißung war in ihnen.

Die Muttergottes nahm alles ganz demütig dankend an, sie sprach anfangs nicht, eine einfache Bewegung unter ihrem Schleier aber drückte ihre rührende andächtige Freude aus. Das nackte Leibchen des Kindes, das sie mit in den Schleier gefasst hatte, sah zwischen dem Mantel so leuchtend hervor. Am Schlusse sprach sie jedoch einige freundliche, demütige Worte des Dankes zu jedem und schlug dabei ihren Schleier ein wenig zurück.

Oh, da habe ich wohl wieder etwas gelernt, ich sprach zu mir selbst: O wie süß und lieblich dankend nimmt sie jede Gabe an; sie, die nichts braucht, die Jesus hat, nimmt jede Gabe der Liebe mit Demut an, da kann ich wohl lernen, wie man die Gaben der Liebe empfangen muss, auch ich will künftig jede milde Gabe mit Dank in aller Demut annehmen; und ach! wie gütig sind Maria und Joseph! Für sich behielten sie schier gar nichts, sie teilten alles wieder den Armen aus.

Clemens Brentano

Erscheinung des Herrn

Ein Stern ist aufgegangen,
ein Stern aus Jakobs Haus;
drei Weise sahn ihn prangen,
drei Kön'ge zogen aus.

Zu schauen sie begehrten
das Kindlein wert und hold,
und Weihrauch sie bescherten
und Myrrhe ihm und Gold.

Weihrauch dem Gotteserben,
dem Königskinde Gold,
die Myrrhe ihm, der sterben
für uns am Kreuze wollt.

Dank, dass du uns berufen
aus tiefer, tiefer Nacht
zu deines Thrones Stufen,
zu deines Lichtes Pracht!

Lass alle Völker sehen
hell leuchten deinen Stern,
ihn sehen und verstehen
und finden ihren Herrn!

Guido Maria Dreves

Die Heiligen Drei Könige

Die Heiligen Drei Könige aus dem Morgenland,
sie fragten in jedem Städtchen:
»Wo geht der Weg nach Betlehem,
ihr lieben Buben und Mädchen?«

Die Jungen und Alten, sie wussten es nicht,
die Könige zogen weiter;
sie folgten einem goldenen Stern,
er leuchtete lieblich und heiter.

Der Stern blieb stehen über Josephs Haus,
da sind sie hineingegangen;
das Öchslein brüllte, das Kindlein schrie,
die Heiligen Drei Könige sangen.

Heinrich Heine

EPIPHANIAS

Die Heiligen Drei König' mit ihrem Stern,
Sie essen, sie trinken und bezahlen nicht gern;
Sie essen gern, sie trinken gern,
Sie essen, trinken und bezahlen nicht gern.

Die Heiligen Drei König' sind kommen allhier,
Es sind ihrer drei und sind nicht ihrer vier;
Und wenn zu dreien der vierte wär',
So wär ein Heil'ger Drei König mehr.

Ich erster bin der weiß' und auch der schön',
Bei Tage solltet ihr erst mich seh'n!
Doch ach, mit allen Spezerei'n
Werd' ich sein Tag kein Mädchen mehr erfreu'n.

Ich aber bin der braun' und bin der lang',
Bekannt bei Weibern wohl und bei Gesang.
Ich bringe Gold statt Spezerei'n,
Da werd' ich überall willkommen sein.

Ich endlich bin der schwarz' und bin der klein'
Und mag auch wohl einmal recht lustig sein.
Ich esse gern und trinke gern,
Ich esse, trinke und bedank' mich gern.

Die Heiligen Drei König' sind wohlgesinnt,
Sie suchen die Mutter und das Kind;
Der Joseph fromm sitzt auch dabei,
Der Ochs und Esel liegen auf der Streu.

Wir bringen Myrrhen, wir bringen Gold,
Dem Weihrauch sind die Damen hold;
Und haben wir Wein von gutem Gewächs
So trinken wir drei so gut als ihrer sechs.

Da wir nun hier schöne Herrn und Fraun,
Aber keine Ochsen und Esel schaun,
So sind wir nicht am rechten Ort
und ziehen unseres Weges weiter fort.

Johann Wolfgang von Goethe

Die Legende von den Heiligen Drei Königen

Als die drei Könige sich – jeder in seinem Reiche – mit aller Pracht und Kostbarkeit und großem Gefolge für die Reise gerüstet hatten, machten sie sich auf den Weg. Keiner wusste von dem anderen, doch wurde jeder von ihnen auf seinem Wege von dem Stern geführt: er ging mit ihnen weiter, wenn sie ritten, er stand mit ihnen still, wenn sie anhielten. Bei Nacht leuchtete er nicht wie ein Stern oder wie der Mond: strahlend hell wie die Sonne stand er über ihrem Wege. Da zu dieser Zeit Friede herrschte auf der ganzen Erde, standen die Stadttore Tag und Nacht offen. Die Bewohner der Städte und Dörfer, die sie durchzogen, erschraken und waren voller Verwunderung: denn sie sahen Könige mit großem Gefolge – und auf ihrem Wege war es taghell – auch des Nachts! Niemand wusste, woher sie kamen und wohin sie gingen; am Morgen war der Boden von den Hufen unzähliger Tiere zerstampft. Von solchem Geschehen sprach man lange Zeit.

Die drei ruhmreichen Könige kamen bald in andere Länder und fremde Gegenden. Jeder machte seinen Weg über Flüsse, Wüsten und Berge, durch

Ebenen, Täler und schreckliche Sümpfe ohne irgendwelche Hindernisse. Alle schwierigen und steilen Wege wurden leicht und eben. Sie ruhten weder Tag noch Nacht, sie brauchten weder Speise noch Trank; ohne zu essen und zu schlafen, kamen sie bis nach Betlehem; es schien ihnen nur ein Tag zu sein. So gelangten sie unter Gottes und des Sternes Führung am dreizehnten Tag nach der Geburt des Herrn bei Sonnenaufgang vor Jerusalem an.
Die ruhmvollen Könige näherten sich mit ihrem Gefolge, jeder auf seinem besonderen Wege, der Stadt Jerusalem bis auf zwei Meilen. Da plötzlich bedeckte dichter Nebel und undurchdringliche Finsternis das ganze Land. Und sie verloren den Stern.
Isaias hatte prophezeit: »Auf, werde Licht, Jerusalem, denn dein Licht will kommen, die Herrlichkeit des Herrn erstrahlt dir. Denn Finsternis bedecket die Erde und Wolkendunkel die Nationen.«
Zuerst kam König Melchior mit seinem Gefolge vor Jerusalem auf dem Kalvarienberge an, auf dem später der Herr gekreuzigt wurde. Auf Gottes Wink lagerte er hier in Nebel und Dunkelheit. Der Kalvarienberg ist ein hoher Fels, fast zwölf Stufen hoch; hier wurden damals die Verbrecher hingerichtet. In der Nähe liefen drei Straßen zusammen; dort blieb Melchior, weil er im Nebel den rechten Weg nicht wusste. Bald darauf kam Balthasar, der König von

Godolien und Saba, mit seinem Gefolge und lagerte neben dem Ölberg bei einem kleinen Dorf, das Galiläa heißt.
Als die beiden Könige Melchior und Balthasar hier rasteten, hob sich der Nebel ein wenig, aber der Stern schien nicht. Beide – doch ohne einander zu sehen – zogen etwas weiter, und als sie an die Wegkreuzung gelangten, da gerade kam Caspar, der König von Tharsis und der Insel Egrisoulla, mit seinem Gefolge herauf. An dieser Kreuzung dreier Straßen trafen sich die Könige. Nie zuvor hatten sie sich gesehen, und sie kannten einander nicht. Jetzt aber umarmten und küssten sie sich voller Freude. Obwohl sie verschiedene Sprachen redeten, verstanden sie sich. Jeder erzählte den Anlass zu seiner Reise, und als sie hörten, dass sie alle drei dasselbe Ziel hatten, wurden sie noch viel froher und freudiger. In diesem Augenblick zerteilte sich der Nebel völlig, die Sonne ging auf, und die Könige zogen ein in Jerusalem. Sie erfuhren, es sei die Königsstadt, die ihre Vorfahren oft erobert hatten; sie hofften, den neugeborenen König hier zu finden.
Vor solch einem riesigen, wohlgerüsteten und unerwarteten Zuge erschrak Herodes und die ganze Stadt, denn das gesamte Gefolge war nun so groß, dass die Mauern die große Menschenmenge nicht

fassen konnten; der größte Teil musste daher außerhalb bleiben und lag wie ein Belagerungsheer rings um die Stadt.
Als die drei Könige nun in Jerusalem einzogen, fragten sie alle Leute nach dem neugeborenen König der Juden. Sie fragten: »Wo ist der neugeborene König der Juden? Wir haben seinen Stern aufleuchten sehen und sind gekommen, um Ihm zu huldigen.«
Als der König Herodes dies hörte, geriet er in Erregung, und ganz Jerusalem mit ihm. Er ließ alle Oberpriester und Schriftgelehrten des Volkes zusammenkommen und fragte sie aus, wo der Christus geboren werden solle. Sie gaben ihm zur Antwort: »Zu Betlehem in Judäa. Denn also steht beim Propheten geschrieben: ›Und du, Betlehem im Lande Juda, bist keineswegs die geringste unter den Fürstenstädten Judas; denn aus dir wird der Fürst hervorgehen, der mein Volk Israel regieren soll‹« (Mich 5,1).
Die Könige erfuhren von den Schriftgelehrten, wo Jesus geboren war, und verließen darauf Jerusalem. Und plötzlich sahen sie den Stern wieder. Er ging vor ihnen her bis nach Betlehem, das zwei kleine Meilen von Jerusalem entfernt liegt. Ihr Weg führte an den Weiden vorbei, wo der Engel den Hirten die Geburt des Herrn verkündet hatte. Als

die Hirten die Könige und den Stern erblickten, liefen sie eilig herbei und erzählten, dass ihnen in solch strahlendem Himmelslicht ein Engel erschienen sei und ihnen die Geburt des Herrn verkündet habe. Auch berichteten sie alles, was sie in Betlehem gehört und gesehen hatten. Das vernahmen die Könige in froher Bewegung! Sie freuten sich über die Worte und Beteuerungen der Hirten, sie hatten ja auch eine Stimme aus dem Stern gehört und hegten keinerlei Zweifel.
Die drei Könige beschenkten die Hirten reichlich, dann verabschiedeten sie sich und ritten weiter. Kurz vor Betlehem saßen sie ab, kleideten sich in ihre königlichen Gewänder und legten ihren schönsten Schmuck an. Wiederum ging der Stern vor ihnen her, und je näher sie Betlehem kamen, desto heller erstrahlte sein Licht. Sie waren in der ersten Stunde von Jerusalem aufgebrochen, in der sechsten Stunde des gleichen Tages kamen sie nach Betlehem. Sie ritten durch die Straße, die »Die Bedeckte« hieß, an deren Ende der Stall und die Höhle lagen. Und plötzlich stand der Stern über dem Stalle still. Er senkte sich herab zwischen die verfallenen Wände aus Lehm und Stein und leuchtete dort mit unbeschreiblicher Klarheit. Der alte Stall und die Höhle waren voll strahlenden Lichts. Dann stieg der Stern wieder in die Höhe des Himmels

und stand dort unbeweglich. Doch ein wundersamer Glanz verblieb in der Höhle, und »sie traten in das Haus, sahen das Kind mit Maria, seiner Mutter, fielen nieder und huldigten Ihm. Dann öffneten sie ihre Truhen und brachten Ihm Geschenke dar: Gold, Weihrauch und Myrrhe«.

Als die drei Könige den Herrn angebetet und Ihm ihre Gaben dargebracht hatten, empfanden sie und ihr Gefolge wieder Müdigkeit, Hunger und Durst, während sie den weiten Weg von den äußersten Grenzen der Erde ohne jede Speise und Trank und ohne Schlaf zurückgelegt hatten. Jetzt schliefen und aßen sie; den ganzen Tag brachten sie in Ruhe in Betlehem und den benachbarten Orten zu. Überall erzählten sie in Bescheidenheit, warum sie aus so weiter Ferne gekommen waren und wie der Stern sie so wunderbar geführt hatte. Durch solche Erzählungen erstarkte der Glaube der Heiden, die Juden aber ärgerten sich darüber.

Der Evangelist erzählt: die Könige empfingen im Traum den Befehl, sie sollten nicht wieder zu Herodes zurückkehren. So zogen sie auf einem anderen Weg nach Hause. Nun aber leuchtete ihnen der Stern nicht mehr. Auf dem Rückwege suchten sie bei Nacht Unterkunft, sie hatten Speise und Trank nötig für sich und ihr Gefolge und Futter für ihre Tiere wie andere Reisende auch. Auf drei verschiedenen Wegen, aus drei verschiedenen Ländern waren die Könige gekommen und hatten sich auf wunderbare Weise getroffen. Jetzt kehrten sie auf einem Weg zurück.

Johannes von Hildesheim

Am Feste der Heiligen Drei Könige

Durch die Nacht drei Wandrer ziehn,
Um die Stirnen Purpurbinden,
Tiefgebräunt von heißen Winden
Und der langen Reise Mühn.
Durch der Palmen säuselnd Grün
Folgt der Diener Schar von weiten;
Von der Dromedare Seiten
Goldene Kleinode glühn,
Wie sie klirrend vorwärts schreiten,
Süße Wohlgerüche fliehn.

Finsternis hüllt schwarz und dicht,
Was die Gegend mag enthalten;
Riesig drohen die Gestalten:
Wandrer, fürchtet ihr euch nicht?
Doch ob tausend Schleier flicht
Los und leicht die Wolkenaue:
Siegreich durch das zarte Graue
Sich ein funkelnd Sternlein bricht.
Langsam wallt es durch das Blaue,
Und der Zug folgt seinem Licht.

Horch, die Diener flüstern leis:
»Will noch nicht die Stadt erscheinen
Mit den Tempeln und den Hainen,
Sie, der schweren Mühe Preis?
Ob die Wüste brannte heiß,
Ob die Nattern uns umschlangen,
Uns die Tiger nachgegangen,
Ob der Glutwind dörrt' den Schweiß:
Augen an den Gaben hangen
Für den König, stark und weis'.«

Sonder Sorge, sonder Acht,
Wie drei stille Monde ziehen
Um des Sonnensternes Glühen,
Ziehn die dreie durch die Nacht,
Wenn die Staublawine kracht,

Wenn mit grausig schönen Flecken
Sich der Wüste Blumen strecken,
Schaun sie still auf jene Macht,
Die sie sicher wird bedecken,
Die den Stern hat angefacht.

O ihr hohen heil'gen drei!
In der Finsternis geboren,
Hat euch kaum ein Strahl erkoren,
Und ihr folgt so fromm und treu!
Und du, meine Seele, frei
Schwelgend in der Gnade Wogen,
Mit Gewalt ans Licht gezogen,
Suchst die Finsternis aufs neu'!
O wie hast du dich betrogen;
Tränen blieben dir und Reu'!

Dennoch, Seele, fasse Mut!
Magst du nimmer gleich ergründen,
Wie du kannst Vergebung finden;
Gott ist über alles gut!
Hast du in der Reue Flut
Dich gerettet aus der Menge,
Ob sie dir das Mark versenge
Siedend in geheimer Glut,
Lässt dich nimmer dem Gedränge,
Der dich warb mit seinem Blut.

Einen Strahl bin ich nicht wert,
Nicht den kleinsten Schein von oben.
Herr, ich will dich freudig loben,
Was Dein Wille mir beschert!
Sei es Gram, der mich verzehrt,
Soll mein Liebstes ich verlieren,
Soll ich keine Tröstung spüren,
Sei mir kein Gebet erhört:
Kann es nur zu Dir mich führen,
Dann willkommen Flamm' und Schwert.

Annette von Droste-Hülshoff

Haussegen zum Dreikönigsfest

Erfüll mit deinen Gaben,
Herr Jesu, dieses Haus!
Tod, Krankheit, Seelenschaden,
Brand, Unglück treib hinaus!
Lass hier den Frieden grünen,
verbanne Zank und Streit,
dass wir dir fröhlich dienen
jetzt und in Ewigkeit!

Aus Oberbayern

Das Glück der Weisen

Weise ist der Mann, der aus den Händen des Glücks nicht mehr verlangt, als er bedarf, und der seine Ruhe nicht in der Befriedigung, sondern in der Mäßigung seiner Begierden sucht. Kann er sich auch nicht in Seide und Purpur hüllen: er will nur seine Blöße decken. Reizen auch Indiens Gewürze und Zyperns Weine seinen Gaumen nicht, er will nur seinen eigenen Körper nähren und seine Kräfte unterstützen. Keine Marmorsäulen tragen sein Dach, aber es schützt ihn gegen die Stürme des Himmels. Er wird nicht unter den Reichen, nicht unter den Angesehenen seines Volkes gepriesen, ihm genügt der Name eines guten Menschen, eines friedlichen Bürgers, eines treuen Familienvaters. Er sieht sich nicht von Schmeichlern umlagert; kein Schwarm von Dienern erwartet seine Befehle; keine Klienten huldigen ihm; keine Fremden drängen sich zu seiner Bekanntschaft; ihm genügt ein Freund. Um sich sein mäßiges Glück zu gönnen, gönnt er jedem andern sein großes.

Das wahre und sichere Glück des Lebens liegt nicht außer uns, sondern in uns; nicht in den Goldkisten, nicht in dem Adelsbriefe, nicht in dem schäumenden Pokal, sondern in ruhigen, zur Freude rein gestimmten Herzen. Wer mit einer Brust voll ungeziemter, brennender Leidenschaft seine Ruhe im Reichtum oder in dem Stande sucht, findet sie nie. Er hat eine Million gehäuft und findet sie nicht; er häuft die zweite und findet sie noch nicht. Er ist aus dem Staube in die Ratsstube, in das Kabinett des Fürsten, an die Spitze einer Armee, auf den Thron gestiegen. Immer höher und nie erreichbar stieg sie vor ihm auf, je höher er selber stieg. Selbst auf dem Thron sitzt sie nur für den, der sie auf den Thron mitbringt. Nur der Zufriedene, der seine Wünsche auf das beschränkt, was Natur und Glück und Fleiß ihm gewährt, und in dem Besitz und Genuss dessen seine Wünsche befriedigt sieht, nur er hat Ruhe und für die Freude des Lebens einen offenen Sinn. Nur ihm lächelt der Frühling und seine Blüten; ihm schwanken die Gipfel des Blütenhains in der kraftbewegten Luft; ihm flüstert die vertrauliche Quelle. Sanfter Schlummer besucht seine Lagerstätte, während auf seidenen Polstern den Reichen die Sorgen, den Ehrsüchtigen der Neid, den Schwächling die Sünden quälen und der Ausschweifende in lärmenden Sälen sich zum Schwächling entkräftet; und mit leichtem Sinn und leichtem Herzen wacht er am Morgen auf, begrüßt die wiederkehrende Sonne und hat ein offenes Herz für alle neuen Freuden der Natur.

Um sich sein gemäßigtes Glück zu gönnen, gönnt er jedem andern sein größeres. Dankbar und mit Vertrauen blickt er zum Himmel auf, der die Waage des Schicksals hält. Ohne Reue schaut er in die Vergangenheit, ohne Furcht in die Zukunft. Untreu ist jeder andere Besitz, unentreißbar nur der, den wir im Herzen tragen.

Johann Peter Hebel

Inhalt

Quellenverzeichnis

Corrie ten Boom, Vater Martin. Aus: Ders., Weihnachtserinnerungen, © R. Brockhaus Verlag, Wuppertal, 3. Aufl. 1997.

Heinrich Böll, So ward Abend und Morgen. Aus: Ders., Erzählungen, Hörspiele, Aufsätze, © Verlag Kiepenheuer & Witsch, Köln 1961.

Heinrich Böll, Monolog eines Kellners Aus: Bernd Balzer (Hrsg.), Heinrich Böll, Werke, Romane und Erzählungen 2 1953-1959, © Verlag Kiepenheuer & Witsch, Köln 1977.

Christine Brückner, Geboren am 24. Dezember 1945. Aus: Dies., Was ist schon ein Jahr. Frühe Erzählungen, © Ullstein Buchverlage GmbH, Berlin 1984.

Hans Fallada, Lieber Hoppelpoppel – wo bist du?, © Aufbau-Verlag, Berlin.

Hermann Hesse, Weihnacht; Weihnacht mit zwei Kindergeschichten; Der Heiland. Aus: Ders., Sämtliche Werke, © Suhrkamp Verlag, Frankfurt a. M. 2002.

Ephraim Kishon, Vertrauen gegen Vertrauen. Aus: Ders., Beste Familiengeschichten, © Langen Müller in der F. A. Herbig Verlagsbuchhandlung GmbH, München.

Dietrich Mendt, Fahndung nach St. Nikolaus. Rechte beim Autor.

Karl Heinrich Waggerl, Das ist die stillste Zeit im Jahr. © Otto Müller Verlag, 8. Aufl., Salzburg 1998.

Karl Heinrich Waggerl, Worüber das Christkind lächeln musste. Aus: Ders., Sämtliche Weihnachtserzählungen. © Otto Müller Verlag, 4. Aufl., Salzburg 2002.

Klaus Weyers, Original Dresdner Christstolle. Rechte beim Autor.